公司
规范化管理制度与
表格范例

冯宝珠◎主编

扫一扫，获取
本书规范表格

中国纺织出版社有限公司

内 容 提 要

　　本书从实用性和可操作性角度出发，以制度、表格为主要内容，详细介绍了公司创办与组织结构管理、公司股权管理、公司经营企划管理、公司人力资源规划与聘用管理、公司员工培训与考核管理、公司团队建设管理、公司绩效考核管理、公司薪资与福利管理、公司财务与会计管理、公司客户和公关管理、公司生产采购与营销管理、公司办公总务管理等管理制度、表格。

　　本书内容全面，可操作性强，是初创公司、中小企业管理者和相关工作人员必备的工具书。

图书在版编目（CIP）数据

　　公司规范化管理制度与表格范例 / 冯宝珠主编．--
北京：中国纺织出版社有限公司，2022.6
　　ISBN 978-7-5180-9485-1

　　Ⅰ．①公…　Ⅱ．①冯…　Ⅲ．①中小企业—企业管理制度②中小企业—企业管理—表格　Ⅳ．①F276.3

　　中国版本图书馆 CIP 数据核字（2022）第 061265 号

责任编辑：段子君　　　　特约编辑：高艳春
责任校对：高　涵　　　　责任印制：储志伟

中国纺织出版社有限公司出版发行
地址：北京市朝阳区百子湾东里A407号楼　邮政编码：100124
销售电话：010—67004422　传真：010—87155801
http://www.c-textilep.com
中国纺织出版社天猫旗舰店
官方微博 http://weibo.com/2119887771
天津千鹤文化传播有限公司印刷　各地新华书店经销
2022年6月第1版第1次印刷
开本：710×1000　1/16　印张：23.5
字数：392千字　定价：68.00元

前言
Preface

制度化管理模式是现代公司的发展方向，建立一套科学、有效、实用的管理制度对公司的可持续发展和永续经营十分重要。因此，无论是初创公司，还是中小型企业，都必须根据自己公司的实际情况，逐步建立和完善适合本公司的管理制度。

科学的公司管理必须匹配相应的管理表格，才能相得益彰。管理表格是管理制度的进一步落实和执行体现，只有配备相关管理表格，管理制度才能在公司管理中更有效、更具体地实施和执行。

本书以满足初创公司、中小企业在制度建设及实际运作执行上的切实需要为出发点，从实用性和可操作性的角度，系统介绍了初创公司、中小企业在经营管理中所必需的管理制度、表格。

本书本着"一看就会、拿来即用"的思路，内容精练，简明扼要，主要针对初创公司、中小企业的管理者和相关工作人员在公司经营管理中所必需的、常用的制度、表格编写，对于行政管理、人力资源管理、绩效管理、财务管理等方面只介绍公司必备的管理制度和表格。为了更好地帮助读者进行制度建设，本书设置了"小贴士"，主要讲解制度设计上的难点、突出问题及注意事项等。

本书旨在成为初创公司、中小型企业管理者和相关工作人员必备的工具书，读者只需根据自身企业的实际情况，对本书所提供的管理制度、实用表格稍加完善或修改即可使用。希望本书能让公司的管理工作更上一层楼。

由于编者水平有限，书中难免有一些不当之处，恳请广大读者批评指正。

编者

2022 年 1 月

目 录
Contents

第三章   公司经营企划管理

第四章   公司人力资源规划与聘用管理

第五章   公司员工培训与考核管理

第六章 公司团队建设管理

第七章 公司绩效考核管理

第八章 公司薪资与福利管理

第九章 公司财务与会计管理

第十章 公司客户和公关管理

第十一章 公司生产采购与营销管理

第十二章　公司办公总务管理

公司创办与组织结构管理

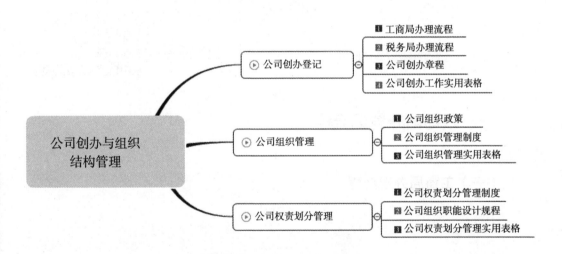

公司创办与组织结构管理

- ▷ 公司创办登记
  - ▪ 工商局办理流程
  - ▪ 税务局办理流程
  - ▪ 公司创办章程
  - ▪ 公司创办工作实用表格
- ▷ 公司组织管理
  - ▪ 公司组织政策
  - ▪ 公司组织管理制度
  - ▪ 公司组织管理实用表格
- ▷ 公司权责划分管理
  - ▪ 公司权责划分管理制度
  - ▪ 公司组织职能设计规程
  - ▪ 公司权责划分管理实用表格

扫一扫，获取
本章规范表格

第一节　公司创办登记

根据《中华人民共和国公司法》(以下简称《公司法》)的规定，新成立公司是需要到工商登记机关办理登记手续的，不办理登记是不能领取营业执照的，不能从事经营活动。

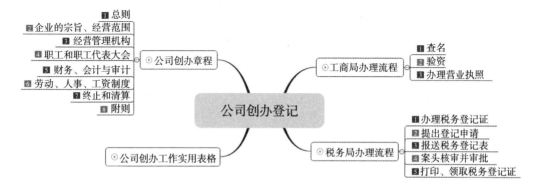

一、公司创办登记流程

(一)工商局办理流程

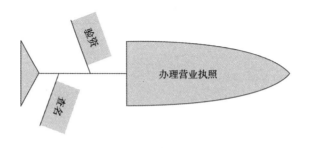

1.查名

查名大约需要一周左右。公司创办者到当地工商局领取"企业(字号)名称预先核准申请表"，将事先取好的公司名称填写在表中，交由工商局进行网上检索，查看是否有重名。若没有重名，则对公司创办者核发一张"企业(字号)名称预先核准通知书"。

所需材料主要有：

（1）全部投资人的身份证复印件，例如投资人是公司，则需要公司的营业执照复印件。

（2）注册资金的额度，以及全部投资人的投资额度。

（3）查名阶段，最好提供5个以上的公司名称，且填写公司经营的大概范围。

2. 验资

验资阶段是即办即完的阶段。公司创办者凭着工商局核发的查名核准单，以及银行"询证函"，到银行办理注册资金进账手续。待手续办理完毕后，公司创办者到银行领取投资人缴款单及对账单，交由会计师事务所办理验资报告。

3. 办理营业执照

办理营业执照约需2周时间，所需材料主要有：

（1）公司申请登记的委托书。

（2）公司董事长或执行董事签署的"公司设立登记申请书"。

（3）公司股东会、监事会及董事会的决议。

（4）公司章程。

（5）由股东或发起人的"法人资格证明"或者"自然人身份证明"。

（6）董事、监事、经理、董事长或者董事的任职证明。

（7）董事、监事及经理的身份证复印件。

（8）公司验资报告。

（9）住所使用证明（如租房协议、产权证）。

（10）公司的经营范围中，属于法律法规规定必须报经审批的项目，需要提交部门的批准文件。

（二）税务局办理流程

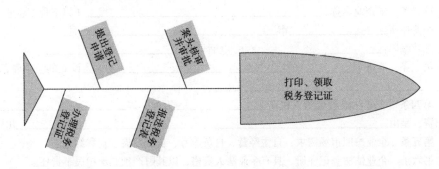

（1）办理税务登记证。办理税务登记证大约需要 2 周时间。所需材料主要有：

①"企业法人营业执照"原件及复印件各一份。

②"组织机构统一代码证"原件及复印件各一份。

③"公司验资报告"原件及复印件各一份。

④企业章程、协议书、可行性研究报告或合同书择其一，带原件及复印件各一份。

⑤法定代表人、财务负责人及办税人员的"居民身份证"原件及复印件各一份。

⑥经营地的房产权或使用权或租赁证明（加贴印花税）原件、复印件各一份。

（2）提出登记申请。公司创办者需领取税务登记表及其他附表，并且根据实际情况填写相关内容。

（3）报送税务登记表。需要审查税务登记表及提供有关文件和证件。

（4）案头核审并审批。

（5）打印、领取税务登记证。

①进行税种登记时，要确定所办公司的性质。

②进行税种核定时，要确定所办公司所得税的征收方式。

③进行购买发票申请时，要确定所办公司购买发票的种类。

范例：公司创办章程

制度名称	×× 公司创办章程	受控状态	
		编号	

第一章　总则

第一条　为了适应社会主义市场经济的发展，建立现代企业管理制度，规范企业的组织和行为，保护公司合法权益，依据《中华人民共和国公司法》《中华人民共和国企业登记管理条例》及其他有关规定，制定本章程。

第二条　本企业名称：＿＿＿＿＿＿＿＿＿＿＿＿＿＿＿＿＿。（以下称"企业"）。

企业住所：＿＿＿＿＿市＿＿＿＿＿路＿＿＿＿＿号。

邮政编码：＿＿＿＿＿；电话号码：＿＿＿＿＿＿＿。

第三条　企业是＿＿＿＿＿＿＿＿＿＿＿＿＿＿＿设立的，主管部门是＿＿＿＿＿＿＿＿＿＿＿。

第四条　企业注册资金为人民币＿＿＿＿＿万元，以＿＿＿＿＿方式出资，是由＿＿＿＿＿＿＿＿＿＿出资。

第五条　企业按照市场需求，自主经营、自负盈亏、自我发展、自我约束。

第六条　企业依法登记注册，具有企业法人资格，以其财产独立承担民事责任。

第七条 中国共产党基层组织在企业中的活动,按照《中国共产党章程》进行。企业党组织发挥政治核心作用,保证、监督党和国家方针政策在企业内贯彻执行。

第八条 企业依法建立工会组织,开展工会活动。企业为工会提供必要的活动条件。企业通过职工代表大会和其他形式,实行民主集中管理,企业保护职工的合法权益,加强劳动保护,提高职工素质。

第二章 企业的宗旨、经营范围

第九条 企业宗旨:为服务社会,发展经济。

第十条 经营范围:_____。
(以登记机关核定的为准)

第三章 经营管理机构

第十一条 企业实行_____负责制。设厂长(经理)_____人,副厂长(副经理)_____人。

第十二条 厂长(经理)为企业法定代表人,厂长(经理)_____任命(或聘用)。

第十三条 企业建立以厂长(经理)为首的生产经营管理系统。厂长(经理)对企业的物质文明和精神文明负有全面责任。

第十四条 厂长(经理)领导企业的经营管理工作,行使下列职权:

1. 依照法律和国务院规定,决定企业的各项计划。

2. 决定企业内部机构的设置。

3. 聘任、解聘企业中层领导干部。

4. 提出企业经营方针、长期规划和年度工作计划,基本建设方案和重大技术改造方案,质量管理、安全生产、职工培训计划、工资调整方案,留用资金分配和使用方案,承包和租赁经营责任制方案。工资列入企业成本开支的企业人员编制,制订、修改和废除重要规章制度的方案。

5. 依法奖惩职工。

第十五条 厂长(经理)依靠职工群众履行本法规定的企业的各项义务,支持职工代表大会、工会和其他群众组织的工作,执行职工代表大会依法作出的决定。

第四章 职工和职工代表大会

第十六条 职工享有《中华人民共和国劳动法》规定的权利和义务。

第十七条 职工应当以国家主人翁的态度从事劳动,遵守劳动纪律和规章制度,完成生产和工作任务。

第十八条 职工代表大会是企业实行民主管理的基本形式,_____是职工行使民主管理权力的机构。

第十九条 职工代表大会的工作机构是企业的工会委员会,企业工会委员会负责职工代表大会的日常工作,职工代表大会按照《_____所有制工业企业职工代表大会条例》行使职权。

第二十条 职工代表大会应当支持_____依法行使职权,教育职工履行义务。

第五章 财务、会计与审计

第二十一条 企业依照国家法律、法规和有关部门的规定建立财务会计制度，缴纳各种税、费、基金。

第二十二条 企业建立统一的财务管理体制，实行统一的财务管理办法。

1. 做好成本核算与成本管理的各项基础工作，正确核算经营成本费用，合理计提固定资产折旧，按规定预提和摊销费用，计提和处理资产损失。

2. 进行目标成本管理。

3. 加强资金的监督和控制，建立全面预算管理制度，确保财务会计报告真实、完整，建立健全财务报表内部管理制度。

4. 加强财务审计。

第二十三条 企业采用借贷记账法记账，本位币为人民币。

第二十四条 企业会计年度采用公历年制，自公历每年1月1日至12月31日为一个会计年度。

第二十五条 企业设置内部审计机构，对企业账目和经济活动进行内部审计、监督。

第二十六条 企业依法进行税务登记，缴纳各项税款。

第六章 劳动、人事、工资制度

第二十七条 企业执行国家有关劳动、人事、工资分配方面的法律法规及政策。

第二十八条 企业根据《中华人民共和国劳动法》，全面实行劳动合同制度，采取面向社会公开招聘等多种形式吸收优秀科技人才。企业内部各级管理人员实行公开竞聘、择优聘用、定期审核制度。企业有权依照法律和国务院有关规定录用、辞退职工。

第二十九条 企业贯彻按劳分配原则，在法律规定的范围内，结合企业实际情况制定职工工资分配制度。

第三十条 企业按照国家规定建立劳动保障制度。

第七章 终止和清算

第三十一条 企业有下列情况之一时，应当终止并进行清算：

1. 企业主管部门依法决定解散。

2. 企业因违反国家法律、法规被依法撤销。

3. 企业宣告破产。

4. 其他原因。

第三十二条 企业因前条原因终止的，应当依法成立清算组织进行清算。清算组织应当制订清算方案，清理债权、债务，编制清算期间收支报表和各种财务账目。清算结束后，经主管部门批准，清算组织向工商行政管理机关和税务机关办理企业注销登记。

第八章 附则

第三十三条 本章程条款与国家法律、法规相抵触时，以国家法律，法规为准。

第三十四条 本章程的起草、修改经企业主管部门批准，报工商行政管理机关审核备案。

第三十五条 本章程自工商行政管理机关核发企业法人营业执照之日起生效。

执行部门		监督部门		编修部门	
编制日期		审核日期		批准日期	

二、公司创办工作实用表格

（一）公司名称预先核准申请书

企业设立名称预先核准		
申请企业名称		
备选企业名称 （请选用不同的字号）	1.	
	2.	
	3.	
经营范围		
注册资本（金）		
企业类型		
企业住所地		

投资人（名称或姓名）	证照号码

已核准名称项目调整（除投资人外）		
已核准名称		通知文书号	
拟调整项目	原申请内容	拟调整内容

已核准名称延期		
已核准名称		通知文书号	
原有效期		有效期延至	年 月 日

指定代表或者共同委托代理人					
经办人姓名		身份证号		联系电话	
授权期限	自　　年　月　日至　　年　月　日				
授权权限	1.□同意　□不同意　核对登记材料中的复印件并签署核对意见。 2.□同意　□不同意　修改有关表格的填写错误。 3.□同意　□不同意　领取"企业名称预先核准通知书"。				
（指定代表或委托代理人、具体经办人身份证件复印件粘贴处）					
申请人 签字或盖章	年　　月　　日				

（二）公司设立登记申请书

名称			
名称预先核准 通知文书号		联系电话	
公司住所		邮政编码	
法定代表人		职务	
公司类型		设立方式	
注册资本		实收资本	
经营范围			
营业期限	长期/××年	申请副本数量（个）	

　　本公司依照《公司法》《公司登记管理条例》设立，提交材料真实有效。谨此对真实性承担责任。

法定代表人签字：

日期：

（三）公司股东（发起人）名录

股东（发起人）	证件名称	证件号码	认缴出资额	出资方式	出资时间	持股比例	实缴出资额	出资方式	出资时间	备注

（四）公司董事、监事、经理信息

姓名		职务	
身份证号			
（身份证件复印件粘贴处）			

姓名		职务	
身份证号			
（身份证件复印件粘贴处）			

姓名		职务	
身份证号			
（身份证件复印件粘贴处）			

（五）公司法定代表人登记表

姓名		职务	
联系电话		任免机构	
身份证号			

（身份证件复印件粘贴处）

法定代表人签字：

年　月　日

　　以上法定代表人信息真实有效，身份证件与原件一致，符合《公司法》《企业法人法定代表人登记管理规定》关于法定代表人任职资格的有关规定，谨此对真实性承担责任。

（盖章或签字）

年　月　日

（六）指定代表或者共同委托代理人的证明

申请人：_____

指定代表或者委托代理人：_____

委托事项：_____

_____

指定代表或者委托代理人更正有关材料的权限：

1. □同意　□不同意　修改任何材料。

2. □同意　□不同意　修改企业自备文件的文字错误。

3. □同意　□不同意　修改有关表格的填写错误。

4. 其他有权更正的事项：_____

指定或者委托的有效期限：自_____年___月___日至_____年___月___日

指定代表或者委托代理人联系方式：

固定电话：_____　　移动电话：_____

（指定代表或委托代理人身份证明复印件粘贴处）

年　　月　　日

申请人盖章或签字

注：1. 有限责任公司申请人为全体股东，国有独资公司申请人为国务院或地方人民政府国有资产监督管理机构，股份有限公司申请人为董事会。

　　2. 申请人是法人和经济组织的由其盖章，申请人是自然人的由其签字，申请人为董事会的由全体董事签字。

　　3. 指定代表或者委托代理人更正有关材料的权限：1、2、3项选择"同意"或"不同意"并在□中打√；第4项按授权内容自行填写。

（七）财务负责人信息

姓名		固定电话	
移动电话		电子邮箱	
身份证件类型		身份证件号码	
（身份证件复印件粘贴处）			

第二节　公司组织管理

公司组织管理是通过明确公司的组织机构、业务分工、职务权限和责任，谋求公司业务有组织、有效率地运营的公司管理制度。

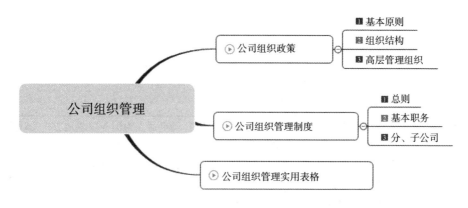

一、公司组织管理制度

范例一：公司组织政策

制度名称	××公司组织政策	受控状态	
		编号	

第一章　基本原则

第一条　组织建立的方针。

1. 确保公司目标和战略的实现。

2. 快速响应客户的需求和国际市场的变化。

3. 提高协作效率，降低管理成本。

4. 有利于信息交流，培养新的优秀人才。

5. 培养未来领袖人才，使公司可持续发展。

第二条　组织结构建立的原则。

1. 公司始终是一个整体。战略决定结构是我们建立公司组织的基本原则。

2. 组织结构的发展具有阶段性。组织结构在一定时期内的相对稳定，是稳定政策、稳定管理队伍和提高管理水平的前提条件，是提高工作效率的基本保证。

第三条　职务设立的原则。

1. 管理职务设立的依据是对职能和业务流程的合理分工，并以实现组织目标为基础。职务的范围应设计得足够明确，以强化责任、减少协调和提高任职的挑战性与成就感。

2. 所设立职务的权限应集中。对公司所设立职务的目的、工作范围、隶属关系、职责和职权以及任职资格应做出明确规定。

第四条　管理者的职责。

管理者的基本职责是依据公司的宗旨主动和负责地开展工作，使公司有前途，工作有成效，员工有成就。

第五条　组织的扩张。

组织的成长和经营的多元化必然要求向外扩张。组织的扩张要抓住机遇，是否能抓住机遇和组织扩张的程度取决于公司的管理团队素质和管理控制能力。当依靠组织的扩张不能有效地提高组织的效率及效果时，公司将放缓对外扩张的步伐，转而致力于组织管理能力的提高。

第二章　组织结构

第六条　组织结构的主体。

职能专业化原则是建立管理部门的基本原则。对于以提高效率和加强控制为主要目标的业务活动领域，一般也应按此原则划分部门。公司的管理资源、研究资源、中试资源、认证资源、生产管理资源、市场资源、财政资源、人力资源和信息资源等，都是公司的公共资源。为了提高公共资源的效率，必须进行审计。按职能专业化原则组织相应的部门，形成公司组织结构的主体。

第七条　组织的层次。

我们的基本方针是减少组织的层次，以提高组织的灵活性。减少组织层次一方面要减少部门的层次，另一方面要减少职位的层次。

第三章　高层管理组织

第八条　高层管理组织结构。

1.高层管理组织的基本结构分为公司执行委员会、高层管理委员会及公司职能部门三部分。

2.公司的高层管理委员会有战略规划委员会、人力资源委员会及财经管理委员会等。

第九条　高层管理职责。

1.公司执行委员会负责确定公司未来的使命、战略与目标，对公司重大问题进行决策，确保公司可持续发展。

2.高层管理委员会负责拟制战略规划和基本政策，审议和预算重大投资项目，以及审核规划、基本政策和预算的执行结果。审议结果由总裁办公会议批准执行。

3.公司职能部门代表公司总裁对公司公共资源进行管理，对各事业部、子公司、业务部门进行指导及监控。公司职能部门应独立设立，以尽量避免多个领导现象。

4.高层管理任务应当以项目形式予以落实。高层管理项目完成后，形成具体工作和制度，列入某职能部门的职责。

第十条　决策制度。

1.遵循民主决策、权威管理的管理原则。高层管理重大决策需要经高层管理委员会的充分讨论。决策的依据是公司的宗旨、目标和基本政策。决策的原则是"从贤不从众"。

2.高层委员会集体决策以及部门领导负责制下的办公会议制度，是实行高层民主决策的重要措施。

3.各部门领导的日常管理决策应当遵循部门领导办公会确定的原则，对决策后果承担个人责任。各级领导办公会的讨论结果，应当以会议纪要的方式向上级呈报。报告上必须有 2/3 以上的正式成员签名。报告中应当注明讨论过程中的不同意见。

4.公司总裁有最后的决策权，在行使这项权力时，应当充分听取广大群众的意见。

第十一条　高层管理者的行为准则。

1.保持强烈的进取精神和忧患意识，对公司的未来和重大经营决策承担个人风险。

2.坚持公司利益高于各个部门的利益，高于公司员工的个人利益。

3.倾听不同意见，团结一切可以团结的人。

4.加强思想品格的训练与道德品质的修养，廉洁自律。

5.不断学习和进步。

执行部门		监督部门		编修部门	
编制日期		审核日期		批准日期	

范例二：公司组织管理制度

制度名称	××公司组织管理制度	受控状态	
		编号	

第一章 总则

第一条 组织管理制度是指通过明确规定公司的组织机构、业务分担以及职务权限与责任，谋求公司业务有组织和有效率地运营的公司管理制度。

第二条 "室"的负责人为"主管"，"部"的负责人为"部门总监"，部门总监以下设"项目经理"或"业务经理"职位。

第三条 原则上，总公司业务由"组织单位"分工负责，但在下列情况下可召开部门总监会议：

1. 当总裁或部门总监的责权事务中遇到重大事项和责任范围广泛的企划事宜时。

2. 当遇到事关整个公司，需要进行总体或综合协调、控制时。

3. 当遇到某项需要会议讨论和审查事项时。

部门总监会议的运行，由董事会秘书负责。

第二章 基本职务

第四条 总裁由董事会聘任，其工作对董事会负责，董事会闭会期间对董事长负责。其具体职责如下：

1. 组织制订公司年度经营实施计划，经董事办公会议和董事会批准后，负责组织实施。

2. 主持公司经营班子日常各项经营管理工作。

3. 全面执行和检查落实董事长办公会议所作出的有关经营班子的各项工作决定。

4. 负责召集和主持总裁办公会议，检查、督促和协调各线业务工作进展。总裁办公会议参加人员为正副总裁、总裁助理、办公室主任和本部各职能部门经理。总裁办公会议原则上半个月召集一次，会议纪要须以书面形式向董事长汇报。

5. 代表经营班子向董事长办公会议建议并任命经营机构各有关部门和下属公司正副经理。

6. 签署日常行政、业务文件。

7. 负责处理公司重大突发事件。

8. 由董事长授权处理的其他重要事项。

总裁根据工作需要可配备助理一人，协助开展上述工作。总裁外出期间，由总裁授权助理或其他人员代行其职责。

第五条 副总裁以董事会决定、会议和规定为基准，协助总裁调控企业内部经营活动，并执行总经理委托的事项和业务，分工负责各部门与分、子公司的日常经营业务。

第六条 部门总监受命于总裁，全权负责管理所在部门，处理和执行所在部门承担的业务。

1. 参与制订所在部门的事业方针。

2. 以部门事业方针为基准，制订各部门事业计划，并且按照总裁的决定，将其付诸实施。

3. 决定各项业务计划，调控各项业务活动，并且对实施过程进行监督。

4. 就所管辖的业务工作范围，对其他部（室）部门经理、主管和总裁提出忠告。

5. 调整部内预算，向上级提出申请，对部内预算内重要开支进行严格控制，对预算实行监督。

6. 调整部门内部定员和业务分工，并且及时向总裁报告。

7. 向上级申请部内晋升、降职、转职及调换事宜。

8. 安排部门内部人员出差工作。

9. 对部门内部人力资源考核的结果做出调整。

10. 加盖总裁印章的申请事项。

11. 指导和监督部内被管理者，并负责推行对部内管理者的教育培训计划。

第七条　总裁办公室。

总裁办公室是负责公司文秘管理、公关接待和后勤保障工作的综合协调职能部门，具体职责包括：

1. 负责内部文件和外部文件的收取、编号、传送、催办、归档。

2. 负责总部的文件打印、复印，电脑和网络的管理与使用，传真和电报的收发工作。

3. 负责公司总部的报纸杂志的订阅、文件的发送和通讯系统的畅通。

4. 负责通知公司各种会议，做好领导班子的会议记录，为领导班子起草有关文字材料。

5. 负责收集保管公司各种对外宣传材料。

6. 负责公司车辆的管理、保养和维修。

7. 负责公司房屋财产管理和员工住房分配，追回已调离本公司人员非法居住的本公司住房。

8. 负责公司各种办公设施、用品的采购和管理。

9. 负责公司的生活福利，组织各种文娱活动，活跃员工业余生活。

10. 负责公司的对外接待工作。

11. 负责维持公司正常的工作秩序和整洁的工作环境，保持良好的对外形象，负责安排落实领导值班和节假日值班。

第八条　项目经理受命于部门总监（室主管），全权负责所管业务工作。

1. 参与制订所在部（室）事业计划方案，积极辅助部门总监（主管），提出建设性意见或建议。

2. 以部（室）事业计划为基准，制订业务计划，服从部（室）主管的命令与指挥，接受部（室）主管的监督。

3. 向部（室）主管提出业务预算，控制项目内预算开支。

4. 向部（室）主管报告所管项目内人员变动情况，包括项目组织、定员和业务分工的变动情况。

5. 对所管业务内人员晋升、降级、调换工作向部（室）主管提出申请。

6. 对业务内奖惩事宜向部（室）主管提出申请。

7. 负责业务内人力资源考核工作。

8. 安排业务内人员出差工作，向部（室）主管申请一日以上的项目内人员出差事宜。

9. 加盖公司印章的申请事宜。

10. 对所管业务工作的遵纪守法行为实施监督。

11. 向部（室）主管报告业务工作情况以及其他有关业务工作。

12. 监督并实施对所管辖人员的现场教育培养工作。

第三章　分、子公司

第九条　总公司对下属分、子公司，包括全资公司和合资公司，拥有下列基本权限：

1. 审核批准分、子公司的基本组织结构、管理模式和经营方针。

2.对分、子公司委派董事、监事、或专员，监察各分、子公司高层经营管理活动，确保各分子公司与总公司之间的组织运行与指挥的统一性。

3.决定分、子公司总经理人选的任命、调遣、变动和罢免，就总经理提名的副总经理人选进行审议并批复、任命。

4.总公司的财务部、人力资源部有权对各分、子公司相对应归口的职能部门行使业务督导、检查权，总公司派员驻各分、子公司管理财务工作及人力资源工作（劳动合同签订、社会保险缴纳、住房公积金缴纳、员工劳动仲裁等事务）。派驻人员的劳动关系、工资发放由总公司负责，日常工作接受各分、子公司总经理管理。

5.总公司有权调控各分、子公司之间的事业计划和重大业务活动。

6.总公司有权对分、子公司的资本投向与资金流向进行总体调控。

7.总公司有权对分、子公司的业务进行技术性监控，以便维持整个公司的系统运行并帮助分、子公司有效经营，实现经营计划。

第十条 分、子公司总经理在第九条所限定的前提下，拥有一个公司独立经营与管理所必要的人、财、物责任与权限。具体规定如下：

1.基本职务范围。

按照总公司制定的组织原则、管理规则和经营方针，以及分、子公司董事会决议，制订分、子公司的经营计划、经营方针，制定相应的组织原则与管理规则，展开分、子公司产供销以及开发、教育培训与经营管理业务活动，推动分、子公司的生存与发展。

2.基本责任。

（1）对分、子公司的经营管理运行以及相应的业务执行结果负有全部责任。

（2）对分、子公司经济效益和赢利状况以及分、子公司的生存与发展负有全部责任。

（3）对分、子公司提高经营效率、降低成本以及加速流动资金周转负有全部责任。

（4）对分、子公司提高员工志气、工作热情，开发和合理利用人力资源负有全部责任。

（5）对提高整个股份公司的经济效益和信誉，负有相应责任。

（6）负有总公司以其他特殊方式所规定的责任。

3.基本权限。

（1）经营计划与经营方针的起草、决策与推行。

（2）分、子公司内组织结构的设置、人员安排与配置。

（3）对外资金的筹措、运用与管理。

（4）总经理以下人员的招聘、录用、任命与罢免。

（5）人员的教育与培训。

（6）对外债权与债务的转让、处置。

（7）所辖车辆、固定资产、器具的交换与增设。

（8）投资项目与经营项目的策划、筛选与决策。

（9）采购与销售以及定价的决策。

（10）与第九条规定不相抵触的其他生产经营权限。

第十一条 总公司有权对分、子公司的业务进行技术性监控，以便维持整个公司的系统运行，并帮助分、子公司有效经营，实现经营计划。

1.业务预定申请。

每年_____月向总公司提交下列业务预定申请：

续表

（1）年度经营计划书。

（2）经营项目费用预算表。

（3）经营项目可行性研究报告书。

（4）设备（建筑物、设施）新建、扩建和维修费用预算表。

（5）业务预定（人民币或外币贷款）申请书。

2. 定时报告。

每年十二月向总公司提交下列报告：

（1）资产评估报告书。

（2）财务决策报告书。

（3）在职人员明细表册。

（4）资产平衡表。

（5）经营分析表。

（6）不良固定资产及不良债权处理结果报告书（每项 ×× 万元以上）。

3. 临时报告与申请。

在下列情况发生时，立即向总公司报告：

（1）事故报告书。

（2）大宗交易机会及业务上的大订单且超过分、子公司承接能力的临时报告书。

（3）大宗交易损失报告书。

（4）诉讼发生报告书。

（5）固定资产投资项目完工报告书。

（6）贷款延期偿还申请书。

（7）临时贷款申请书。

（8）其他重要或重大经营事件发生报告书。

（9）其他人力不可抗拒事件发生报告书。

4. 巡视检查。

按照总公司业务管理要求，总裁、副总裁、财务部经理、发展研究室主管、项目经理，随时对各分、子公司进行访问、检查和视察。

5. 监察。

总公司经总裁特命，派出财务监察员和业务监察员，在总裁的特殊指令范围内，对分、子公司的财务和经营业务进行专项调查、检查、审计和监督。

第十二条　总公司派遣董事、监事或专员对分、子公司的经营决策和日常业务管理实施全面监控。

1. 参与分、子公司董事会高层决策，负责对分、子公司高层管理者讲解总公司的战略意图、经营方针和计划，协调总公司与分、子公司之间的经营目标。

2. 对分、子公司的经营计划、经营方针提出忠告。使总公司与分、子公司的事业之间建立内在联系，相互做出贡献。

3. 密切总公司各职能管理部门，尤其是总公司财务部、项目部和发展研究室与分、子公司高层管理者的关系，保持或建立总公司与分、子公司管理业务上的良好关系。

4. 就总公司以及总裁的单项具体指示与命令，对分、子公司经理进行解释、商谈，使总公司及总裁的具体指示、命令及意图，能够在分、子公司得到贯彻和落实。

续表

5. 就监察结果及时向总裁做出报告和说明。					
第十三条　本管理制度自××年×月×日起实施。					
执行部门		监督部门		编修部门	
编制日期		审核日期		批准日期	

❖ **小贴士**

公司组织管理制度的主要内容如下：

（1）公司组织管理制度设计的原则规定。根据公司的目标及特点，确定公司组织管理制度设计的原则、方针及主要参数。

（2）职能分析与设计规定。规定公司组织管理职能及其结构，并且层层分解到各项管理业务和工作中，进行管理业务的总体设计。

（3）结构框架的设计规定。设计公司组织系统图，指设计出各个管理层次和部门、岗位及其责任、权利的规范。

（4）联系方式的设计规定。规范控制、信息交流、综合及协调等方式和规定的设计。

（5）管理规范的设计规定。规范管理工作流程、管理工作标准及管理工作方法等管理员的行为规范的设计。

（6）人员配备和培训规定。根据结构框架设计，对配备和培训各级各类管理人员的过程进行管理。

（7）运作规定的设计规定。设计管理部门和人员绩效考核规定，设计精神鼓励和工资奖励规定。

（8）反馈和修正制度。将运行过程中的信息反馈回去，定期或者不定期地对上述设计进行必要的修正。

二、公司组织管理实用表格

（一）公司组织表

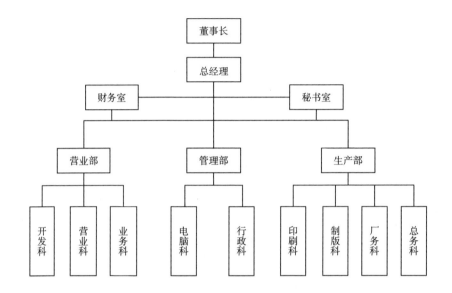

（二）公司组织职能表

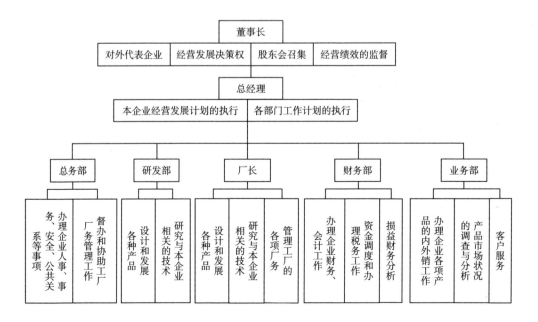

第三节　公司权责划分管理

在现代企业管理中，为了明确划分各层次管理人员的权利和责任，加强管理、提高工作效率，应制定权责划分管理制度。

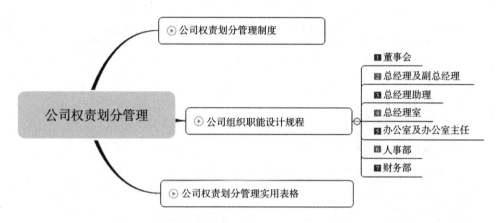

一、公司权责划分管理制度

范例一：公司权责划分管理制度

制度名称	××公司权责划分管理制度	受控状态	
		编号	

第一条　本公司为明确划分各层人员的权责，加强管理，提高工作效率，特制定本办法。

第二条　本办法按本公司组织系统分为：董事长、总经理、副总经理、经理、科长、主任、承办员七阶层，将所有应由各层人员负责的事项，分列于权责划分中。

第三条　各层人员的权责分为下列三项，以三种符号代表：

1．"○"代表经办、主办或提出，指该事项应由该层人员负责办理或其发动提出。

2．"△"代表复核或核转，指该事项应由该层人员负责复核或核转上一阶层。

3．"*"代表核准，指该事项可由该层人员做最后决定，而付诸实施。

第四条　将所有事项分为共同的和个别两部分，再将共同事项划分为行政和人事。

第五条　其中所列的权责，各层人员均应切实履行职权，不可借词推诿，实施时，如遇困难或特殊事件发生需向上一层人员请示后再做处理。

续表

第六条　各层人员依本办法办理后，如需向其上层人员报告时，应以书面或口头报告。

第七条　本办法采用列举方式，其未列举的事项，如已在本公司的其他规章制度中做出规定的，应当按照其规定办理；未做规定者，可由上一级单位主管酌情办理。

第八条　任一事项，如果涉及两个以上部门职责时，应送各有关部门审核后处理。

第九条　有关目标、政策、计划、标准及重要人事工作事项，应该经会议商讨后，呈董事长核定。

第十条　本办法规定的事项，可根据实际情况对本办法随时做出修订。

第十一条　本办法经呈请董事长核准并公布后施行，修订亦同。

第十二条　本办法自××年××月××日施行。

执行部门		监督部门		编修部门	
编制日期		审核日期		批准日期	

❖ **小贴士**

权责划分原则要求如下：

1. 维护统一指挥

（1）实行总经理负责制。公司及各部门，都必须也只能确定一个人负总责并实行全权指挥。

（2）正职领导副职。主从必须分工明确，以利于协调管理。

（3）直接上级是唯一的。在组织中，每个部门和每个人都只接受一个直接上级的领导，并仅对该上级负责和报告工作，其他上级领导的指令对该部门和个人是无效的。

（4）逐级负责制。各个管理层次应实行逐级指挥和逐级负责，一般情况下不应越级指挥；反之，也不应越级报告。

2. 保证责权一致

（1）决策权、指挥权与用人权相统一。

（2）运用贡献分析法，正确处理直线职权、参谋职权与职能职权的配置。

3. 集权与分权相结合

集权与分权的有效结合是权责划分原则与方法的关键所在。

4. 使参谋机构切实发挥作用

（1）实行强制参谋制度。

①参谋机构与人员作为同级直线指挥人员的参谋与助手，他们提出的建议，直线指挥人员虽然有权决定取舍，但无权拒绝听取他们的意见。

②直线指挥人员在制订重要决策和计划前，应当征询相关参谋机构与人员的意见，无权省略这一程序。

（2）授予参谋机构和人员越级报告权。

5.对职权做出明确规定

对职权做出明确规定是权责划分原则及方法的基本前提，只有分工明确了，才能够做到有条不紊，各行其事。

范例二：公司组织职能设计规程

制度名称	××公司组织职能设计规程	受控状态	
		编号	

第一章 董事会

第一条 决定和批准合作公司提出的重要报告。

第二条 批准年度财务收支预算与年度利润分配方案。

第三条 通过公司的重要规章制度。

第四条 订立劳动合同。

第五条 决定设立分支机构和投资开发新项目。

第六条 讨论通过本公司章程的修改。

第七条 决定聘用总经理、副总经理、总工程师、总会计师等高级员工。

第八条 负责合作公司终止和期满时的清算工作。

第九条 其他应由董事会决定的重大事宜。

第二章 总经理及副总经理

第十条 公司总经理工作职责：

1.全面负责处理公司的总体事务，和公司全体员工共同努力，及时完成公司所确定的各项目标。

2.制定公司的管理目标和经营方针，以及制定各种规章制度和服务操作规程，规定各级管理人员和员工的职责，并监督贯彻执行。制订市场拓展计划，带领经营计划人员进行全面的拓展经营。制定公司一系列价目，如材料采购、劳保等。

3.建立、健全公司的组织管理系统，使之合理化、经简化、高效化。主持每月（周）上层的办公例会。阅读工程进程和质量检查情况汇报，并针对各种问题进行指示和批评。传达政府的有关指示、文件、通知，协调各部门之间的关系，使公司有一个高效率的工作系统。

4.健全财务管理，搞好增收节支和开源节流工作，保证现有资产的保值和增值。

5.定期巡视各部门的工作情况，检查工作态度及工作质量，及时发现问题、解决问题。

6.决定对成绩显著的员工予以奖励、调资和晋级，对违纪员工的处分，直至辞退。

7.审查批准年度计划的经营、投资、改造、基建项目和流动资金贷款、使用、贷款担保的可行性报告。

8. 抓好公司的生产、服务工作，配合各分公司搞好生产。

9. 关心员工，以身作则，使公司有高度凝聚力，并要求员工以高度热情和责任感去完成本职工作。

10. 坚持民主集中制的原则，充分发挥员工的积极性和创造性。

11. 与社会各界人士保持良好的公共关系，树立良好的公司形象，并代表公司接待重要贵宾。

12. 加强廉政建设，搞好精神文明建设，支持各种社会组织工作。

13. 具体主管办公室、人事培训部、财务部、工程部等。

第十一条　公司副总经理工作职责：

1. 对总经理负责、协助总经理抓好全面工作。

2. 熟悉和掌握公司情况，及时向总经理反映，提出建议和意见，当好总经理参谋和助手。

3. 具体抓好公司的生产、安全、防火、服务、物业管理和经营承包责任制的考核工作；主管机电服务部、综合服务部、广告有限公司、物业管理部、商场、售票服务处。

4. 负责规范化管理工作组织实施和检查、考核工作。

5. 协调主管部门与其他部门的联系，协助总经理建立健全公司统一、高效的组织体系和工作体系。

6. 完成总经理交办的其他任务。

第三章　总经理助理

第十二条　对总经理负责。掌握、了解市场的发展动向，及时向总经理反映情况，提供信息。

第十三条　负责员工宿舍内的所有事务，主管员工宿舍管理部、总务部。

第十四条　协调主管部门与其他部门的联系，协助总经理建立健全公司统一、高效的组织体系和工作体系。

第十五条　完成总经理交办的其他任务。

第四章　总经理室

第十六条　总经理室管理组工作职责：

1. 产销计划设立修订及产销绩效统计分析。

2. 全公司组织系统及单位工作职责，编制人数的规划、研讨、修订。

3. 下列各项管理制度的建立、推行与修订：

（1）生产管理、质量管理、设备管理制度。

（2）技术管理、开发管理制度。

（3）物资管理制度。

（4）会计账务、成本管理制度。

（5）人事、总务管理制度。

（6）其他有关管理制度。

4. 管理有关异常事项的检核、报告、追踪与改善。

5. 管理有关呈核、呈报案件的分析、审核。

6. 全公司教育训练计划的汇总与推行。

第五章 办公室及办公室主任

第十七条 公司办公室职责：

1. 协助修订公司各项管理规章制度，督促、检查制度的贯彻执行。

2. 负责会务安排，做好会前准备、会议记录和会后内容整理工作。

3. 负责建立健全员工的人事档案。负责公司的公文、资料、信息和宣传报道工作，沟通内外联系，保证上情下达和下情上报。

4. 负责公司印鉴、公文的保管。

5. 负责员工的考勤记录，每日分析、汇总，月底上报公司领导和财务。

6. 负责员工绩效管理工作及各项奖惩办法的执行，统计员工绩效考核结果。

7. 负责组织企业文化建设，开展集体活动、慰问等工作。

8. 代表公司与员工签订劳动合同及其保管工作。办理员工调入调出的手续。

9. 办理员工的社会福利保险事项。

10. 负责公司办公设备和办公用品的采购、保管和领用。

第十八条 办公室主任、副主任职责：

1. 主持部门工作，围绕公司的计划和任务认真组织实施。

2. 掌握公司工作情况，协调各部门之间的关系。

3. 做好员工的思想教育工作，解决其实际困难。

4. 搞好内外交往业务，当好经理的参谋和助手。

5. 完成领导交办的其他工作任务。

6. 副主任协助主任工作，分管办公室资料、宣传工作。

第六章 人事部

第十九条 人事监察部是负责本公司各级经营管理干部的聘用、考核、监察、调动的职能部门，日常工作直接对董事长负责。具体职责如下：

1. 组织拟订全公司机构的人员编制计划。

2. 负责全公司系统干部调动指标的申办工作。

3. 对拟调入本公司系统的各级干部进行调查，并办理有关调干手续。

4. 定期组织对各级管理干部的考核、评议，向公司领导推荐优秀人才。

5. 组织全公司系统内的职称评定工作。

6. 负责全系统企业的党务工作。

7. 负责赴港出国人员的手续办理工作。

8. 负责调查、核实、处理系统内部各种检举信件。

9. 负责落实执行公司的奖惩制度。

第七章 财务部

第二十条 负责公司的财务核算和财务监督，保守财务秘密，维护公司利益。

第二十一条 认真审核、收集、整理、加工财务信息，确保财务核算及时、正确、有效。

第二十二条 严格按照"供货合同"履行相关义务，结清往来款项。

第二十三条 对流动资金进行有效的管理。

1. 收付业务由会计开单——出纳收现金。

2. 出纳每天把存入指定帐户的缴款单交给财务主任或指定的财务会计。

续表

3. 一般不坐支现金。

4. 认真按照相关制度和程序办理员工借款、报销等事宜，不越权或私自作主。

第二十四条　按期间向税务机关申报纳税，并满足企业内外对相关财务信息的需要。

第二十五条　正确建立健全财务帐簿为企业资产、负债、损益以及奖金流动的核算提供依据。

第二十六条　完成总经理布置安排的其他工作。

执行部门		监督部门		编修部门	
编制日期		审核日期		批准日期	

二、公司权责划分管理实用表格

（一）公司部门工作分析表

部门：

类别	工作项目	工作细则	现状			工作量	所需能力（或训练）
			现状	待加强	未做		

制表人：　　　　　　　　　　　　　　　　制表日期：　　年　　月　　日

（二）公司部门决策权用表

决策类别	1级		2级		3级	
	状况	决定者	状况	决定者	状况	决定者
增资	任何增资	董事会				
贷款	20万元以上	董事长	20万元以下	总经理		
新产品开发	大量生产	董事长	试产	总经理	试制研究	研究部门
新客户开发	任何客户开发	业务经理				

决策类别	1级		2级		3级	
	状况	决定者	状况	决定者	状况	决定者
订单接洽	大额低价订单	总经理	大额或低价订单	业务经理	合约规定售价	业务员
生产进度	总进度	产销会议	小幅度订单调整	厂长	部门进度调整	生管室
其他						

制表人： 制表日期： 年 月 日

（三）公司人事决策权用表

类别	事项说明	填报	审核	裁决	报备	存办会	备注

制表人： 复核人： 审批人：

（四）公司财务决策权用表

财务事项	董事长	总经理	副总经理	厂长经理	副经理	科长
设备购置	10万元以上	10万元以下	5万元以下	1万元以下		
工具、仪器		2万元以上	2万元以下	1万元以下		1000元以下
原物料购置				请购单核准		授权采购物料采购
文具用品						定额采购
报表印刷				核准		

制表人： 复核人： 审批人：

（五）职务调整说明书

一、姓名：	文号：
二、职位：	日期：
三、所属部门：	
四、新任命工作：	五、原负责工作：
（一）	（一）
（二）	（二）
（三）	（三）
（四）	（四）
（五）	（五）
（六）	（六）
（七）	（七）
（八）	（八）
六、生效日期：	
	年　　月　　日
	部门经理：
	项目经理：
	总经理：

第 二 章

公司股权管理

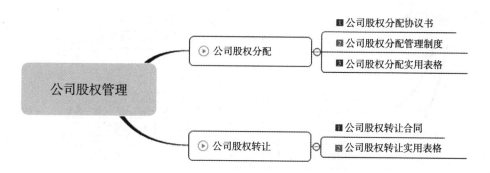

公司股权管理

公司股权分配
- ① 公司股权分配协议书
- ② 公司股权分配管理制度
- ③ 公司股权分配实用表格

公司股权转让
- ① 公司股权转让合同
- ② 公司股权转让实用表格

扫一扫，获取
本章规范表格

第一节　公司股权分配

　　股权是股东在初创公司中的投资份额，即股权比例。股权比例的大小直接影响着股东对公司的话语权和控制权，也是股东分红比例的依据，是从公司获得经济利益并参与公司经营管理的权利。

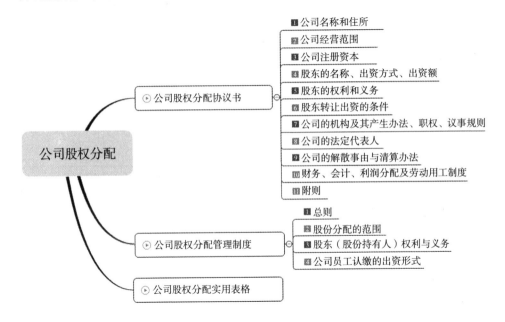

一、公司股权分配管理制度

范例一：公司股权分配协议书

制度名称	××公司股权分配协议书	受控状态	
		编号	
为了适应社会主义市场经济的要求，发展生产力，依据《中华人民共和国公司法》（以下简称《公司法》）及其他有关法律、行政法规的规定，由五方出资设立有限公司，特于××年××月制定并签署本股权分配协议。本股权分配协议如与国家法律法规相抵触的，以国家法律、法规为准。			

第一章　公司名称和住所

第一条　公司名称：_____。

第二条　公司住所：_____。

第二章　公司经营范围

第三条　公司经营范围：_____。

第三章　公司注册资本

第四条　公司注册资本：人民币××万元。

公司增加或减少注册资本，必须召开股东会并由全体股东通过并做出决议。公司减少注册资本，还应当自做出决议之日起十日内通知债权人，并于三十日内在报纸上至少公告三次。公司变更注册资本应依法向登记机关办理变更登记手续。

第四章　股东的名称、出资方式、出资额

第五条　出资人以货币认缴出资额。

1.股东名称：_____，出资额_____万元，占注册资本的_____%，出资方式_____；

2.股东名称：_____，出资额_____万元，占注册资本的_____%，出资方式_____；

3.股东名称：_____，出资额_____万元，占注册资本的_____%，出资方式_____；

4.股东名称：_____，出资额_____万元，占注册资本的_____%，出资方式_____；

5.股东名称：_____，出资额_____万元，占注册资本的_____%，出资方式_____。

第六条　出资人按规定的期限于_____年___月___日前缴足认资额，逾期未缴足出资的股东，向已足额缴纳出资的股东承担违约责任。

第七条　全体出资人缴纳出资额后，经会计师事务所验证并出具验资报告经工商登记机关登记后，公司向出资人签发出资证明书，出资人即成为公司股东。

第五章　股东的权利和义务

第八条　股东享有如下权利：

1.依照其所持有的股份份额获得股利和其他形式的利益分配。

2.参加或者委派股东代理人参加股东会议。

3.依照其所持有的股份份额行使表决权。

4.对公司的经营行为进行监督，提出建议或者质询。

5.依照法律、行政法规及公司章程的规定转让、赠与或质押其所持有的股份。

6.依照法律、公司章程的规定获得有关信息。

7.公司终止或者清算时，按其所持有的股份份额参加公司剩余财产的分配。

8.法律、行政法规及公司章程所赋予的其他权利。

第九条　股东应承担的义务：

1.遵守公司章程。

2.按期缴纳所认缴的出资。

3.以其出资额为限对公司承担责任。

4.出资额只能按规定转让，不得退资。

5.有责任保护公司的合法权益，不得参与危害公司利益的活动。

6.在公司登记后，不得抽回出资。

续表

7.在公司成立后，发现作为出资的实物、工业产权、非专利技术、土地使用权的实际价额显著低于公司章程所定价额的，应当由交付该出资的股东补交其差额，公司设立时的其他股东对其承担连带责任。

第六章　股东转让出资的条件

第十条　股东之间可以相互转让其全部出资或者部分出资。

第十一条　股东转让出资由股东会投票讨论通过。股东向股东以外的人转让其出资时，必须经全体股东过半数同意；不同意转让的股东应当购买该转让的出资，如果不购买该转让的出资，视为同意转让。

第十二条　经股东会同意转让的出资，在同等条件下，其他股东对该出资有优先购买权。

第十三条　股东依法转让其出资后，由公司将受让人的姓名或者名称、住所以及受让的出资额记载于股东名册。

第七章　公司的机构及其产生办法、职权、议事规则

第十四条　股东会由全体股东组成，是公司的权力机构，行使下列职权：

1.决定公司的经营方针和投资计划。

2.选举和更换董事，决定有关董事长、董事的报酬事项。

3.选举和更换由股东代表出任的监事，决定监事的报酬事项。

4.审议批准董事长的报告。

5.审议批准监事的报告。

6.审议批准公司的年度财务预算方案、决算方案。

7.审议批准公司的利润分配方案和弥补亏损的方案。

8.对公司增加或者减少注册资本做出决议。

9.对发行公司债券做出决议。

10.对股东向股东以外的人转让出资做出决议。

11.对公司合并、分立、变更公司形式，解散和清算等事项做出决议。

12.修改公司章程。

第十五条　股东会的首次会议由出资最多的股东召集和主持。

第十六条　股东会分为股东年会和临时股东会两种形式。年会每年召开一次，在会计年度结束后_____个月内召开。临时会由董事会提议召开，有下述情况时应召开临时会：代表1/4以上表决权的股东或1/3以上的董事、监事提议召开时，临时股东会不得决议通知未载明的事项。

第十七条　股东会由董事会召集，董事会于会前_____日前以_____方式通知所有股东。通知应载明召集事由、会议地点、会议日期等事项。

第十八条　股东会由董事长主持；董事长不能履行职务或不履行职务的，由副董事长主持；副董事长不能履行职务或不履行职务的，由半数以上董事共同推举一名董事主持。

第十九条　股东会会议由股东按照出资比例行使表决权。股东会决议有普通决议和特别决议两种形式。

1.普通决议由代表公司2/3表决权以上的股东出席，并经代表1/2以上表决权的股东通过。

2.特别决议由代表公司3/4表决权以上的股东出席，并经代表2/3以上表决权的股东通过。

第二十条 下列决议由特别决议通过：

1.增、减注册资本。

2.公司合并、分立、终止及清算、变更公司形式、设立分公司。

3.修改公司章程。

第二十一条 未能满足第十九条时，会议延期_____日召开，并再次向未到席的股东发出通知，延期后仍未达到条件时则视为有效数额，并按实际出席股东代表的表决权满足第十九条的表决比例时，作出的决议即为有效。

第二十二条 股东会会议应作记录，经出席股东代表签字后，由公司存档。

第二十三条 公司设董事会，成员为____人，由股东会选举产生。董事任期三年，任期届满，可连选连任。董事在任期届满前，股东会不得无故解除其职务。董事会设董事长一人，副董事长若干，董事长、副董事长由董事会选举产生。董事长任期三年，任期届满，可连选连任。董事长为公司法定代表人，对公司股东会负责。

董事会行使下列职权：

1.负责召集和主持股东会，检查股东会会议的落实情况，并向股东会报告工作。

2.执行股东会决议。

3.决定公司的经营计划和投资方案。

4.制订公司的年度财务方案、决算方案。

5.制订公司的利润分配方案和弥补亏损方案。

6.制订公司增加或者减少注册资本、发行债券或者其他证券及上市方案。

7.拟订公司重大收购、回购本公司股票或者合并、分立、变更公司形式、解散的方案。

8.在股东大会授权范围内，决定公司的风险投资、资产抵押及其他担保事项。

9.决定公司内部管理机构的设置。

10.提名并选举公司行政总裁（以下简称为CEO）人选，根据CEO的提名，聘任或者解聘公司副总，财务负责人，决定其报酬事项和奖惩事项。

11.制定公司的基本管理制度。

12.在发生战争、特大自然灾害等紧急情况下，对公司事务行使特别裁决权和处置权，但这类裁决权和处置权须符合公司利益，并在事后向股东会报告。

13.法律、法规或公司章程规定，以及股东大会授予的其他职权。

第二十四条 董事会由董事长召集并主持。董事长因特殊原因不能履行职务时，依次由副董事长和董事长指定的其他董事召集和主持。1/3以上董事可以提议召开董事会会议，并应于会议召开十日前通知全体董事。

第二十五条 董事会必须有2/3以上的董事出席方为有效，董事因故不能亲自出席董事会会议时，必须书面委托他人参加，由被委托人履行委托书中载明的权力。对所议事项做出的决定应由占全体董事2/3以上的董事表决通过方为有效，并应做成会议记录，出席会议的董事应当在会议记录上签名。

第二十六条 监事会是公司常设监察机构，对公司的董事会、董事、公司高级职员进行监督。

第二十七条 监事会成员_____人，每届任期_____年，届满可连选连任。本届监事会成员：_____，其中_____为监事会召集人。

第二十八条　监事行使下列职权：

1. 检查公司财务。

2. 对董事长、董事、经理行使公司职务时违反法律、法规或者公司章程的行为进行监督。

3. 当董事长、董事和经理的行为损害公司的利益时，要求董事长、董事和经理予以纠正。

4. 提议召开临时股东会；监事列席股东会会议和董事会会议。

第二十九条　监事会议事规则：监事会决议应 2/3 以上的监事同意方为有效。

第三十条　公司设行政总裁 1 名，副总若干，由董事会聘任或者解聘，行政总裁对董事会负责，行使下列职权：

1. 主持公司的生产经营管理工作。

2. 组织实施公司年度经营计划和投资方案。

3. 拟订公司内部管理机构设置方案。

4. 拟定公司的基本管理制度。

5. 制定公司的具体规章。

6. 提请聘任或者解聘公司副总，财务负责人。

7. 聘任或者解聘除应由董事长聘任或者解聘以外的负责管理人员；经理列席股东会会议和董事会会议。

第八章　公司的法定代表人

第三十一条　公司法定代表人依照公司章程的规定，可以由董事长、执行董事或者经理担任，并依法登记。

第三十二条　法定代表人代表企业法人的利益，按照法人的意志行使法人权利。法定代表人在企业内部负责组织和领导生产经营活动；对外代表企业，全权处理一切民事活动。法定代表人的权力，是由法人赋予的，法人对法定代表人的正常活动承担民事责任。但是代表人的行为超出法人授予的权利范围，法人就可能为其承担责任。

第九章　公司的解散事由与清算办法

第三十三条　公司的营业期限为三十年，从"企业法人营业执照"签发之日起计算。

第三十四条　公司有下列情形之一，可以解散：

1. 公司章程规定的营业期限届满时，股东会认为不再继续存在的。

2. 合并或分立而解散。

3. 股东人数或注册资本达不到《公司法》要求时。

4. 因资不抵债被宣告破产。

5. 违反法律、法规、危害公共利益，被执法部门撤销。

6. 股东会特别决议决定解散。

第三十五条　公司解散时，应依《公司法》的规定成立清算组对公司进行清算。清算结束后，清算组应当制作清算报告，报股东会或者有关主管机关确认，并报送工商登记机关，申请注销公司登记，公告公司终止。

第十章　财务、会计、利润分配及劳动用工制度

第三十六条　公司应当依照法律、行政法规和国务院财政主部门的规定建立本公司的财务、会计制度，并应在每次会计年度终了时制作财务会计报告。

财务会计报告应当包括下列财务会计报表及附属明细表：

1. 资产负债表。

2. 损益表。

3. 财务状况变动表。

4. 财务情况说明书。

5. 利润分配表。

第三十七条 公司应当于会计年度结束后 30 日内将财务会计报告送交各股东。

第三十八条 公司利润分配按照《公司法》及有关法律法规，国务院财政主管部门的规定执行。

第三十九条 劳动用工制度按国家法律法规及国务院劳动部门的有关规定执行。

第十一章 附则

第四十条 本章程经各方出资人共同订立，自公司设立之日起生效。

第四十一条 本章程一式六份，股东各留存一份，公司留存一份。

全体股东盖章（签名）： 公司盖章：

年 月 日

执行部门		监督部门		编修部门	
编制日期		审核日期		批准日期	

范例二：公司股权分配管理制度

制度名称	×× 公司股权分配管理制度	受控状态	
		编号	

第一章 总则

第一条 为了实现企业对高管人员及业务技术骨干的激励与约束，使员工的职业规划进程与企业的长远发展紧密结合，充分调动员工的积极性及创造性，为企业创造更高的业绩及留住企业需要的核心专业技术性人才，特在公司内推行股份分配制度。

第二条 本股权分配管理制度本着效率优先，兼顾公平的原则，进行员工持股数额的分配，以期客观反映管理层和骨干员工对公司发展的贡献，激励管理层为公司的长期增长而努力，为企业的持续发展提供动力。

第二章 股份分配的范围

第三条 参与股份分配的人员范围：

1. 公司中、高层管理人员（包括公司总经理、副总经理、各部门正副职）。

2. 或对公司经营做出重大贡献的业务、技术骨干人员。

另外，考虑到管理成本及控股人实际利益，持股总人数应控制在不超过 20 人。

第四条　实行股权代理制，被分配到股份的人员（以下简称为股东），有 5 ～ 10 名核心股东，小股东必须委托这些人员实行法律上的股东权利，以提高决策效率及减少管理成本。

第五条　公司核心股东即为公司的高级管理人员（含公司的董事、监事、总经理、副总经理、财务负责人及中层干部），具有一定的业绩目标，其目标可以通过公司考核制度中的考核办法来实现，同时他们当中一部分年薪制，一般在完成一定的业绩目标的前提下有一定的超额业绩，公司才为他们分配一定的股份，以稳定公司高管队伍。

第六条　核心股东也可经董事会确认未担任中层干部的核心技术人员及骨干。公司的核心人员在本管理制度实施时，在公司已经连续工作 5 年以上。

第三章　股东（股份持有人）权利与义务

第七条　股东具有以下权利：

1. 参加股东会，并且按照出资比例行使表决权。

2. 选举和被选举为董事会成员、监事会成员。

3. 查阅股东会会议记录和公司财务会计报告，以便监督公司的运营。

4. 按照出资比例分取红利，即股东享有受益权。

5. 依法转让出资。

6. 优先购买其他股东转让的出资。

7. 优先认购公司新增的资本。

8. 公司终止后，依法分得公司剩余财产。

9. 公司章程规定的其他权利。

第八条　股东同时承担以下义务：

1. 缴纳所认缴的出资。

2. 以其出资额为限对公司承担责任。

3. 公司设立登记后，不得抽回出资。

4. 公司章程规定的其他义务，即应当遵守公司章程，履行公司章程规定的义务。

第四章　公司员工认缴的出资形式

第九条　现金出资持股制：

1. 股份来源：

（1）公司高管及中层干部现金持股。

（2）实际控制人赠与配送股份。由公司实际控制人员按照员工的职务级别、工作年限及贡献大小按比例进行股权赠与配送。

（3）实际控制人股份转让获取。公司不想增资扩股的情况下，按照各级职别、工作年限及贡献大小等优惠价格转让，完成买股与配送的过程。

2. 现金来源：

（1）由员工自筹现金取得。

（2）由员工年薪中提取一定比例认购股份。

（3）先从公司的公益中划拨出部分专项资金，无息贷给员工认购股份，然后从员工的薪资中定期扣回。

（4）可由支付的奖金代购，剩余部分由员工用现金认购。

第十条　岗位分红不持股制。不投现金，不持股，在一定的岗位就有分红权。股权来源于实际控股人让渡分红权。公司可以根据员工年薪给予相应的分红。

第十一条　经营业绩换股制：

1.公司与高级管理人员制订合理的年度业绩目标，在其达成该目标并在公司服务一定年限后，公司可以授予其一定的股份或提取一定的奖励基金购买公司股份。

2.股份来源：

（1）从实现的净利润中提取增资。

（2）由提取的奖励基金中从实际控制人处回购公司股份。

（3）此经营业绩如果持续性在五年以上，可以对业绩股进行年年分红权，并且授予一定的证书。

执行部门		监督部门		编修部门	
编制日期		审核日期		批准日期	

二、公司股权分配实用表格

（一）股权出质设立登记申请书

股权出质设立登记事项				
股权所在公司名称			注册号/统一社会信用代码	
出质人姓名（名称）		证照号码		
质权人姓名（名称）		证照号码		
出质股权数额	万元			
申报事项				
被担保债权数额	万元			
股权类型	□有限公司股权　　□股份公司股权			
出质人类型	□公司　□非公司企业法人　□合伙企业　□个人独资企业 □农民专业合作社　□自然人　□其他			
质权人类型	□银行　□非银行金融机构　□非金融业企业　□自然人　□其他			

申请人声明	出质人已对上述股权作必要审查，并自愿接受其作为出质标的。 申请人申请股权出质登记，已阅知下列内容： 1. 申请人应当对申请材料的真实性、质权合同的合法性有效性负责。 2. 出质股权所在公司为有限责任公司或者股权未在证券登记结算机构登记的股份有限公司。 3. 出质股权应当是依法可以转让的股权，且权能完整，未被人民法院依法冻结。 4. 出质股权所在公司为有限责任公司的，公司应当将股东的姓名或者名称及其出资额向工商登记机关登记；登记事项发生变更的，应当办理变更登记。未经登记或者变更登记的，不得对抗第三人。 5. 公司不得接受本公司的股权作为质押权的标的。 6. 公司为他人提供担保，依照公司章程的规定，由董事会或者股东会、股东大会决议；公司章程对担保的总额及单项担保的数额有限额规定的，不得超过规定的限额。公司为公司股东或者实际控制人提供担保的，必须经股东会或者股东大会决议。 因提交材料实质内容违反法律、行政法规和公司章程的相关规定，产生的经济纠纷和法律责任，由申请人负责。

出质人签字（盖章）：　　　　　　　　　　质权人签字（盖章）：

　　　　　　　　　　　　　　　　　　　　　　　　　　　年　　月　　日

（二）股权出质变更登记申请书

变更事项		原登记内容	申请变更等级内容
登记事项	股权所在公司名称		
	股权所在公司注册号／统一社会信用代码		
	出质人姓名（名称）及证照号码		
	质权人姓名（名称）及证照号码		
	出质股权数额（万元）		
申报事项	被担保债权数额（万元）		
申请人声明	出质人已对上述股权作必要审查，并自愿接受其作为出质标的。 申请人申请股权出质登记，已阅知下列内容： 1. 申请人应当对申请材料的真实性、质权合同的合法性有效性负责。 2. 出质股权所在公司为有限责任公司或者股权未在证券登记结算机构登记的股份有限公司。 3. 出质股权应当是依法可以转让的股权，且权能完整，未被人民法院依法冻结。 4. 出质股权所在公司为有限责任公司的，公司应当将股东的姓名或者名称及其出资额向公司登记机关登记；登记事项发生变更的，应当办理变更登记。		

申请人声明	未经登记或者变更登记的，不得对抗第三人。 5.公司不得接受本公司的股权作为质押权的标的。 6.公司为他人提供担保，依照公司章程的规定，由董事会或者股东会、股东大会决议；公司章程对担保的总额及单项担保的数额有限额规定的，不得超过规定的限额。公司为公司股东或者实际控制人提供担保的，必须经股东会或者股东大会决议。 因提交材料实质内容违反法律、行政法规和公司章程的相关规定，产生的经济纠纷和法律责任，由申请人负责。

出质人签字（盖章）:　　　　　　　　质权人签字（盖章）:

　　　　　　　　　　　　　　　　　　　　　　　　　　年　　月　　日

（三）股权出质注销登记申请书

股权所在公司名称		股权所在公司注册号 / 统一社会信用代码	
出质人姓名（名称）		证照号码	
质权人姓名（名称）		证照号码	
出质股权数额（万元）			
注销原因	□主债权消灭　　□质权实现　　□质权人放弃质权 □法律规定的其他情形导致质权消灭		
申请人声明	申请人自愿提出股权出质注销登记申请，并对提交材料的真实性、有效性负责。		

出质人签字（盖章）:　　　　　　　　质权人签字（盖章）:

　　　　　　　　　　　　　　　　　　　　　　　　　　年　　月　　日

（四）股权出质撤销登记申请书

股权所在公司名称		股权所在公司注册号 / 统一社会信用代码	
出质人姓名（名称）		证照号码	
质权人姓名（名称）		证照号码	
出质股权数额（万元）			
申请人声明	申请人依法申请股权出质撤销登记，因提交材料实质内容违反法律规定产生的经济纠纷和法律责任，由申请人负责。		

申请人签字（盖章）　　　　　　　　　　　　　　　　年　　月　　日

（五）指定代表或共同委托代理人授权委托书

申请人	指定代表或委托代理人
委托事项及权限	1.办理_____（企业名称）的□名称预先核准　□设立　□变更　□注销　□备案　□撤销变更登记　□股权出质（□设立　□变更　□注销　□撤销）　□其他手续。 2. □同意　□不同意　核对登记材料中的复印件并签署核对意见。 3. □同意　□不同意　修改企业自备文件的错误。 4. □同意　□不同意　修改有关表格的填写错误。 5. □同意　□不同意　领取营业执照和有关文书。
指定或委托的有效期限	自　年　月　日至　年　月　日
指定代表或委托代理人或经办人信息	签字： 身份证号： 联系电话：
（指定代表或委托代理人或经办人身份证明复印件粘贴处）	

申请人签字（盖章）　　　　　　　　　　　　　　　年　月　日

（六）股票挂失申请书

本人名义持有之下列股票不慎于_____年___月___日遗失（毁损），祈请贵公司惠予挂失，如有虚冒事情或任何纠葛发生，本人愿负一切法律责任。

票面股数	字号别	股票号码	张数	股数
股			张	股
股			张	股
股			张	股
合计			张	股

申请人：（签章）

户号：

住址：

身份证号码：

　　　　　　　　　　　　　　　　　　　　　　年　月　日

（七）股票补发申请书

下列股票因遗失（毁损）于_____年____月____日向贵公司申请挂失在案，兹检送刊登遗失声明作废启事报纸全份、申请补发股票保证书一份，即请查照补发相等面额新股票为荷。如有虚冒事情或将来发生纠葛致贵公司或第三人蒙受损失时，本人及保证人愿负一切责任，并放弃先诉抗辩权。

挂失登记			登报种类	
保证人				
票面股数	字号别	股票号码	张数	股数
股			张	股
股			张	股
股			张	股
合计			张	股

申请人：（签章）

户号：

住址：

身份证号码：

年　　月　　日

第二节　公司股权转让

股权转让是公司股东依法将自己的股东权益有偿转让给他人，使他人取得股权的民事法律行为。股权转让后，股东基于股东地位而对公司所发生的权利义务关系全部同时移转于受让人，受让人因此成为公司的股东，取得股东权。

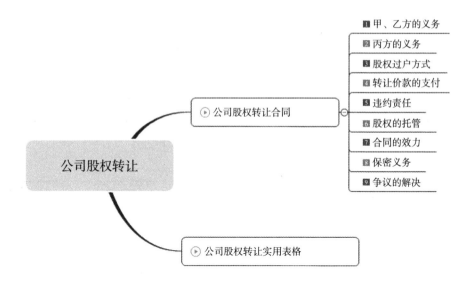

一、公司股权转让合同

范例：公司股权转让合同

甲方：＿＿＿＿＿＿＿＿＿＿＿＿＿＿＿＿＿＿＿＿＿＿＿＿＿

法定代表人：＿＿＿＿＿＿＿＿＿＿＿＿＿＿＿＿＿＿＿＿＿＿

乙方：＿＿＿＿＿＿＿＿＿＿＿＿＿＿＿＿＿＿＿＿＿＿＿＿＿

法定代表人：＿＿＿＿＿＿＿＿＿＿＿＿＿＿＿＿＿＿＿＿＿＿

丙方：＿＿＿＿＿＿＿＿＿＿＿＿＿＿＿＿＿＿＿＿＿＿＿＿＿

法定代表人：＿＿＿＿＿＿＿＿＿＿＿＿＿＿＿＿＿＿＿＿＿＿

鉴于：

（1）甲、乙方同意转让，丙方同意受让甲、乙所持 ＿＿＿＿＿（集团）股份有限公司（以下简称 ＿＿＿＿＿＿＿ ）股权共计 ＿＿＿＿＿ 万股。

（2）甲、乙方同意以每股 ＿＿＿＿＿ 元人民币的价格，在 ＿＿＿ 年 ＿＿ 月 ＿＿ 日前分期向丙方转让所持 ＿＿＿＿＿ 股权共计 ＿＿＿＿＿ 万股，总金额为 ＿＿＿＿＿ 万元。

（3）如果丙方在本协议签订之日起四十五个工作日内决定选择受让全部 ＿＿＿＿ 万股股权，并支付所有转让价格，则转让价格为每股 ＿＿＿＿＿ 元人民币，总价款为 ＿＿＿＿＿ 万元人民币。

（4）丙方同意以上述方式、价格和数量受让 _____ 股权。经双方友好协商，本着平等、互利、诚实信用的原则，达成协议如下：

第一条　甲、乙方的义务

1. 甲、乙方保证其拥有全权（包括一切必要的公司内部授权）签订本合同并履行本合同的能力。

2. 甲、乙方同意采取积极行动，以促使本合同项下股权转让事宜的顺利完成。

3. 本合同生效后即构成对甲、乙方合法有效的约束；甲、乙方保证按照本合同的规定全面、及时履行有关义务。

4. 甲、乙方应积极配合丙方与质权人接洽，并尽快达成解除质押的有关约定，保证本合同项下股权的顺利转让。

5. 甲、乙方保证其提供给丙方的文件中未有对与本合同有关的重大事实的错误陈述、重大遗漏或重大误导。

6. 在本协议签署后至股权转让全部完成前，甲、乙方应保障本合同标的_____ 股权的完整性和安全性，在丙方履约的前提下，未获丙方书面同意前，甲、乙方应保证其与质权人不将上述股权以任何其他方式处置给除丙方以外的任何第三方。

7. 丙方在将要汇出各期转让价款前七个工作日前书面通知甲、乙方，并签订每期转让的协议，甲、乙方应在接到通知后五个工作日内提供整套解除质押所需材料，并补足向银行解除质押所需要的差额资金；当丙方人员向银行解付自带汇票并支付到甲方在质押银行所开设的账户内时，甲、乙方应交付丙方所付资金对应的股权解除质押和办理股权过户所需要的全部文件，并协助丙方办理过户手续。

8. 本合同标的股权对应的银行贷款的利息由甲、乙方全额承担。

9. 如甲、乙方的上述保证与事实不符或甲、乙方违反上述保证给丙方造成任何损失，甲、乙方将按本协议第 5 条的约定承担违约责任。

第二条　丙方的义务

1. 丙方保证其拥有全权（包括一切必要的公司的内部授权）签订本合同并履行本合同的能力。

2. 本合同生效后即构成对丙方合法有效的约束；丙方保证按照本合同的规定全面、及时履行有关义务。

3. 丙方保证其提供给甲、乙方的文件中未有对与本合同有关的重大事实的错误陈述、重大遗漏或重大误导。

4. 如丙方的上述保证与事实不符或丙方违反上述保证给甲、乙方造成任何损失，丙方将按本协议第 5 条的约定承担违约责任。

5. 丙方保证将按本合同规定及时履行有关付款和信息披露义务。

第三条　股权过户方式

1. ＿＿＿＿＿ 年 ＿＿＿ 月 ＿＿＿ 日前一次性过户转让 ＿＿＿＿＿＿ 万股。

2. ＿＿＿＿＿ 年 ＿＿＿ 月 ＿＿＿ 日前分批过户 ＿＿＿＿＿＿ 万股，每批过户不少于 ＿＿＿＿＿ 万股，具体过户时间由丙方确定，提前七个工作日通知甲、乙方，并另行签订每期股权转让的协议。

3. 就每期过户的股权和每期支付的转让款，甲或乙方与丙方（或与质押银行）将按本协议确定的原则，分别签订每期股权转让的协议，以便各方履行。

4. 如果丙方能在本协议签订之日起四十五个工作日内支付全部转让款，则甲、乙方按每股 ＿＿＿＿ 元人民币转让全部 ＿＿＿＿＿＿ 万股股权。

第四条　转让价款的支付

1. 本次股权转让（分期转让）的总价款为人民币 ＿＿＿＿ 万元。

2. 本协议生效后三个工作日内，丙方向甲、乙方汇出定金人民币 ＿＿＿＿ 万元；其中：付给甲方 ＿＿＿＿ 万元，乙方 ＿＿＿＿ 万元。

3. 在签订本协议的同时，甲、乙、丙方将签订首期转让的 ＿＿＿＿ 万股的协议，并按本协议和首期转让协议的约定支付股权转让款和进行股权交割。

4. ＿＿＿＿＿ 年 ＿＿＿ 月 ＿＿＿ 日前，丙方按每次交割过户股权数量支付相应价款，甲、乙方切实保证丙方受让股权的过户后，丙方所支付的定金 ＿＿＿＿ 万元冲减最后一期转让价款中的等额部分。

5. 在各期股权过户手续办理完毕前，丙方汇入甲、乙方指定账户的价款应首先用于偿还股权质押项下的贷款本金，直至股权质押项下贷款本金清偿完毕为止。

6. 如果丙方在本协议签订之日起四十五个工作日内，决定在首期转让款和定金的基础上，补足全部转让款，则丙方只须支付总额为 ＿＿＿＿ 万元的转让款，已支付的定金和 ＿＿＿＿＿＿ 万股中多支付的每股 ＿＿＿＿ 元人民币应冲抵等额的转让款。

7. 甲、乙方在收到丙方支付的每期转让款后，应协助丙方办理股权过户的有关手续。

8. 本次股权转让所涉费用（如印花税、过户费）由甲、乙方和丙方各承担 ＿＿＿＿ %；其余税、费由甲、乙、丙方依法各自承担。

第五条 违约责任

1. 自本合同生效之日起非因不可抗力或经双方约定，任何一方不得擅自解除合同；否则应承担对方为履行本合同义务而发生的一切费用并赔偿经济损失。

2. 如因不可抗力导致股权转让失败（无论首期或其余各期），甲、乙方应在收到款项之日起三个工作日内，将定金和当期价款（如已支付）返还给丙方，本协议或分期协议终止执行；协议已履行完毕的部分，各方不予返还。

3. 如因甲、乙方过错导致股权转让（无论首期或其余各期）失败，甲、乙方应向丙方双倍返还定金并赔偿经济损失；具体计算方法为：赔偿金额＝未过户的股权数额 ×1元/股。

4. 如因丙方过错导致股权转让失败，丙方不得要求甲、乙方返还定金并应赔偿甲、乙方经济损失，具体计算方法为：赔偿金额＝未过户的股权数额 ×1元/股。

5. 如守约方的实际损失超过违约金的金额时，上述约定不妨碍守约方向违约方行使要求除赔偿违约金之外，补足其实际损失的权利。

第六条 股权的托管

1. 在本协议签订的同时，甲、乙方向丙方书面承诺将首期转让的 _____ 万股股权之外的共计 _____ 万股股权，委托丙方或丙方指定的第三方管理，托管期限自本协议签署之日起至 _____ 年 ___ 月 ___ 日止。

2. 托管期内，丙方的托管权限为除有限制的最后处置权以外的全部权限，包括但不限于收益权（含红利、送股和转赠股本等）表决权、提名权、提案权等。

3. 托管期间，丙方应遵守法律、法规和公司章程约定的有关规定，并不得使用于损害甲、乙方合法权益的行动中；如丙方违反前述托管使用权的规定和约定，甲、乙方有权提出终止股权托管，并要求丙方赔偿甲、乙方的直接经济损失。

4. 托管股权数量依股权过户交割行为的实施而等额减少。

第七条 合同的效力

1. 本合同经双方当事人签字盖章后生效。

2. 本合同如有未尽事宜，双方可另行协商补充。

3. 本合同一式九份，协议各方各持三份，均具同等法律效力。

第八条 保密义务

甲、乙、丙各方对本协议所涉事项承担同等保密义务，未经对方许可不得擅自将有关信息、资料披露给第三方（根据法律要求履行必要的信息披露义务除外）；如因违反本保密义务给对方造成经济损失，应予以赔偿。

第九条　争议的解决

如因本合同发生争议，协议各方应以友好协商方式解决；协商不成时，可向股权过户地人民法院起诉。

甲方

法定代表人

日期：

乙方

法定代表人

日期：

丙方

法定代表人

日期：

二、公司股权转让实用表格

（一）股票转让过户申请书

致启者：

出让人持有之下列股票经协商，转让与受让人所有，即请照章办一过户登记为荷。

过户股票详细内容		
票面股数	股票号码	
股	字第	号
股	字第	号
股	字第	号
股	字第	号
股	字第	号

续表

票面股数	股票号码	
股	字第	号
股	字第	号
合计	股	张

受让人	姓名		户号		印鉴
	住址				
	身份证号码				
出让人	姓名		户号		印鉴
	住址				
	身份证号码				

（二）股权转让台账

单位名称（章）：　　　　　　　　　　　　　　　　　　　　　年　　月　　日

企业名称	转让方姓名	转让方联系方式	转让方持股比例	转让方投资额	股权变动时间	股权转让价款	受让方姓名（名称）	受让方联系方式	受让方持股比例

填表人：　　　　　　　　　　复核人：　　　　　　　　　　　　主要负责人：

（三）股权转让分户信息表

税务所（章）：　　　　　　　　　　　　　　　　　　　年　　月　　日

企业名称	注册资金	股权转让份额	股权转让额	净资产额	是否属重点监控企业	20××年纳税情况	20××年纳税情况	20××年纳税情况	查补个人所得税	查补印花税	查补其他税

填表人：　　　　　　　　　　　　　　　　　　　主要负责人：

（四）股权转让诚信声明书

　　本人受让＿＿＿＿＿＿＿＿＿＿＿＿＿＿＿＿＿＿公司股权，谨就本次股权转让事项做出如下声明：

　　转让方姓名：＿＿＿＿＿＿＿＿＿＿＿＿＿＿＿＿＿＿＿＿＿＿＿

　　受让方姓名：＿＿＿＿＿＿＿＿＿＿＿＿＿＿＿＿＿＿＿＿＿＿＿

　　转让股权份额：＿＿＿＿＿＿＿＿＿＿＿＿＿＿＿＿＿＿＿＿＿

　　转让价款＿＿＿＿＿＿＿＿＿＿＿＿＿＿＿＿＿＿＿＿＿＿＿＿元。

　　本人对上述声明保证是完全真实、准确的，如有虚假，愿承担法律责任。

　　　　　　　　　　　　　　　　　　　　声明人签名：

　　　　　　　　　　　　　　　　　　　　年　　月　　日

　　说明：本声明书一式二份，主管税务机关留存一份；声明人一份。

（五）自然人股东变动情况报告表

投资企业情况		转让方信息									受让方信息						
计算机代码	企业名称	姓名	身份证号	住所	联系电话	投资方式	投资额（元）	持股比例	交易价格	股权转让时间	姓名	身份证号	住所	联系电话	投资方式	投资额（元）	持股比例

填表人： 复核人： 主要负责人： 填报日期：

第 三 章

公司经营企划管理

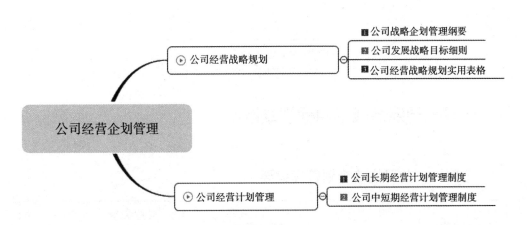

公司经营战略规划
- ■ 公司战略企划管理纲要
- ■ 公司发展战略目标细则
- ■ 公司经营战略规划实用表格

公司经营企划管理

公司经营计划管理
- ■ 公司长期经营计划管理制度
- ■ 公司中短期经营计划管理制度

扫一扫，获取
本章规范表格

第一节　公司经营战略规划

公司经营战略目标的制定是公司战略管理的基础。合理规划公司经营战略目标，有助于明确公司的发展方向，可以帮助公司实现自身的可持续发展。

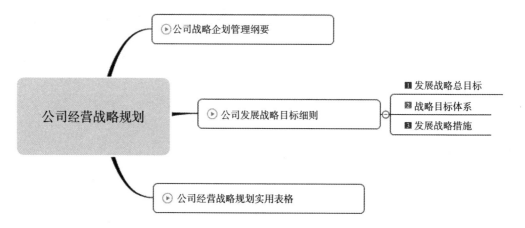

一、公司经营战略目标规划制度

范例一：公司战略企划管理纲要

制度名称	××公司战略企划管理纲要	受控状态	
		编号	

　　第一条　依据公司创办章程和公司经营管理发展战略规划，根据公司战略发展需要，持续打造核心竞争力，特制定本纲要。

　　第二条　指导思想和基本原则：

　　1.制定本纲要的指导思想。通过建立规范的现代企业制度体系，塑造良好的企业运行体制和运作机制，在按照市场经济规律、供求关系和价值规律经营时，真正成为市场竞争的主体。

　　2.制定本纲要的基本原则。

　　（1）塑造依法自主经营、自负盈亏、自我发展、自我约束的法人实体。

　　（2）增强公司活力、强化公司内部管理、提高经济效益、确保法人资产保值增值目标。

第三条 公司对各级部门、下属单位实行以下自主管理：

1.经营业务活动自主。

（1）在授权范围对外洽谈业务，开拓市场，签订产品、货物及商品销售采购合同。

（2）使用公司下拨资金、核定的费用。

（3）使用、调配核定的财产及物资。

2.劳动用工自主。

（1）根据需要申请增补员工。

（2）会同人事部门聘用新员工，调配、解聘员工。

3.奖励自主。

（1）有权决定或推荐对员工的奖励、惩罚。

（2）决定、推荐员工工资升降、奖金内部分配。

4.岗位机构设置自主。

（1）根据精简、高效原则调整企业内部机构或部门岗位。

（2）依照公司规章制度和管理流程，以上自主管理尚需上级部门审核批准。

第四条 公司对各级部门、下属单位实行以下统一管理：

1.统一管理目标计划。各级部门与公司订立目标责任书，制订切实可行的经营发展目标与目标实施计划。公司对其实施状况进行检查、反馈及纠正。

2.统一管理发展战略和规划。公司制定统一的发展战略、规划、产业产品政策及区域发展政策。各下属单位在其框架基础上制订分规划，不得超越范围。

3.统一管理资金。统一管理资金融通、调拨、筹措，严禁擅自对外筹措资金；对各下属单位的银行账户统一管理，必要时设立内部结算中心或内部银行。

4.统一财务会计制度。公司建立统一的财务会计制度，各下属单位共同遵守。

5.统一管理资产。公司固定资产存量盘整、新增固定资产、企业的部分或整体产权、股权转让、企业兼并收购，均统一由公司管理。

6.统一管理投资。各下属单位的投资决策由公司统一管理。各下属单位可以提出开发、改建、扩建项目的建议和论证，但须根据申报程序由公司专门会议讨论通过。

7.统一管理经营收益。公司通过统收统支、承包制、租赁制及年薪制等取得企业、部门收益，并有权统一经营收益分配及投资方向。

8.统一管理中高级干部。公司统一管理中高级人员任免、调配。

第五条 公司对部门、下属单位实行以下监督：

1.行政监督。对各级下属部门违反公司规章管理制度，玩忽职守，营私舞弊，贪污受贿，收回扣、佣金等行为进行监督和查处，并予以经济处罚、行政处分乃至追究法律责任。

2.审计监督。对各级下属部门违反公司财经纪律、造成公司损失情况进行查处。

3.管理监督。通过例会、考核、值班制度监督各下属单位工作。

4.民主监督。通过工会等形式，积极收集和采纳员工建议。

第六条 公司对部门、下属单位实行以下协调服务：

1.组织指挥。协调各下属单位的发展步伐和利益。

2.信息服务。为各下属单位提供及时、准确的国内外市场商情和经济技术信息。

3.培训教育服务。公司统一制定员工培训教育规划、添置培训器材和提供培训机会，为各下属单位输送合格人才。

4.法律服务。公司聘请专门的法律顾问，统一负责全公司和下属单位的法律事务。

5.技术开发服务。公司统一管理技术、专利、产品开发项目和技术贸易服务，为各下属单位提供新技术、新产品、新工艺。

第七条　本纲要由企划部负责解释、补充，经公司常务会议讨论通过颁行。

执行部门		监督部门		编修部门	
编制日期		审核日期		批准日期	

范例二：公司发展战略目标细则

制度名称	××公司发展战略目标细则	受控状态	
		编号	

第一条　发展战略总目标。

公司在预测宏观环境变化和本公司现有基础以及优势、劣势基础上，参照其他公司发展战略目标，提出自己的发展战略总目标。

第二条　战略目标体系。

将发展战略总目标进一步细化为一系列定性或定量的指标，并且组成本公司发展战略目标体系。

1.发展战略定性目标：

（1）公司贡献目标：产量、产值、销售额、销售利润或收益、劳动生产率、产品质量、成本与损耗。

（2）技术开发与进步目标：技术改造、新技术、工艺设备、性能改善、发展新产品、信息技术。

（3）建设目标：扩大企业规模、生产能力、扩大市场份额、固定资产投资。

（4）经营管理目标：扩大资金来源、组织变革、销售网络、创立名牌、公共关系、改进服务及管理的方法。

（5）员工福利与社会责任目标：员工培训、工资与福利、消除污染、增加就业机会。

2.发展战略定量目标：

（1）公司运行的总资产规模达到_____万元，资产负债比率为_____%。产值（营业额）达_____%，利润达到_____万元。

（2）公司年经济增长速度达到____%（按产值、收入及产量等指标）。

（3）公司净资产收益率达到_____%，投资收益率达到_____%。劳动生产率达到人均_____万元；生产经营指标达到_____万元；进出口额达到_____万美元。

（4）公司主营业务收入_____万元，占全公司业务的_____%，市场占有率为____%。

（5）公司主营产品共_____大类，规格／型号_____。

（6）公司技术装备达到_____年代国际水平。

（7）公司有著名品牌或商标_____件、专利生产技术_____项。

（8）公司员工总数达_____人。其中，大专以上学历占____人，硕士、博士____人，员工平均收入达到年_____元。

（9）在全国_____个省市设有分支机构；国际上_____个国家和地区设立机构。公司经济实力在省市（全国）排名_____位。

（10）到_____年，公司拥有_____家股票上市公司；到_____年，成为国家或世界知名公司或跨国公司。

第三条　发展战略措施。

1. 战略措施是实现发展战略方针、战略目标而采取的长期性经营政策和策略。

2. 公司根据公司生命周期理论划分为4个发展阶段，每个阶段划分为几个子阶段。

3. 公司应制订每个阶段的阶段目标或措施体系，阶段目标应当细化。

4. 公司应考虑阶段之间的平稳转换以及阶段目标、措施的可衔接性，并且突出每个阶段的重点三标、措施。

5. 生命周期规划。

（1）投入前。

①战略重点：设计、生产与销售之间协调。

②竞争策略：开发适销对路的产品。

③开发：可靠性试验。

④生产：生产工艺设计，生产技术准备。

⑤营销：进行产品试销，编制营销计划。

（2）投入期。

①战略重点：兼顾质量与信誉，积极投资。

②竞争策略：取得顾客对公司产品初步信任，按照新产品原则定价。

③开发：改进公司产品的性能。

④生产：生产技术、方法改进，产品、生产标准化。

⑤营销：由产品性能确定商标品牌，加强广告营销力度，扩大市场营销面。

（3）成长期。

①战略重点：扩大生产能力。

②竞争策略：实行质量保证制度，加大力度宣传公司产品，适当调整价格。

③开发：改进产品差别化（改进性能、式样），开发新产品。

④生产：革新生产工艺流程，扩大生产批量，内部严格质量管理。

⑤营销：优选有利的营销渠道，注重产品的售后服务，注意产品的交货期及产品回款速度。

（4）成熟期。

①战略重点：确保销售能力和市场占有率。

②竞争策略：参考竞争对手产品的价格，进行调价，以廉价竞争，同时延长产品寿命。

③开发：开发市场细分化产品，增加产品品种规格；扩大产品用途，更新产品款式，降低产品生产成本。

④生产：多品种小批量生产，改进产品质量。

⑤营销：充分利用各种销售渠道，宣传产品的美誉度。

（5）衰退期。

①战略重点：确保财务状况良好。

②竞争策略：滞销产品停产整顿，削价。		
③生产：减产、整顿，扩大外协，新产品迅速替代。		
④营销：停止产品推销活动，集中销售渠道，准备撤退。		

执行部门		监督部门		编修部门	
编制日期		审核日期		批准日期	

二、公司经营战略规划实用表格

（一）公司战略规划表

战略规划项目	战略规划内容
一、公司战略规划愿景	
二、公司战略规划目标	
三、公司战略规划 （一）核心竞争力 （二）业务组合规划 （三）国际化战略规划 （四）合作／联盟战略规划	
四、业务发展战略 （一）SBU 发展战略 （二）非 SBU 发展战略	
五、战略措施计划	
六、财务模拟及附件	

编制时间：

（二）公司年度营销目标计划表

项目名称：

填制日期：

分项	月份	1月	2月	3月	4月	5月	6月	7月	8月	9月	10月	11月	12月	合计
销售目标	定购套数													
	签约套数													
	销售额													
	回笼资金额													
推广费用	营销推广预算													
	所占年度总预算比例													

制表人：　　　　　　项目公司营销负责人：　　　　　　项目公司总经理：

（三）公司成本管理目标表

项目名称：

填制日期：

分项	月份	1月	2月	3月	4月	5月	6月	7月	8月	9月	10月	11月	12月	合计
公司成本管理目标	办公室成本													
	研发成本													
	生产成本													
	销售提成成本													
	销售比													
	预算误差率													
	销售公关费用													

制表人：　　　　　　项目公司营销负责人：　　　　　　项目公司总经理：

第二节　公司经营计划管理

　　公司在制定经营战略目标规划后，需要明确计划管理工作的任务，这样才能对公司经营计划进行有效的管理。

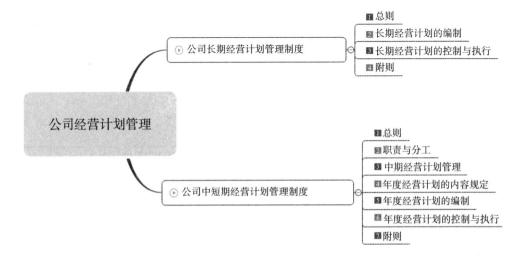

一、长期经营计划管理

范例一：公司长期经营计划管理制度

制度名称	××公司长期经营计划管理制度	受控状态	
		编号	

第一章　总则

　　第一条　为了促进企业经营活动规范有序地进行，减少经营过程中的盲目性，提高公司的管理效率和经济效益，特制订本制度。

　　第二条　公司的长期经营计划是指计划期在5年以上的经营计划，又称为长远发展规划。

　　第三条　公司的基本经营方针是指公司最基本的发展方向，包括公司的基本文化、行业政策、人事政策等，它是公司经营和管理政策经过长时间检验而固定下来的一种方针。

第四条 公司综合办公室负责在公司总经理的指导下编制长远经营计划，在做好调查研究工作的基础上，根据公司总体经营目标，统筹经营计划的各项具体目标，编制出切合实际的经营规划草案，报送公司高层领导会议讨论。长期经营计划草案审批后成为可实施的正式计划，对批准的正式计划，综合办公室负责检查、监督，并对计划实行滚动调整。

第五条 各职能部门将长期经营计划作为管理活动的纲领，努力完成计划中关于本部门的各项计划指标。在计划的编制过程中，应当积极配合综合办公室的工作，提供必要的调研资料，真实反映客观情况，对于具有特殊内容的计划指标，相关部门可先拟出草案，综合办公室汇总编制。

第六条 公司综合办公室由总经理授权，负责公司长期经营计划的组织、审核、督导等方面的领导工作，确保核准的长期经营计划内容具有科学性、合理性。

第二章 长期经营计划的编制

第七条 长期经营计划的制订应当充分体现科技、经济与公司发展相结合，经济发展与培养人才相结合，技术改造与提高经济效益相结合的原则。其中，提高经济效益是制订长期经营计划的核心。

第八条 长期经营计划的主要内容包括下列几个方面：

1. 公司产品的发展方向。

2. 公司的生产规模。

3. 公司技术的发展水平和改进方向。

4. 公司技术经济指标将要达到的水平。

5. 公司组织、管理水平的提高。

6. 公司安全、环保等生产条件的改造。

7. 员工教育培训及文化设施建设。

8. 员工生活福利设施的改进和提高。

9. 能源及原材料的节约。

第九条 公司长期经营计划的编制应当遵循系统性原则、平衡性原则、灵活性原则及效益性原则。

第十条 公司编制长期经营计划的主要依据如下：

1. 公司经济发展的需要。

2. 市场需要。

3. 公司的生产技术条件。

4. 技术的改进、引进和管理、技术水平的提高。

第十一条 长期经营计划编制工作由公司总经理授权公司综合办公室经理主持，提出总体方案并上报。

第十二条 各相关部门按长期经营计划编制要求负责搜集、整理资料，提出部门的规划草案。

第十三条 长期经营计划经高层领导讨论、总经理批准后分年度组织实施。

第三章 长期经营计划的控制与执行

第十四条 公司长期经营计划控制的任务是发现计划偏差、分析计划偏差和纠正计划偏差。

1. 发现计划偏差。在经营计划执行过程中，公司综合办公室人员需通过各种手段和方法，分析计划的执行情况，发现计划执行中的问题。

2. 分析计划偏差。公司综合办公室人员对经营计划执行过程中出现的问题和偏差进行研究，找出问题和偏差出现的原因，采取针对性的措施。

3. 纠正计划偏差。公司综合办公室人员根据偏差产生的原因采取针对性的纠偏对策，使公司生产经营活动能按既定的经营计划进行，或者修改经营计划，使其能继续指导公司的生产经营活动。纠正偏差的方式主要有：

（1）采取措施使经营计划的执行结果接近预期目标。

（2）修正预期目标，即调整公司长期经营计划。

第四章　附则

第十五条　本制度经总经理审批通过后，自20××年××月××日起生效执行。

执行部门		监督部门		编修部门	
编制日期		审核日期		批准日期	

二、中短期经营计划管理

范例二：公司中短期经营计划管理制度

制度名称	××公司中短期经营计划管理制度	受控状态	
		编号	

第一章　总则

第一条　为了实现公司的经营目标，落实公司经营管理计划，促进公司持续健康发展，结合公司的实际情况，特制定本管理制度。

第二条　本管理制度适用于本公司短期的（1～2年）和中期（2～5）的经营计划。

第三条　中期经营计划是公司2～5年的计划，其任务是建立公司经营的结构，为实现长远经营计划所确定的战略目标设计合理的设备、人员、资金等的结构，以形成公司的经营能力和综合素质。

第四条　短期经营计划是公司的年度经营计划，其任务是适应公司内外的实际情况，组织和安排好公司的经营活动，以分年度逐步实现公司的经营目标。

第二章　职责与分工

第五条　公司综合办公室是组织编制年度经营计划及监督计划执行情况的部门，负责组织各部门编制年度经营计划，并且负责编制年度经营计划执行分析报告。

第六条 各部门经理负责审批本部门的年度经营计划，并听取年度经营计划执行情况的汇报。

第七条 公司综合办公室汇总各部门的年度经营计划，进行分析与平衡，据以制订公司年度经营计划，并报送公司总经理审批。公司总经理审批并组织实施年度经营计划，听取年度经营计划执行情况的汇报。

第三章 中期经营计划管理

第八条 公司中期经营计划是长期经营计划持续的发展计划，是编制年度经营计划的依据。中期经营计划由公司综合办公室汇总各部门的中期经营计划，根据长期经营计划目标，配合市场展望、技术创新及国内外经济环境的变化进行编制。

第九条 中期经营计划内容应当包括计划综述、市场预测、计划目标、销售计划、生产计划、管理计划、研究发展计划、固定资产投资计划及财务计划等。

第十条 公司综合办公室编制完成中期经营计划后，报送公司总经理初审，由总经理组织召开高层领导会议，进行会议审议。

第十一条 中期经营计划的审核要点主要有：

1. 能否完成长期经营计划的目标。

2. 是否与长期经营计划相配合。

3. 是否适应国内外市场经济变动。

4. 资源分配是否恰当。

第十二条 中期经营计划的执行控制程序如下：

1. 发现计划偏差。公司综合办公室人员需通过各种手段和方法，分析中期经营计划的执行情况，以便发现计划执行中的问题。

2. 分析计划偏差。公司综合办公室人员对中期经营计划执行过程中出现的问题和偏差进行研究，找出问题和偏差出现的原因，采取针对性的措施。

3. 纠正计划偏差。公司综合办公室人员根据偏差产生的原因采取针对性的纠偏对策，使公司生产经营活动能按既定的经营计划进行，或者修改经营计划，使其能继续指导公司的生产经营活动。

第四章 年度经营计划的内容规定

第十三条 年度经营计划是公司加强资源宏观管理、调控投资规模和实现发展战略规划的重要管理措施，也是保证公司资产运营安全、经营管理有序、效益稳步提高的重要手段，是考核各级管理者的重要依据。

第十四条 年度经营计划包括公司及部门两级，按照"统一计划、分级管理"的基本原则进行调控和管理。

第十五条 年度经营计划内容不仅包括目标，而且应该包括制定目标的主要依据和实现目标的主要措施，以及完成计划的风险分析，预测影响计划执行的各种不确定因素和补救办法。

第十六条 年度经营计划的主要目标要按季度进行分解，必要时还应该按月度进行分解。

第十七条 公司的年度经营计划内容包括但不限于以下内容：

1. 业务经营（收入、利润）目标。

2. 财务（投资、融资、资金使用）计划。

3. 费用计划。

4. 网络建设与改造计划。

5. 人力资源规划与培训计划。

6. 公司管理制度建设计划。

第十八条　财务部年度经营计划内容包括但不限于以下内容：

1. 财务（融资、资金使用）计划。

2. 资产盘点计划。

3. 部门费用计划。

第十九条　人力资源部年度经营计划包括但不限于以下内容：

1. 薪酬和福利成本总额计划。

2. 公司员工招聘计划。

3. 公司员工培训计划。

4. 部门费用计划。

第二十条　工程管理部年度经营计划包括但不限于以下内容：

1. 工程施工计划。

2. 部门费用计划。

第二十一条　企管部年度经营计划包括但不限于以下内容：

1. 外派人员选派和培训计划。

2. 下属公司业绩考核计划。

3. 部门费用计划。

第二十二条　办公室年度经营计划包括但不限于以下内容：

1. 后勤设施投资和改造计划。

2. 办公用品采购计划。

3. 部门费用计划。

第二十三条　运行维护部年度经营计划包括但不限于以下内容：

1. 线路优化改造计划。

2. 备品备件需求计划。

3. 网络维护计划。

4. 部门费用计划。

第五章　年度经营计划的编制

第二十四条　年度经营计划的编制依据包括：战略规划、前年经营实际情况、本年的经营环境。

第二十五条　公司各部门于每年 12 月 10 日前向公司综合办公室提交本部门的次年年度经营计划。

第二十六条　各部门应根据上一年度经营实际情况和本年度的经营环境编制年度经营计划（草案），以保证计划的科学性和可行性。

第二十七条　公司综合办公室根据公司的中长期经营计划和各部门的实际情况在各部门年度经营计划的基础上编制各部门正式的年度经营计划，并于每年 12 月 20 日前提交总经理，由总经理于高层领导会议中讨论审议。

第二十八条　年度高层领导会议于每年 12 月 31 前完成对各部门年度经营计划的审议工作，公司各部门经理参与年度经营计划的讨论和审议工作。

第二十九条　公司各部门根据会议审议结果，于次年 1 月 10 日前完成部门年度经营计划的编制工作。

第三十条　公司综合办公室于次年 1 月 31 日前完成年度经营计划的编制工作。

第六章　年度经营计划的控制与执行

第三十一条　公司综合办公室统一负责公司年度计划执行管理工作。

第三十二条　公司经营环境发生重大变化而导致计划与实际情况出现明显不符时，公司综合办公室可以提出年度经营计划调整议案，经由总经理审核后执行。

第三十三条　公司各级领导必须随时了解和监督检查计划的执行情况，及时发现执行过程中的问题，并提出相应的建议，以保证更好地完成年度经营计划。

第三十四条　公司各级领导检查计划执行情况时，应当充分利用统计报表、会计报表、业务报表等资料，检查计划的实际完成数时，一律以统计报表数为依据。

第三十五条　计划的考核必须与经济责任制考核相结合，考核的计划数，一律以上一级部门批准或下达的计划数为依据。

第三十六条　公司综合办公室应经常了解和考察各部门年度经营计划的执行情况，并提出相应的建议，以帮助其更好地完成年度经营计划。

第七章　附则

第三十七条　本制度经总经理审批通过后，自 20×× 年 ×× 月 ×× 日起生效执行。

执行部门		监督部门		编修部门	
编制日期		审核日期		批准日期	

第四章

公司人力资源规划与聘用管理

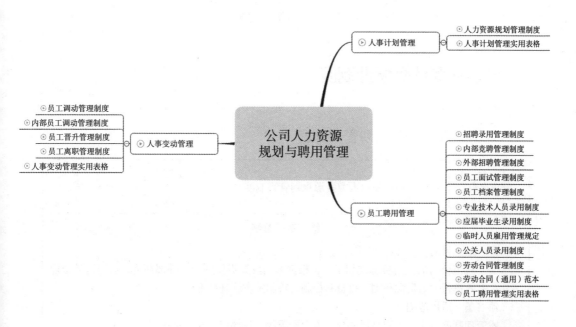

- ▸ 人事计划管理
  - ⊙ 人力资源规划管理制度
  - ⊙ 人事计划管理实用表格

- ▸ 人事变动管理
  - ⊙ 员工调动管理制度
  - ⊙ 内部员工调动管理制度
  - ⊙ 员工晋升管理制度
  - ⊙ 员工离职管理制度
  - ⊙ 人事变动管理实用表格

公司人力资源规划与聘用管理

- ▸ 员工聘用管理
  - ⊙ 招聘录用管理制度
  - ⊙ 内部竞聘管理制度
  - ⊙ 外部招聘管理制度
  - ⊙ 员工面试管理制度
  - ⊙ 员工档案管理制度
  - ⊙ 专业技术人员录用制度
  - ⊙ 应届毕业生录用制度
  - ⊙ 临时人员雇用管理规定
  - ⊙ 公关人员录用制度
  - ⊙ 劳动合同管理制度
  - ⊙ 劳动合同（通用）范本
  - ⊙ 员工聘用管理实用表格

扫一扫，获取
本章规范表格

第一节　人事计划管理

人力资源规划是开展战略的组成局部是各项人力资源理工作的根据，其目的是根据战略开展目的要求科学的分析在变化环境中的人力资源的供应和需求情况制订必要的政策和措施以确保在需要的时间和需要的岗位上获得各种需要的人才。

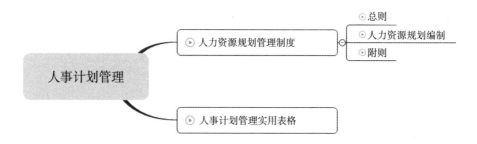

一、人事计划管理制度

范例：人力资源规划管理制度

制度名称	××公司人力资源规划管理制度	受控状态	
		编号	

第一章　总则

第一条　目的。

为了规范公司的人力资源规划工作，根据公司发展需要的内、外部环境，运用科学合理方法，有效进行人力资源预测、投资和控制，特制定本管理制度。

第二条　适用范围。

本管理制度适用于公司高层领导、人力资源部、各部门主要负责人。

第三条　原则。

1.可行性原则。影响公司人力资源规划的因素来自两个方面：即外来因素与内在因素。

（1）外来因素包括劳动政策、同行业的外在竞争及行业的人才供给等。

（2）内在因素包括公司的业务转型、组织变革、经营策略的改变、人力资源职能弱化及员工对职业生涯规划意识薄弱等。

2. 一致性原则。人力资源规划具有外部一致性和内部一致性。

（1）外部一致性是指人力资源规划应当同公司的战略计划、经营计划及年度计划相配合。

（2）内部一致性是指人力资源规划应当同所有其他人力资源管理活动，例如招聘、培训、工作分析及薪酬等计划相一致。

3. 适应性原则。

（1）内外部环境适应。人力资源规划应充分考虑公司内外部环境因素以及这些因素的变化趋势。

（2）战略目标适应。人力资源规划应当同公司的战略发展目标相适应，确保二者相互协调。

4. 动态性原则。

（1）人力资源规划应根据公司内外部环境的变化而经常调整。

（2）人力资源规划具体执行中的灵活性。

（3）人力资源具体规划措施的灵活性及规划操作的动态监控。

5. 系统性原则。人力资源规划要反映出人力资源的结构，使各类不同人才恰当地结合起来，优势互补，现组织的系统性功能。

第四条 人力资源规划的层次。

人力资源规划包括两个层次，即总体规划及各项业务计划。

1. 人力资源的总体计划是有关计划期内人力资源开发利用的总目标、总政策、实施步骤及总的预算安排。

2. 各项业务计划包括：配备计划、补充计划、使用计划、培训开发计划、职业计划、绩效与薪酬福利计划。

第五条 人力资源规划的内容。

1. 人员配备计划。中、长期内不同职务、部门或工作类型的人员的分布状况。

2. 人员补充计划。包括需补充人员的岗位、数量及要求等。

3. 人员使用计划。包括人员升职政策、升职时间、轮换工作的岗位情况、人员情况、轮换时间。

4. 培训开发计划。包括培训对象、目的、内容、时间、地点、讲师等。

5. 绩效与薪酬福利计划。个人及部门的绩效标准、衡量方法、薪酬结构、工资总额、工资关系、福利以及绩效与薪酬的对应关系等。

6. 职业计划。骨干人员的使用和培养方案。

7. 离职计划。因各种原因离职的人员情况及其所在岗位情况。

8. 劳动关系计划。减少和预防劳动争议，改进劳动关系的目标和措施。

第六条 人力资源规划的程序。

人力资源规划环境分析→人力资源需求预测→人力资源供给预测→确定人员供需平衡政策→人力资源方案讨论与制定→编制人力资源规划书。

第二章 人力资源规划编制

第七条 人力资源规划的制订步骤。

公司要有一套科学的人力资源规划，就必须遵循编制人力资源规划的程序与方法。人力资源规划的制订有下列七个步骤：

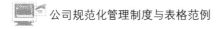

续表

1. 收集分析有关信息资料。

2. 预测人力资源需求。

3. 预测人力资源供给。

4. 确定人员净需求。

5. 确定人力资源规划的目标。

6. 人力资源方案的制定。

7. 对人力资源计划的审核与评估。

第八条　人力资源规划环境分析。

1. 收集整理数据。

各部门需提供数据资料	公司整体战略规划数据、企业组织结构数据、财务规划数据、市场营销规划数据、生产规划数据、新项目规划数据、各部门年度规划数据信息
本部门相关资料	人力资源政策数据、公司文化特征数据、公司行为模型特征数据、薪酬福利水平数据、培训开发水平数据、绩效考核数据、公司人力资源人事信息数据、公司人力资源部职能开发数据

2. 综合以上数据，组织内部讨论，将人力资源规划系统划分为环境层次、数量层次、部门层次。每一个层次设定一个标准，再由这些不同的标准衍生出不同的人力资源规划活动计划。

3. 公司人力资源部应当制订《××××年度人力资源规划工作进度计划》，报请各职能部门负责人、公司人力资源部负责人、公司总裁审批后，告知全体员工。

4. 公司人力资源部应当根据公司经营战略计划和目标要求以及《××××年度人力资源规划工作进度计划》，下发"人力资源职能水平调查表""各部门人力资源需求申报表"，在限定工作日内由各部门职员填写后收回。

5. 公司人力资源部在收集完所有数据之后，安排专职人员对以上数据进行统计分析，制作《××××年度人力资源规划环境描述统计报告》，由公司人力资源部审核小组完成环境分析的审核工作。

第九条　预测人力资源需求。

人力资源需求主要是根据公司发展战略规划和本公司的内外条件对人力需求的结构和数量进行预测。人力资源需求预测的具体步骤如下：

1. 根据职务分析的结果，确定职务编制和人员配置。

2. 进行人力资源盘点，统计出人员的缺编、超编情况以及是否符合职务资格要求。

3. 将缺编统计结论与部门管理者进行讨论，修正统计结论，该统计结论为现实人力资源需求。

4. 根据公司发展规划，确定各部门的工作量。

5. 根据工作量的增长情况，确定各部门还需要增加的职务及人数，并进行汇总统计，该统计结论为未来人力资源需求。

续表

6. 对预测期内退休的人员进行统计。

7. 根据历史数据，对未来可能发生的离职情况进行预测。

8. 将上述 6、7 两项的统计和预测结果汇总，得出未来流失人力资源需求。

9. 将现实人力资源需求、未来人力资源需求和未来流失人力资源需求汇总，即得到公司整体人力资源需求预测。

第十条　预测人力资源供给。

人力资源供给预测主要包括两方面：

1. 内部人员拥有量预测，即根据现有人力资源及其未来变动情况，预测出规划期内各时间点上的人员拥有量。

2. 外部供给量预测，即确定在规划期内各时间点上可以从企业外部获得的各类人员的数量。

第十一条　确定人员净需求。

人员需求和供给预测完成后，将公司的人力资源需求的预测数与在同期内公司内部可供给的人力资源数进行对比分析，从比较分析中测出各类人员的净需求数。

第十二条　确定人力资源规划目标。

依据公司的战略规划、年度计划，在摸清公司的人力资源需求与供给的情况下来制定公司的人力资源规划目标。

第十三条　制定人力资源方案。

包括制定配备计划、补充计划、使用计划、培训开发计划、职业计划、绩效与薪酬福利计划。

第十四条　人力资源计划的审核与评估。

人力资源管理人员应当通过审核和评估，调整有关人力资源方面的项目及预算。

第三章　附则

第十五条　本制度由人力资源部负责解释。

第十六条　本制未规定的事项，按人力资源管理规定和其他有关规定予以实施。

执行部门		监督部门		编修部门	
编制日期		审核日期		批准日期	

❖ **小贴士**

制订人力资源规划时，应当注意以下几方面：

（1）充分考虑内部、外部环境的变化。人力资源规划只有充分地考虑了内、外环境的变化，才能够适应公司人力资源管理需要，真正做到为公司发展目标服务。为了更好地适应内部、外部环境的这些变化，在人力资源规划中应该对可能出现的情况作出预测，最好能有面对风险的应对策略。

（2）确保企业的人力资源保障。公司的人力资源保障问题是人力资源规划中应当解决的核心问题，具体包括人员的流入预测、流出预测、人员的内部流动预测、社会人力资源供给状况分析以及人员流动的损益分析等。只有有效地保证了对企业的人力资源供给，才可能进行更深层次的人力资源管理与开发。

（3）使企业和员工都得到长期的利益。人力资源规划不仅仅是面向企业的计划，也是面向员工的计划。企业的发展和员工的发展是互相依托、互相促进的，如果只考虑企业的发展需要，而忽视了员工的发展，则会影响企业发展目标的达成。一份优秀的人力资源规划必须是能够使企业员工达到长期利益的计划，是能够使企业和员工共同发展的计划。

二、人事计划管理实用表格

（一）人力资源净需求评估表

	人员状况	第一年	第二年	第三年	……
需求	1.年初人力资源需求量				
	2.预测年内增加的需求量				
	3.年末总需求				
	4.年初拥有人数				
	5.招聘人数				
	6.人员损耗				
	其中：退休				
	调出或升迁				
	辞职				
	辞退或其他				
	7.年底拥有人数				
净需求	8.不足或有余				
	9.新进人员损耗总计				
	10.该年人力资源净需求				

（二）人员状况记录表

姓名		所属部门	
工作名称		编号	
工作地址			
标准	必要的	理想的	不符合标准的
工作经验			
专业知识			
专业技能			
外在气质			
兴趣爱好			
教育、资格证书			
培训			
其他			
起草人： 职务：			

填表人： 年 月 日

（三）人员增补申请表

申请部门			申请日期	
申请增补名额			增补名额安排	
增补理由	□工作急需 □空缺补充 □扩大编制 □储备人力 □其他			
需要时间				
项目	职位	年龄	学历	专业	工作经验
资格条件					
总经理	综合管理中心副经理	人事行政部	申请部门	

（四）人才储备登记表

填表日期：

姓名		性别		出生年月		（照片）
身份证号				政治面貌		
家庭住址		邮编		户籍所在地		
婚姻状况		联系电话		电子邮箱		
最高学历		专业		毕业院校		
社会教育工作年限		原工作单位名称		所任职务（职称）		
职业资质		发放单位		特长描述		
应聘岗位				期望薪资		
受表彰（获奖）情况						

学习简历	起止日期	学校及获得的证书名称		

工作简历	起止日期	单位名称及所从事工作、职务职称		

家庭主要成员	姓名	关系	年龄	工作单位	联系电话

附件提交	身份证、学历、职业资格证、劳动合同复印件各一份，一寸照片三张。 复核原件人签名： 提交日期：

第二节　员工聘用管理

在人力资源管理中，员工的招聘、选择及录用等在整个人力资源管理中占有重要地位。

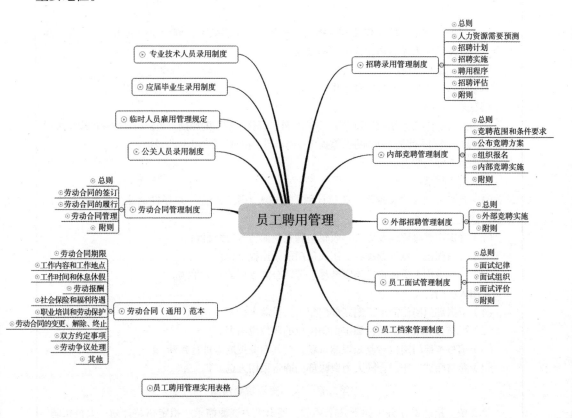

一、员工聘用管理制度

范例一：招聘录用管理制度

制度名称	××公司招聘录用管理制度	受控状态	
		编号	

第一章 总则

第一条 目的。

为了进一步规范招聘工作流程，提高招聘效率和招聘效果，健全公司选用人才机制，满足企业持续发展的人才需求，特制定本制度。

第二条 适用范围。

本制度适用于公司人员招聘工作。

第三条 原则。

公司人员招聘应遵循"公开招聘、先内后外、择优录取"的原则。当公司对空缺的岗位进行公开招聘时，公司内部员工可向办公室提出竞聘申请，在同等条件下优先录用。

第四条 部门职责。

1. 人力资源部：

（1）制订公司年度（季度）招聘计划，报送人力资源副总、总经理批准，并在实际执行中加以调整。

（2）确定招聘渠道以及方式，收集应聘人员简历和应聘材料。

（3）参与面试、背景调查，为用人部门的录用提供建议。

（4）办理录用人员体检、档案转移、劳动合同签订的相关手续。

2. 用人部门：

（1）根据部门岗位需求，制定部门年度人员需求计划。

（2）提交人员增补申请，确定招聘岗位的职位说明书。

（3）编写本部门岗位专业知识测试题，对其专业技能等进行判断。

（4）参与面试工作，会同人力资源部门确定录用人选。

第二章 人力资源需要预测

第五条 招聘工作分为如下几个环节：提出人力资源需求、拟定招聘计划、人员招聘、人员甄选录用以及招聘工作评估。用人部门提出人员需求，人力资源部、思想政治部根据人员需求和人员供给状况拟定招聘计划、发布招聘信息，并且协助用人部门进行甄选录用；最后，对招聘工作进行评估，用以改善招聘工作方式，提高招聘工作效率和效果。

第六条 人力资源部、思想政治部在招聘前，负责组织有关专家和用人部门根据岗位职责和岗位要求进行测评内容的设计。

第七条 人力资源需求预测。

1. 各部门人力资源需求预测与审核：公司总部及事业部各部门在每年根据公司发展战略和年度经营目标编制年度计划时，应当制订本部门年度人员需求预测，内容主要包括实现本部门年度目标所需人员总数与结构、现有人员总数与结构、流出人数与方式（如退休、辞退、轮岗等）及其原因分析等；人力资源部负责对各部门的人员需求预测进行审核。

2. 公司年度人力需求预测：人力资源部综合考虑公司发展、组织结构调整、员工内部流动、员工流失及竞争对手的人才政策等因素，对各部门人力资源需求预测进行综合平衡，分别制订年度人力资源需求预测。

3. 公司临时人力资源需求：各部门对于未列入年度预测的人员需求，由部门领导填写"临时招聘申请表"，说明未年度预测的原因，经人力资源部审核，报送公司办公会讨论，总经理审核，董事会审批，人力资源部组织实施。

第八条 公司各部门根据部门业务计划情况和现有人员及岗位配置情况，提出部门人员需求计划并填写"人员需求申请表"，报送公司总经理审批后，方可交办公室安排组织招聘。

第三章 招聘计划

第九条 人员增补申请。

各用人部门需通过填写"人员增补申请单"向人力资源部申请人员招聘。

第十条 招聘计划分类。

1. 定期招聘：

（1）人力资源部将在每年年底制订下一年度的公司整体招聘计划以及费用预算。

（2）各用人部门于每季度末月的第一周向人力资源部提交下一季度的人员增补申请。

（3）对于应届毕业生或者其他特殊任职资格要求，应当在人员增补申请中进行明确。

2. 不定期招聘：

（1）各用人部门因特殊原因急需招聘时，人力资源部可以根据各用人部门的要求临时招聘。

（2）为了保证招聘工作顺利开展，各部门应当至少提前5日向人力资源部提出申请。

第十一条 招聘计划的制订。

人力资源部根据公司总经理审批通过的各部门人员编制标准、公司当前发展状况，以及各部门岗位的缺编情况，制订招聘计划。

招聘计划的内容分为以下三部分：

1. 招聘标准：确定受聘者的各项条件，例如年龄、性别、学历、工作技能、工作经验及其他方面的要求等。

2. 招聘人数：制定招聘人数时，应在充分考虑到原职工潜力的情况下，合理确定，严禁出现超编人员。

3. 招聘方式：包括招聘方向、途径、方法、程序等。

第十二条 招聘计划申请。

人力资源部应在招聘计划制订完成后及时提交人力资源副总、总经理审批。

第十三条 招聘计划反馈。

审批结果由人力资源部招聘专员在3个工作日内反馈到申请部门。反馈内容包括同意招聘的人数、招聘渠道、招聘小组构成及招聘协助部门。

第四章 招聘实施

第十四条 招聘的来源与方法。

1. 原则上采取以公司内部招聘为主、外部招聘为辅的政策，同时根据岗位特点、人才需求数量、新员工到位时间和招聘费用等因素综合考虑。

2. 内部招聘对象的主要来源有提升、工作轮换、内部人员重新聘用（下岗人员）等。内部招聘的主要方法有推荐法（经本组织个别员工推荐）、公告法（使全体员工了解岗位空缺，通过竞聘选拔）等。公司总部及各事业部在内部进行招聘，由人力资源部、思想政治部负责组织；公司人力资源部、思想政治部根据招聘岗位要求，对公司人员供给状况进行评估，认为可行，可在整个公司内部招聘。

3. 公司将在内部招聘不能满足岗位要求时进行外部招聘。

（1）外部招聘渠道。

①员工推荐：公司鼓励员工推荐优秀人才，由人力资源部本着平等竞争、择优录用的原则按程序考核录用。

②平面媒体招聘：通过大众媒体、行业知名报纸杂志及招聘网站发布招聘信息。

③招聘会招聘：通过参加各地人才招聘会招聘。

④各高校招聘。

⑤委托猎头公司招聘：公司和事业部高级管理和技术岗位可委托猎头公司招聘。

（2）外部招聘管理。公司人力资源部统一协调管理总部和事业部的外部招聘工作，包括整体宣传、与相关单位或部门的联系、外出招聘人员的组织等。

第十五条 招聘资料准备。

人力资源部根据招聘需求提前准备以下材料：

1. 招聘广告。具体包括本公司基本情况、招聘岗位、应聘人员基本条件、报名方式、报名时间、地点、报名时需携带的证件、材料以及其他注意事项。

2. 公司宣传资料。主要包括公司发展历史、业务范围介绍、产品成果简介等资料。

3. "应聘人员登记表""面试申请表"、面试准备的问题及笔试试卷等。

第十六条 应聘资料筛选。

人力资源部对所有应聘人员资料进行整理、分类及初步筛选，及时反馈给各用人部门。各用人部门根据资料对应聘人员进行初步筛选，确定面试人选，由人力资源部通知初选合格的应聘人员参加面试。

第十七条 招聘面试组织。

1. 面试由人力资源部负责组织，用人部门配合实施。主管级及以上应聘人员面试时由总经理、用人部门主管等人参与面试，对应聘者进行直接考核。主管级以下应聘人员由各部门主管、综合部及相关用人部门负责人共同面试。

2. 所有应聘人员均需填写"应聘人员登记表"。面试时，应聘者需提供个人身份证、最高学历证明、各种技能证书的原始证件。

3. 用人部门侧重专业技能测试，各级负责人应当选择接近现实环境的模拟个案来测试应聘者的能力，测试内容抄送人力资源部备案。

4. 人力资源部负责素质方面的测评。

5. 主试人员应当填写"面试记录表"，面试结束后交人力资源部。

6. 对于未能通过面试考核的应聘人员，应礼貌的回复。

第十八条 笔试相关规定。

1. 视实际情况决定是否举行笔试，面试合格者才有资格参加笔试。

2. 参加笔试者必须按时到场，因特殊原因不能到场者，应先和人力资源部工作人员联系安排其他场次。应试人员未事先通知或非特殊原因迟到半小时以上者，视为自动放弃所应聘工作。不再安排下一场次笔试和复审。

第十九条 人员甄选准则。

1. 达到公司业务现实需要的"门槛"素质（能力、知识、经验、品德）。

2. 身体健康，无慢性疾病。

3. 与公司文化相协调。

4. 无行为劣迹记录。

5. 符合政府的相关规定。

第二十条 个人背景调查。

在正式录用前，办公室负责对关键岗位录用人员进行背景调查，对其提供的相关工作简历及学历背景进行调查证实，加强录用的准确性。

第二十一条 审批。

相关责任人综合考虑各方面因素，进行审批。同意聘用的应聘者由人力资源部负责通知，不同意聘用者淘汰；建议考虑其他岗位者，由人力资源部与推荐岗位所在部门协调，另外安排测试。

第五章 聘用程序

第二十二条 录用通知。

对确定录用的新员工，发放"体检通知书"，体检合格，由办公室发"录用通知书"或电话告知，确定录用相关事项及报到时间。

第二十三条 停止录用。

对于有如下情况的应聘者，公司用人部门有权停止录用。

1. 应聘中弄虚作假、采取欺骗获得录用。

2. 拖欠公款尚未结清。

3. 未能按期办理相关转移手续。

4. 有违反国家法律或有悖于社会公德的行为。

第二十四条 人员报到。

1. 同意聘用的应聘者应当在规定时间内来公司报到，因特殊原因需要延迟的须向公司提前申请批准。如在通知规定时间内不能报到又未申请延期者，人力资源部有权取消其录用资格。

2. 对于内部招聘的员工，批准录用后应当在一周内做好工作移交，并到人力资源部办理调动手续，在规定时间内到新部门报到。内部应聘员工可不参与体检、是否试用、试用期长短可视具体情况确定，然后转入转正流程。

第二十五条 员工承诺书。

所有新员工在入职前都必须与公司签订员工承诺书，否则不予安排上岗。

第二十六条 考核试用周期。

1. 新员工录用，考核试用周期为2个月，考核试用期满时由公司用人部门决定其是否进入转正考核程序（化验员试用期为3个月）。

2. 新员工试用期满，办公室提前1周向公司用人部门发出考核通知，用人部门应当及时进行转正考核，转正考核分笔试和岗位实际操作两种形式。

3. 考核合格后，办公室根据劳动法相关规定办理劳保用工手续。

4. 考核结束后，公司用人部门应当及时将考核结果书面通知办公室，由办公室出具试用期不合格通知并办理相关辞退手续。

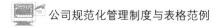
续表

5. 凡是到期未参加考核者一律按考核不合格处理，办公室自动启动辞退程序。

第六章　招聘评估

第二十七条　招聘工作评估小组由人力资源副总、招聘专员及用人部门相关人员组成。

第二十八条　招聘评估主要从招聘各岗位人员到位情况、应聘人员满足岗位的需求情况、应聘录用率、招聘单位成本控制情况等方面进行评估。

第七章　附则

第二十九条　本制度由人力资源部负责起草和修订。

第三十条　本制度经公司总经理审批后生效实施。

执行部门		监督部门		编修部门	
编制日期		审核日期		批准日期	

❖ **小贴士**

公司在进行招聘时，应当注意以下事项：

（1）前期准备。在制订招聘计划时，需要分别与公司总经理和用人部门进行沟通。

①与公司总经理沟通时，需要讨论的是新增的工资成本、人员结构、招聘的速度、隐性增加的社保、福利开支，以及随着招聘节奏的快慢而带来的新增的人力成本最大值是多少，最低值是多少。

②与用人部门沟通时，需要与用人部门确定在其预算下的适合的人力结构、人员的专业要求、招聘的速度、招聘的渠道、招聘的流程、面试时技能考核点以及新增人员所带来的新增成本的费用情况等。

（2）发布招聘广告。招聘广告版面应当简洁、美观，广告图片或文字既要能够吸引眼球，又要让人可以与公司的名称或业务产生联系。对于招聘职位，需要考虑专业技能要求、素质要求、应聘的必要条件、岗位的职责和发展空间、公司的福利、应聘流程和有效的联系电话、地址等。

需要注意的是：避免在招聘广告中出现歧视字眼；招聘高级职位的广告不仅要吸引应聘者，而且要让那些不合格的应聘者知难而退。

（3）筛选简历。筛选应聘简历时，需要清楚的了解用人部门的岗位需求、人员专业需求，招聘注意工作岗位与所描述的工作内容是否符合逻辑，应聘者所提的薪水是否合理等。

（4）识别人才。除了需要考查应聘者是否符合岗位要求外，还要考虑以下几方面：

①应聘者的价值观是否符合公司的价值主张。

②应聘者是否有独特的视野，是否具有全局观，是否具有创新思维。

③考察应聘者的目标感、计划性、沟通性以及专业能力等。

④确定公司能够承受且符合市场价格的招聘岗位的薪酬范围。

（5）试用期跟进要及时。在新员工试用期，要及时跟进新员工的专业技术培训，不定期地向新员工的上级和平级以及员工本人了解人事培训情况。

范例二：内部竞聘管理制度

制度名称	××公司内部竞聘管理制度	受控状态	
		编号	

第一章　总则

第一条　目的。

为了优化组织内部人才配置，满足公司发展对人才的需求，同时向各岗位员工提供更加广阔、透明的晋升空间，公司对于部分岗位空缺在外部招聘的同时进行内部竞聘。为规范内部竞聘的管理，特制定本管理制度。

第二条　原则。

1.公开、公平、公正、竞争、择优。

2.除特殊情况外，内部人员的选拔一律采取竞聘方式。

3.现职管理层人员年度考核居于末位者，必须竞聘上岗。

第三条　适用范围。

本制度适用于公司内部员工的招聘管理，公司全部职能部门均须遵守本制度。

第四条　职责与分工。

1.人力资源部是岗位竞聘工作的归口管理部门，负责制度制定与修订、竞聘全过程管理和相关档案归档工作。

2.部门经理以下职位人员的竞聘工作由人力资源部组织实施；部门经理及以上职位人员的招聘工作则由总经理直接领导，人力资源部承办。

3.项目管理部与财务部负责提供各专业岗位说明书，协助综合管理部开展竞聘工作。

第二章　竞聘范围和条件要求

第五条　竞聘范围。

公司内所有员工可参加岗位竞聘，同一岗位不足2人参加竞聘时，可视情况采用外部招聘。

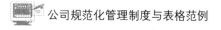

续表

第六条　竞聘条件。

1.工作积极主动、责任心、有较强的团队合作意识及组织协调能力的在职员工。

2.严格遵守本公司的各项规章制度，最近半年未受到公司两次及以上通报批评的，且连续6个月，在月度绩效考核中未得到过C级或D级的在职员工。

3.公司内部所有员工（晋升或竞聘录取不满一年的员工除外）在征得直接领导同意后，均有资格向人力资源部报名申请。

第七条　竞聘岗位要求。

1.技术性岗位、普通岗位要求：

（1）具备竞聘岗位的任职条件。

（2）具有高中或中专以上学历。

（3）在原职位工作超过6个月（含6个月）。

2.中层领导岗位要求：

（1）具备竞聘岗位的任职条件。

（2）具有本科或本科以上学历及大学英语四级（含四级）以上英语水平。

（3）在本公司有1年以上相关工作经验。

第三章　公布竞聘方案

第八条　确定内部竞聘岗位后，人力资源部根据招聘岗位职务说明书拟订内部招聘公告，经领导核准后公开在公司内部发布。发布的内容包括岗位的名称、岗位的职位说明、岗位的招聘要求、竞聘的流程、报名的方式等详细信息。

第九条　为加强员工对竞聘工作的认识，消除一些员工不必要的疑虑和担心，针对不同类型的竞聘者，公司将视情况开展适当的宣传引导工作。

第四章　组织报名

第十条　符合岗位聘用条件人员均可申报竞聘岗位。可以是个人自荐，也可以由组织推荐方式报名。竞聘者填写"内部人员竞聘申请表"，经本部门/项目部负责人批示后，交至公司人力资源部。

第十一条　人力资源部对报名人员进行资格审查。对不符合条件的人员将动员其改报其他适当岗位或取消竞聘资格。

第五章　内部竞聘实施

第十二条　成立竞聘委员会。

1.公司成立竞聘委员会，委员会成员由人力资源部推荐、总经理核定，成员数量不少于5人。

2.为避免事前沟通，竞聘委员会名单在竞聘之前不予公布。

3.竞聘委员会评审决议应以书面形式呈报总经理审批。

第十三条　竞聘时间。

1.年度竞聘于每年年末进行，具体时间另行通知。

2.部门人员增编、缺编时，竞聘时间视需要而定。

第十四条　竞聘演讲。

1.由竞聘者在规定的时间内对应聘岗位作竞聘演说，演说内容包括对该岗位的认识，对该岗位当前运作情况的评价，本人当选后工作开展的设想。

2.竞聘演讲稿的写作必须由竞聘者亲自完成。

第十五条　人力资源部根据竞聘公告中的竞聘条件及要求进行资格审查，并最终确定符合条件的竞聘者人员名单，并在公告栏中予以公示，公示时间不得少于3天，接受全体员工监督。

第十六条　竞聘委员会通过灵活测试方式对竞聘人员进行综合考核，拟订录取人员名单，并交总经理审批。经总经理审批后，录取人员名单在公司内部公示，公示期间若无异议，由人力资源部向竞聘成功者发放录用通知。竞聘成功者在收到录取通知后一周之内做好工作移交，并到人力资源部办理调动手续，在规定时间内到新部门报到。

第十七条　试用。

1. 竞聘部门须根据实际情况做好新员工上岗前的准备工作。

2. 竞聘部门负责为新员工安排指导员，以使其尽快熟悉岗位职责及工作流程。

3. 新员工指导员有义务回答新员工的疑问。

第六章　附则

第十八条　本制度的制定、修改及解释由人力资源部负责，报总经理审批通过后执行。

第十九条　本制度自公布之日起实施。

执行部门		监督部门		编修部门	
编制日期		审核日期		批准日期	

范例三：外部招聘管理制度

制度名称	××公司外部招聘管理制度	受控状态	
		编号	

第一章　总则

第一条　目的。

为规范本公司外部招聘流程，更准确地引进符合公司发展需要的人才，有计划、有针对性地进行招聘工作，保证招聘工作质量，特制定本制度。

第二条　适用范围。

本制度适用于公司外部员工的招聘管理。

第三条　招聘原则。

公司外部招聘原则为公开招聘、全面考核、择优录用、公平竞争。

第四条　组织管理。

1. 外部招聘工作主要由人力资源部负责，其他部门予以配合。

2. 人力资源部负责组织实施部门经理（不含）以下职位人员的招聘工作，部门经理及以上职位人员的招聘工作则由总经理、人力资源部具体承办。

第五条　招聘条件。

1. 无违法犯罪记录。

2. 符合拟聘岗位条件，特别优秀者可破格录用。

第二章 外部招聘实施

第六条 招聘渠道。

外部招聘要根据职位级别和岗位要求的不同采取相应的招聘渠道。招聘渠道包括：校园招聘、媒体广告招聘、人才招聘会招聘、猎头公司招聘、网络招聘以及委托中介机构招聘等。

第七条 招聘流程。

1. 公司各部门、各派驻机构根据需要提出"人员增补申请表"交公司人力资源部。

2. 公司人力资源部收集整理人员增补申请，并提交经理办公会讨论确定是否增补。

3. 公司人力资源部根据需求，选定招聘渠道，采用相应的招聘方式对外发布招聘信息，收集招聘登记表，并按条件进行初步筛选。

4. 公司人力资源部根据筛选情况，向初选合格人员发送面试通知，并要求其面试时提供学历证书、身份证等相关证件。

5. 初试主要是对应聘人员的智力、品德、经验、能力等进行综合考查和评价，由人力资源部和用人部门共同完成，选拔合格人员进入复试。

6. 复试由用人部门分管领导、人力资源部相关人员、资深专业人士组成的复试小组进行，复试将采取面试、笔试、心理测试等多种方式，并确定拟用人员名单。

7. 拟用人员名单由用人单位负责人及人力资源部负责人共同审议，并报送总经理批准后确定试用人员。

8. 人力资源部负责向录用人员发送录用通知书，并通知其进行入职体检。

9. 被录用人员按照公司规定时间，携带规定材料到人力资源部门报到，填制"员工登记表"，如在录用通知规定时间不能正常报到者，取消录用资格，特殊情况除外。

10. 人力资源部通知用人单位（部门）及财务部，确定工资水平并明确起薪日期。

11. 人力资源部整理相关资料，建立员工档案。

12. 外部招聘员工在被正式聘用之前，须经过岗前培训，考核合格后方能上岗。经考核合格可以正式聘用的，由用人单位（部门）向人力资源部报送"新员工转正申请表"。人力资源部派人参加申请转正员工的考核，根据考核结果由人力资源部负责人在"新员工转正申请表"签注意见。签注意见后的"新员工转正申请表"，由人力资源部存档。

第三章 附则

第八条 本制度的拟订和修改由人力资源部负责，经总经理核准后执行。

第九条 本制度的最终解释权归公司人力资源部。

执行部门		监督部门		编修部门	
编制日期		审核日期		批准日期	

范例四：员工面试管理制度

制度名称	××公司员工面试管理制度	受控状态	
		编号	

第一章 总则

第一条 为规范公司招聘面试管理工作，为公司做好人才储备、完成公司战略目标，特制定本制度。

第二条 本制度适用于公司面试管理工作。

第三条 职责。

1. 人力资源部负责招聘面试计划的制订及组织工作。

2. 用人部门负责协助人力资源部对新员工专业知识和技能的面试工作。

第四条 面试要求。

1. 严格执行公司用人考核标准，宁缺毋滥。

2. 公司职位说明书是面试考核的基准。

第二章 面试纪律

第五条 面试前，由人力资源部面试工作负责人提前通知面试参与人员。

第六条 人力资源部应当做好面试的接待工作，避免应聘者随意走动影响公司正常的办公秩序，杜绝无人招呼应聘者的现象发生。

第七条 参加面试的所有人员必须准时到达面试现场，不得令应聘者等待的时间超过半小时。

第八条 面谈人员本身应当培养极为客观的个性，理智地对事务做出判断，绝不能因某些非评价因素而影响了对应聘人员的客观评价。

第九条 主试人员应当据实填写"面试评价表"，严禁营私舞弊，将不符合岗位要求的人员补充到公司员工队伍中来。

第三章 面试组织

第十条 人力资源部相关人员为面试组织第一责任人，负责在面试前拟定日程安排、确定面试人员，并跟进面试工作的整个实施过程。

第十一条 面试地点应当选在单独的房间，房间应当采光充足，通风良好，安静无噪声，以避免面试过程受到干扰。

第十二条 面试题目由人力资源部和相关部门共同研究拟定，根据确定的测评要素设计面试题，面试题的难易程度应该适中。

第十三条 面试的方法。

1. 初试。初试一般由人力资源部负责，主要考察应聘者的基本任职条件，包括形象气质、语言表达、领悟反应能力等，淘汰一部分学历、工作经验及工作能力等明显不符合岗位要求者，测试的时间一般为10～15分钟。初试前，应聘人员需完整填写"应聘登记表"，交齐相关证书的复印件，验证相关证书原件。

2. 复试。复试一般由用人部门负责人与人力资源部工作人员一同进行，主要考察应聘者的专业水平、实践能力、管理思想等。复试要确保测试的深度和广度，充分掌握应聘者的实际能力。复试后可以决定是否录用。

3. 集体面试。集体面试的面试考官一般为 3 ～ 5 人，主要是针对高层管理人员的选拔。

第十四条　面试人员应通过掌握提问技巧、倾听技巧来提高自身的面试水平，以从面试过程中获得更多应聘者的有效信息。

1. 发问技巧。面试人员应围绕面试的主要内容，明确考察的目的再向应聘者提问，并且根据应聘者的回答考察其理解能力和反应速度等。

2. 倾听技巧。面试人员要善于倾听，在倾听过程中要善于发掘应聘者的潜在想法，从与应聘人员的谈话中找出所需要的信息。

3. 学会沉默。当问完一个问题时，面试人员应学会沉默，观察应聘者的反应，不要急于解释问题，以此观察应聘人员的应对能力。在这一过程中，应聘者通常会补充几句，而那几句话往往是最重要的，也是其最想说的。

第十五条　从面试中获得资料。

1. 家庭背景。家庭背景资料包括应聘人员的家庭教育情形、父母的职业、兄弟姐妹及其兴趣爱好、父母对他的期望以及家中所发生的重大事件等。

2. 教育情况。应聘人员就读的学校、科系、成绩、参加过的活动，在校获得的奖励等。

3. 工作经历。面试人员应了解应聘人员的工作经历，包括其基本工作情况、薪酬增加状况、职位升迁状况，以及其变换工作的原因，以此判断应聘人员的责任心、自动自发的精神、思考力以及理智状况等。

第四章　面试评价

第十六条　人才评价。

1. 透析性。面试人员应当从侧面观察、分析和评价应聘者的回答，避免由于应聘者揣摩提问目的，有意回避不利因素作答，影响面试人员对其的评价。

2. 综合判断。面试人员应当尽可能利用多种信息、从不同角度、不同层次对应聘者进行分析和考查，反对就能力或性格等单一方面进行评价。

3. 以点带面。为了确保对应聘者评价的客观性和全面性，面试人员应当充分利用"应聘人员测评表"，对各项考查内容采用典型问题提问方式，最大化地掌握应聘者的信息。

第五章　附则

第十七条　本制度由人力资源部制定并负责解释，经总裁批准同意后执行。各中心机构若在执行过程中提出相应调整需求，需经审核批准后方可执行。

执行部门		监督部门		编修部门	
编制日期		审核日期		批准日期	

❖ **小贴士**

面试技巧及注意事项主要有以下几方面：

1. 面试实施技巧

（1）善于倾听。面试人员应当善于从与应聘者的谈话里找出所需要的资料，并且善于调节应试者的情绪。

（2）善于发问。面试人员应当善于发问，同时需注意所提的问题简明、有力，提问的顺序应当从易到难。

2. 面试注意事项

（1）面试准备工作应当充分，包括：面试应尽可能地选择在面试双方都有充足时间的时候；面试场地要安静，尽量不要受到外界的干扰；面试相关工具的准备要到位等。

（2）面试考官应当随时记录面试重要事项。

（3）面试考官应当善于把控整个面试过程。

（4）培养坦诚、轻松、融洽的气氛，尽量使应聘人员感到亲切、自然和轻松。

（5）应当尊重应聘人员的人格。

范例五：员工档案管理制度

制度名称	××公司员工档案管理制度	受控状态	
		编号	

第一条　目的。

为了规范公司员工档案管理，加强档案管理的完整性、真实性、及时性和保密性。同时为了维护人事档案的完整，防止材料损坏，便于高效、有序的利用档案资料，特制订本管理制度。

第二条　适用范围。

本管理制度适用于公司员工纸质档案和电子档案的管理工作。

第三条　职责。

公司行政人事部门为本公司员工人事档案的归档管理部门。

第四条　原则。

分类标准、归档及时、排列有序、层次清楚、整理规范。

第五条　人事档案保管制度。

1. 新员工经面试考核通过，入职之日起，即建立个人人事档案，起始档案材料包括：一寸近期免冠照片、身份证复印件、户口页复印件、学历学位复印件、个人简历、员工登记表、应聘人员资料表、面试评核及审批表、笔试试题、体检报告、离职证明等。

续表

2. 凡本企业录用的具有城镇常住户口的员工，自签订劳动合同试用期满后，按本企业调档要求，将本人档案调至行政人事部门。因特殊情况不能在指定期限内完成调档手续的，本人须向行政人事部门提交详细的书面说明材料，未经批准不调档者或逾期未调档者企业有权与其解除劳动合同。

3. 原始人事档案资料的验收、补充、鉴别、归档和保管由行政人事部门负责办理。

4. 为保证员工档案信息的及时性和准确性，需及时更新，具体要求：新员工入职、员工调动、任命、借用、离职信息自生成之日起进行电子档案及纸质档案归档。

5. 查阅原始人事档案管理规定

（1）查阅员工原始人事档案前必须填写"档案借/查阅申请表"，经主管领导审批后，由行政人事部门统一办理，其他任何部门无权查阅员工原始档案。

（2）查阅员工原始人事档案所获资料，由行政人事部门统一保存或使用后统一销毁。

（3）员工存档卡由行政人事部门负责统一保管，员工离职办理完毕各种手续后，退回本人或由行政人事部门负责办理原始档案调出手续。

（4）非本企业人员查阅原始档案，原则上不予办理，政府职能部门如查阅员工原始人的档案，按原始人事档案查阅审批程序，行政人事部门协调办理。

（5）员工在本企业工作期间，如有些情况需存入其原始人事档案中，需填写"员工原始人事档案补充资料申请表"，经主管领导审批后，由行政人事部门办理。

第六条　员工业绩、培训档案管理。

员工业绩、培训档案是自员工上岗之日起建立的档案资料，包括员工的身份证、学历证书等相关证件的复印件，员工在工作期间的各种培训及对员工的评价、考核等。

1. 行政人事部门负责员工的培训、业绩档案的整理归档及日常管理。

2. 员工培训、业绩档案实行分级管理。部门主管级以上（含主管级）的员工档案单由行政人事部门部长或其指定负责人进行日常管理。主管级以下（不含主管级）培训、业绩档案由人事文员管理。

3. 部门部长可以调阅本部门员工的培训、业绩档案。

4. 员工培训、业绩档案按国家有关档案管理规定记入员工的人事档案。

5. 员工离职后，员工的培训、业绩档案由行政人事部门留存备查。

第七条　人事档案归属。

1. 继续受聘的员工档案作为其今后聘任聘用的依据，以便查阅。

2. 离职员工的人事档案应每月清查，另外存档，在妥善保管 1 年以后销毁。

3. 离职部门主管以上人员、关键岗位人员档案应妥善保管 3 年以后销毁。

第八条　附则。

本制度最终解释权归行政人事部。本制度从下发之日起实施。

执行部门		监督部门		编修部门	
编制日期		审核日期		批准日期	

范例六：专业技术人员录用制度

制度名称	××公司专业技术人员录用制度	受控状态	
		编号	

第一条　为了实现专业技术人员的科学化、规范化管理，建设一支素质优良、结构合理、充满活力的专业技术人员队伍，为公司发展提供人才保证和支持，特制定本制度。

第二条　本制度适用于公司各部门专业技术人员。

第三条　专业技术人员的选用，坚持德才兼备的原则，对专业技术人员的评价从品德、知识、能力、业绩等多个方面去考量。坚持实践第一的原则，要把长期的实践效果作为评判人才的根据，唯才是举。

第四条　评定组织。

由"专业技术人员职等职级评定小组"负责对专业/技术人员的职等职级进行集体评定和审议，评定小组组长最终裁决。"专业技术人员职等职级评定小组"成员如下：

组长：总经理

成员：技术委员会成员及相关人员

第五条　资格认定。

1.专业技工。具备下列三项条件者，可晋升为专业技工：

（1）担任同种专业技术工作的熟练工人在本职位中四年考绩有甲以上。

（2）参加本企业专业技工检定合格或取得国家乙种相同性质技术鉴定合格者。

（3）经直属部门主管推荐者。

2.专业技术员。具备下列三项条件者，可晋升为专业技术员：

（1）担任专业技术工或工务员在本职位中有四年考绩甲等以上。

（2）参加本企业专业技术员检定合格或取得国家甲种相同性质技术鉴定合格者。

（3）经直属部门经理推荐者。

3.专业技师。具备下列三项条件者，可晋升为专业技师：

（1）担任专业技术员在本职位中有四年考绩甲等以上。

（2）参加本企业专业技师检定合格者。

（3）经直属部门经理推荐者。

新进人员具有专精熟练的特殊技术的，可比照公司内相同技术及资料的人员核定其职位。

第六条　本制度自下发之日开始实施。

执行部门		监督部门		编修部门	
编制日期		审核日期		批准日期	

范例七：应届毕业生录用制度

制度名称	××公司应届毕业生录用制度	受控状态	
		编号	

第一条　目的。

为招聘录用应届毕业生并保证这一工作及时、顺利地进行，特制定本制度。

第二条　录用范围。

本制度适用于总公司及分公司向各大院校招聘应届毕业生。

第三条　制订定期录用计划。

定期录用原则上每年7月进行一次，人力资源部必须在6月底前制订计划。

第四条　计划内容。

录用计划主要是确定录用人数及学历、专业和年龄分布以及各部门人员分配。人力资源部必须详细分析各部门的经营现状、经营目标、经济效益和发展前景，将增员与增效结合起来。

第五条　招聘组织。

1. 应届毕业生的招聘录用工作由公司人力资源部统一安排，公司各部门及分公司配合。

2. 分公司应届毕业生招聘由各相关分公司人力资源部向公司人力资源部申报需求，由公司人力资源部组织招聘。

3. 需要组织招聘小组，由公司人力资源部提名，总经理办公室核准。

第六条　增员要求。

人力资源部应当在每年6月要求各部门根据经营变化情况、休假、离退休及其他人事调整等情况提出增员申请。

第七条　增员会议。

1. 人力资源部根据各部门提出的增员申请，召集有关领导召开增员决策会，介绍有关情况，确定本年度增员计划。

2. 增员的最终决策权在公司总经理。

3. 增员决策会议的组织与运行另行规定。

第八条　录用原则。

依据录用计划，确定录用原则，并分发至各部门经理。录用原则的内容包括：

1. 招聘原则。

2. 考试方式与原则。

3. 录用原则。

4. 录用标准。

5. 初次任职报酬等。

第九条　招聘。

招聘应届毕业生时，人力资源部应携带有关资料，直接去相关学校的学生处、毕业生分配办公室或校长室联系，说明招聘意向，请他们协助招聘工作。也可到各学校召开人才招聘会，还可到人才市场或网上招聘。

第十条　应聘资料。

应聘者应提交下述资料：

1. 应聘申请书。

2. 个人简介。

3. 近期免冠照片。

4. 毕业证书与学历证书（原件和复印件）。

5. 学习成绩表。

6. 应聘理由（应聘说明）。

7. 体检表。

8. 其他资格证明。

第十一条 应聘过程。

1. 资格审查。资格审查首先是将年龄、性别、专业和身体等不符合招聘条件者排除外，符合条件者发给笔试通知。

2. 初试。

（1）初试一般由人力资源部进行，采用集体面试加笔试形式。

（2）初试主要考察应聘人员的品格和基本素质，初试结果记录于"应届毕业生面试评定表"。

（3）人力资源部经理根据面试结果确定参加复试人选。

3. 复试。复试形式一般以面谈为主，主要考察应聘人员对所学专业的掌握程度、学习期间的实践能力等，结果记录于"应届毕业生面试评定表"。

4. 确定聘用名单。以上各项考试合格者，由考试委员会决定，经总经理认可，确定聘用名单。同时发给应聘者确定通知。

5. 向学校提交名单确定报告。聘用名单确定后，人力资源部负责人直接与有关学校联系，向有关部门说明招聘情况并提交被聘用者名单。

6. 通知体验。人力资源部主管通知经核准的拟录用人员体检，体验合格者进入接收流程。

第十二条 接收流程。

1. 人力资源部组织与拟录用人员签订公司内部接收意向协议。

2. 人力资源部与应届毕业生、学校签订正式的三方协议。

3. 人力资源部根据当地人事政策进行指标审批等相关手续。

4. 学校正式派遣后，人力资源部办理相应的报到手续。

报到日原则上定在每年8月1日。届时应举行迎新仪式，公司经理人员都应参加。自此，应聘者成为本公司职工。

第十三条 试用期。

1. 试用期一般为自报到日起3个月。在试用期主要考查试用者能否胜任本公司工作及现任工种。

2. 试用期间，如试用者无法胜任工作或违反公司有关规定，立即解聘。具体处理工作由人事部会同有关部门进行。

第十四条 成为正式员工。

试用者在试用期间能够正常工作，工作成绩良好，即可转为企业正式员工，人事部随即确定其所属部门、工种和工资标准及福利待遇等。

第十五条 附则。

本制度自××××年××月××日起实行，解释权归人力资源部。

执行部门		监督部门		编修部门	
编制日期		审核日期		批准日期	

范例八：临时人员雇用管理规定

制度名称	××公司临时人员雇用管理规定	受控状态	
		编号	

第一条 为规范临时人员聘用程序，加强临时人员使用的管理，使临时人员的雇用及管理有所遵循，依据国家和地方政府有关劳动用工的政策、法律、法规，结合我公司实际，制定本规定。

第二条 本规定适用于公司各部门临时人员的招聘及使用的管理工作。

第三条 本规定所称临时人员是指公司内部职工暂时不能满足某项特定工作需要，急需从社会上招聘的使用期限较短、不占单位正式编制的工作人员，亦称临时聘用人员。

第四条 聘用临时人员应当遵循实事求是、按需请聘、公开公正、择优选用的原则。

第五条 人员申请。

公司各部门有临时性工作（期间在3个月以内），须雇用临时人员从事时，应填具"人员增补申请书"注明工作内容、期间等呈经理核准外，送人事部门凭以招雇。

第六条 招聘临时人员限于以下岗位：

1. 技术性操作岗位，例如汽车驾驶员。

2. 后勤服务岗位，例如炊饮服务、传达门卫、勤杂请扫、花卉绿化等。

经管财物，有价证券、仓储、销售及会计（除物品搬运、整理及报表抄写工作外）等重要工作不得雇用。

第七条 拟招聘的临时人员必须具备下列基本条件：

1. 工作积极、主动，认真负责。

2. 年龄不小于18周岁，不超过65周岁，其中汽车驾驶岗位不超过50周岁。

3. 文化程度能适应该岗位工作需要，具备岗位所要求的基本知识和技能。

4. 身体健康，能胜任所聘岗位的工作。

第八条 雇用：

1. 人事部门招雇临时人员，应填写"临时人员雇用核定表"呈经理核准后雇用。

2. 临时人员到工时，人事部门应填写"雇用资料表"一份留存备用。

第九条 劳保投保。

在厂区工作的临时人员由人事部门办理劳保投保后，始得入厂工作。

第十条 临时人员管理：

1. 临时人员于工作期间，可请工伤假、公假、病假以及婚、丧假，其请假期间（除工伤假外）均不发给工资。

2. 临时人员的考勤、出差比照编制内助理员办理。

3. 临时人员的工资和其他待遇，根据国家有关规定，按照不同岗位享受不同待遇的原则，由用人部门与临时工本人协商确定，经确定后在合同期内不得随意增减工资等待遇。

4. 临时人员与用人部门因履行劳动合同发生劳动争议时，按照有关劳动争议的规定处理。

5. 建立临时人员档案。用人部门应当按档案管理规定，将"临时工应聘报名登记表""临时工聘用审批表"和劳动合同等有关临时工聘用管理资料登记，并且集中归档保管。

第十一条 终止雇用。

临时人员于工作期间如有不能胜任工作，违反人事管理规则规定，事、病假及旷职全月合计超过 4 天以上，或工作期满，雇用部门应予终止雇用。经终止雇用的临时人员应填具"离职申请（通知）单"（其离职应办理手续由各公司订立），经主管科长核签后，连同胸章送人事部门凭以结发工资。

第十二条 延长雇用。

临时人员雇用期满，如因工作未完成必须继续雇用，应当由雇用部门重填"人员增补申请书"叙明理由呈公司总经理核准后始得雇用，并且将核准的增补申请书一份报总管理处总经理室备查。

第十三条 实施与修改。

本规定自颁布之日起施行，修改时亦同。

执行部门		监督部门		编修部门	
编制日期		审核日期		批准日期	

范例九：公关人员录用制度

制度名称	××公司公关人员录用制度	受控状态	
		编号	

第一条 应聘者交谈能力的测定。

1. 由面试考官与应聘者自由交谈，由此判断应聘者的谈吐和语言风格等。

2. 在交谈能力测定过程中，测定的重点主要看应聘者进入考场如何打招呼；当交谈冷场后，观察应聘者的反应；询问应聘者为什么要到本企业应聘。

3. 面试考官在与应聘者交谈中不断变换话题，或有意避开话题，看其有何反应。

4. 要求应聘者必须善于驾驭交谈内容，随机应变，否则往往会导致谈判的失败。

5. 对于胆怯、不善言谈、表达不清的应聘者应给低分。

6. 在交谈中，应时刻考察应聘人员掌握谈判主动权的能力。面试考官可提出许多漫无边际的话，考察应聘者能否把交谈拉回主题。

第二条 应聘者理解能力的测定。

面试考官可用较长时间模糊地表述一个问题，看应聘者能否领会其实质内容，也可以让应聘者看一本书，或一份企划案，然后让其表达其中的内容。

第三条 应聘者交谈表情的考核。

1. 主要查看应聘者交谈时的神态和动作。如果表情呆滞、交谈时自卑或有令人讨厌的动作，则不适合公关工作；如果表情生动活泼，具有感染力，往往能在对外联系中打开局面。

2. 面试考官可以提出各种问题，变换各种表情，与应聘者友好交谈或大声呵斥，并且观察应聘者的表情。

第四条 应聘者语言语调的测定。

主要测定应聘者的音色、音质、语速等。测定方式是让应聘者朗诵一篇文章或一首小诗。

第五条　应聘者观察能力测定。

1. 考核应聘者的机敏性，并由此可判断出应聘者的性格特点，体察入微是公关人员必备的基本素质。

2. 可采取的黑板上贴一张图片或一幅画，也可以采用其他方式，让应聘者在限定时间内观察并描述出来。

第六条　应聘者记忆力考核。

公关人员需要面对各种各样的数字和资料，因而必须有较强的记忆力。面试考官可以黑板上写上一组数字或单词，然后由应聘者默写出来，根据对错数量进行打分。

第七条　应聘者运算能力考核。

主要考核应聘者的口算能力，计算应限定在加减乘除四则运算。可出几组运算题，让应聘者口算或速算。

第八条　应聘者外观和整体印象观察。

面试考官对应聘者的服饰、鞋帽、五官及随身携带品进行观察，察看是否整洁、协调和美观。

第九条　录用调查。

聘用名单初步确定后，要对应聘者提供的个人资料进行调查，看应聘者所提供的资料与实际情况是否相符，重点调查应聘者的工作情况、职务、业务能力和工资收入。如调查结果与个人所提供的资料不符，可调整聘用名单。

第十条　体检。

要求应聘者到公司医院或公司合同医院进行体检。

第十一条　本制度自颁布之日起施行。

执行部门		监督部门		编修部门	
编制日期		审核日期		批准日期	

范例十：劳动合同管理制度

制度名称	××公司劳动合同管理制度	受控状态	
		编号	

第一章　总则

第一条　目的。

为了规范公司的劳动合同管理，指导劳动合同的签订工作，根据《中华人民共和国劳动法》《中华人民共和国劳动合同法》等法律法规，并结合公司的实际情况，制定本管理办法。

第二条　适用范围。

在本公司工作与公司签订劳动合同的所有员工实行劳动合同制度，无论公司管理人员还是一般员工，所有员工必须熟悉了解劳动合同管理制度，依照劳动合同管理制度调整、稳定、和谐本公司的劳动关系。

第三条　管理职责。

公司劳动人事部门负责本公司的劳动合同管理工作，主要职责包括：

1. 认真学习并贯彻执行有关劳动合同的法律、法规和政策。

2. 依据本制度办理劳动合同的订立、续订、变更、解除、终止等手续。

3. 加强劳动合同的基础工作，实行动态管理，促进劳动合同管理的规范化、标准化。

第二章　劳动合同的签订

第四条　劳动合同签订规定。

1. 本公司在劳动合同中约定试用期，一年期合同开始履行时前两个月为试用期，两年期合同开始履行时前三个月为试用期，三年期合同开始履行时前六个月为试用期。

2. 试用合格，正式聘用的员工在接到人力资源部通知后5日内到人力资源部签订劳动合同。

如因特殊原因不能5日内签订劳动合同，应及时说明理由，否则视为自动延长试用期。

3. 试用员工与公司签订《劳动试用协议》，用以明确试用期间双方的权利和义务关系。

4. 兼职员工与公司签订《兼职劳动协议》，用以明确双方权利和义务关系。

5. 根据《中华人民共和国劳动法》规定，本公司劳动合同具备以下必备条款：

（1）劳动合同期限。

（2）工作内容。

（3）劳动保护和劳动条件。

（4）劳动报酬。

（5）劳动纪律。

（6）劳动合同终止的条件。

（7）违反劳动合同的责任。

同时，根据本公司的实际，协商约定服务期和保守商业秘密等其他条款。

第五条　劳动合同期限规定。

1. 公司高层领导职务15年。

2. 中级管理岗位职务10年。

3. 中级以下管理岗位职务5年，一般技术人员3年，一般行政人员和工人为1年。

4. 正式员工如不愿按要求的年限签订劳动合同，可与公司协商劳动合同年限，协商年限须人力资源总监批准。

第六条　签订3年以上劳动合同的员工须承诺保守公司商业机密。

第七条　员工首次签订劳动合同时，应书面声明无原单位或已与原单位依法解除劳动合同关系。

第八条　公司对享受本公司提供特殊待遇的员工，如出资招聘、出资培训或提供出国考察、住房补贴等特殊待遇的，约定3至5年的服务期。员工应遵循诚实信用的原则，严格遵守服务期限，否则将承担违约责任。

第九条　公司对必须保密的技术信息和经营信息约定保密责任。负有保守公司秘密的员工要求解除劳动合同的，应提前6个月书面通知公司；或者在解除劳动合同后的一定期限内不得自营或为他人经营与本公司有竞争的业务，对此公司在一定的期限内给予员工本人20%～40%的工资收入作为经济补偿。

第十条　违反服务期和保守商业秘密的员工，应当承担违约责任。公司将以违约金的方式追究违约责任。违反服务期约定的，违约金根据公司所提供特殊待遇的价值，按已工作期限的比例递减；违反保密约定的，违约金按事先约定金额承担，但约定违约金低于实际损失的，按实际损失赔偿。

第三章　劳动合同的履行

第十一条　劳动合同自合同期限起始日起生效。

第十二条　公司和员工如认为有必要，经协商一致可以书面形式对原订劳动合同的部分条款进行修改、补充、废止。任何一方不得任意变更，如协商不成的，劳动合同应当继续履行。

第十三条　由于客观情况发生变化，由于法定或者约定的原因，公司和员工可在一定时间内相互不承担合同约定的权利和义务，若合同中止期间合同期满，合同终止。

第十四条　在员工劳动合同期满前 15 日，由人力资源部通知员工本人及用人部门，用人部门根据员工合同期内工作表现确定是否继续聘用该员工，并将结果及时通知人力资源部。人力资源部根据双方续签劳动合同的意愿，通知员工签订劳动合同。员工在接到通知 7 日内到人力资源部签订劳动合同，逾期不签且未作说明，即视为自动待岗。

第十五条　员工劳动合同期满而原工作部门不同意续签，员工又不能联系到新工作部门的，劳动合同终止；合同期满员工不愿意再在公司工作的，可以终止劳动合同；合同约定的终止条件出现，合同亦应终止。

第十六条　人力资源部于合同终止当日通知合同终止，员工办理终止劳动合同及离职手续。

第十七条　在试用期被证明不符合录用条件，或者严重违反公司规章制度、严重失职营私舞弊，给公司利益造成重大损失，或者被依法追究刑事责任的员工，公司有权随时解除劳动合同。

第十八条　员工在试用期可以随时要求解除劳动合同，非试用期内要求解除劳动合后应提前 30 天提出申请，经批准同意后办理离职手续。

第十九条　员工提出解除劳动合同，在未得到批准和办完解除劳动合同手续前应坚持岗位工作，不得在外应聘、兼职和就业。

第二十条　根据法律法规的规定，在应当对员工采取特殊保护期间（停工医疗期内、女工"三期"内），公司将不终止劳动合同，直至这些情形结束。

第四章　劳动合同管理

第二十一条　在公司内部公开明示本管理制度，并进行宣传教育，定期监督检查。公司坚持以本制度来规范公司的劳动合同管理行为，保证全面履行劳动合同。

第二十二条　公司按以下操作程序和书面手续办理劳动合同的签订、续订、变更、解除、终止：

1. 订立。公司自招用员工之日起与其订立书面劳动合同，并根据规定送政府劳动行政部门鉴证。劳动合同双方各执一份。

2. 解除。公司与员工解除劳动合同的，应下达"解除劳动合同通知书"，明确解除劳动合同的时间，并送达本人。

3. 续订。劳动合同届满，公司同意与员工续订劳动合同的，应在劳动合同届满前 30 天内将"续订劳动合同意向通知书"送达员工，经协商同意办理续订手续。

4. 顺延。劳动合同届满时，符合顺延合同期限条件的，除非本人要求不延长，公司可以延长劳动合同期。公司对顺延劳动合同期限情况进行书面记载。

5. 终止。劳动合同届满，公司、员工终止劳动合同的，应在劳动合同期满前，将"终止劳动合同通知书"送达其本人，载明实施终止的时间。

第二十三条 公司建立健全管理台账，记录公司劳动用工状况及员工的基本情况，反映劳动关系变化，保证实行动态管理。

第五章 附则

第二十四条 本制度与国家有关法律、法规、规章和规范性文件相抵触的，将及时予以修改。

第二十五条 本制度自20××年××月××日起执行。

执行部门		监督部门		编修部门	
编制日期		审核日期		批准日期	

范例十一：劳动合同（通用）范本

劳 动 合 同

（通 用）

甲方（用人单位）：＿＿＿＿＿＿＿＿＿＿＿＿

乙方（劳动者）：＿＿＿＿＿＿＿＿＿＿＿＿＿

签 订 日 期：＿＿＿＿年＿＿＿＿月＿＿＿＿日

注 意 事 项

一、本合同文本供用人单位与建立劳动关系的劳动者签订劳动合同时使用。

二、用人单位应当与招用的劳动者自用工之日起一个月内依法订立书面劳动合同，并就劳动合同的内容协商一致。

三、用人单位应当如实告知劳动者工作内容、工作条件、工作地点、职业危害、安全生产状况、劳动报酬以及劳动者要求了解的其他情况；用人单位有权了解劳动者与劳动合同直接相关的基本情况，劳动者应当如实说明。

四、依法签订的劳动合同具有法律效力，双方应按照劳动合同的约定全面履行各自的义务。

五、劳动合同应使用蓝、黑钢笔或签字笔填写，字迹清楚，文字简练、准确，不得涂改。确需涂改的，双方应在涂改处签字或盖章确认。

六、签订劳动合同，用人单位应加盖公章，法定代表人（主要负责人）或委托代理人签字或盖章；劳动者应本人签字，不得由他人代签。劳动合同由双方各执一份，交劳动者的不得由用人单位代为保管。

甲方（用人单位）：

统一社会信用代码：

法定代表人（主要负责人）或委托代理人：

注 册 地：

经 营 地：

联系电话：

乙方（劳动者）：

居民身份证号码：

（或其他有效证件名称 　　　　　证件号： 　　　　　　　　　　　）

户籍地址：

经常居住地（通讯地址）：

联系电话：

根据《中华人民共和国劳动法》《中华人民共和国劳动合同法》等法律法规政策规定，甲乙双方遵循合法、公平、平等自愿、协商一致、诚实信用的原则订立本合同。

一、劳动合同期限

第一条 甲乙双方自用工之日起建立劳动关系，双方约定按下列第_____种方式确定劳动合同期限：

1.固定期限：自_____年___月___日起至_____年___月___日止，其中，试用期从用工之日起至_____年___月___日止。

2.无固定期限：自_____年___月___日起至依法解除、终止劳动合同时止，其中，试用期从用工之日起至_____年___月___日止。

3.以完成一定工作任务为期限：自_____年___月___日起至工作任务完成时止。甲方应当以书面形式通知乙方工作任务完成。

二、工作内容和工作地点

第二条 乙方工作岗位是_____，岗位职责为_____。乙方的工作地点为_____。乙方应爱岗敬业、诚实守信，保守甲方商业秘密，遵守甲方依法制定的劳动规章制度，认真履行岗位职责，按时保质完成工作任务。乙方违反劳动纪律，甲方可依据依法制定的劳动规章制度给予相应处理。

三、工作时间和休息休假

第三条 根据乙方工作岗位的特点，甲方安排乙方执行以下第_____种工时制度：

1. 标准工时工作制。每日工作时间不超过 8 小时，每周工作时间不超过 40 小时。由于生产经营需要，经依法协商后可以延长工作时间，一般每日不得超过 1 小时，特殊原因每日不得超过 3 小时，每月不得超过 36 小时。甲方不得强迫或者变相强迫乙方加班加点。

2. 依法实行以_____为周期的综合计算工时工作制。综合计算周期内的总实际工作时间不应超过总法定标准工作时间。甲方应采取适当方式保障乙方的休息休假权利。

3. 依法实行不定时工作制。甲方应采取适当方式保障乙方的休息休假权利。

第四条 甲方安排乙方加班的，应依法安排补休或支付加班工资。

第五条 乙方依法享有法定节假日、带薪年休假、婚丧假、产假等假期。

四、劳动报酬

第六条 甲方采用以下第_____种方式向乙方以货币形式支付工资，于每月_____日前足额支付：

1. 月工资_____元。

2. 计件工资。计件单价为_____，甲方应合理制定劳动定额，保证乙方在提供正常劳动情况下，获得合理的劳动报酬。

3. 基本工资和绩效工资相结合的工资分配办法，乙方月基本工资_____元，绩效工资计发办法为_____。

4. 双方约定的其他方式_____。

第七条 乙方在试用期期间的工资计发标准为_____或_____元。

第八条 甲方应合理调整乙方的工资待遇。乙方从甲方获得的工资依法承担的个人所得税由甲方从其工资中代扣代缴。

五、社会保险和福利待遇

第九条 甲乙双方依法参加社会保险，甲方为乙方办理有关社会保险手续，并承担相应社会保险义务，乙方应当缴纳的社会保险费由甲方从乙方的工资中代扣代缴。

第十条 甲方依法执行国家有关福利待遇的规定。

第十一条 乙方因工负伤或患职业病的待遇按国家有关规定执行。乙方患病或非因工负伤的，有关待遇按国家有关规定和甲方依法制定的有关规章制度执行。

六、职业培训和劳动保护

第十二条　甲方应对乙方进行工作岗位所必需的培训。乙方应主动学习，积极参加甲方组织的培训，提高职业技能。

第十三条　甲方应当严格执行劳动安全卫生相关法律法规规定，落实国家关于女职工、未成年工的特殊保护规定，建立健全劳动安全卫生制度，对乙方进行劳动安全卫生教育和操作规程培训，为乙方提供必要的安全防护设施和劳动保护用品，努力改善劳动条件，减少职业危害。乙方从事接触职业病危害作业的，甲方应依法告知乙方工作过程中可能产生的职业病危害及其后果，提供职业病防护措施，在乙方上岗前、在岗期间和离岗时对乙方进行职业健康检查。

第十四条　乙方应当严格遵守安全操作规程，不违章作业。乙方对甲方管理人员违章指挥、强令冒险作业，有权拒绝执行。

七、劳动合同的变更、解除、终止

第十五条　甲乙双方应当依法变更劳动合同，并采取书面形式。

第十六条　甲乙双方解除或终止本合同，应当按照法律法规规定执行。

第十七条　甲乙双方解除终止本合同的，乙方应当配合甲方办理工作交接手续。甲方依法应向乙方支付经济补偿的，在办结工作交接时支付。

第十八条　甲方应当在解除或终止本合同时，为乙方出具解除或者终止劳动合同的证明，并在十五日内为乙方办理档案和社会保险关系转移手续。

八、双方约定事项

第十九条　乙方工作涉及甲方商业秘密和与知识产权相关的保密事项的，甲方可以与乙方依法协商约定保守商业秘密或竞业限制的事项，并签订保守商业秘密协议或竞业限制协议。

第二十条　甲方出资对乙方进行专业技术培训，要求与乙方约定服务期的，应当征得乙方同意，并签订协议，明确双方权利义务。

第二十一条　双方约定的其他事项：＿＿＿＿＿＿＿＿＿＿＿＿＿＿＿＿＿＿。

九、劳动争议处理

第二十二条　甲乙双方因本合同发生劳动争议时，可以按照法律法规的规定，进行协商、申请调解或仲裁。对仲裁裁决不服的，可以依法向有管辖权的人民法院提起诉讼。

十、其他

第二十三条　本合同中记载的乙方联系电话、通讯地址为劳动合同期内通知相关事项和送达书面文书的联系方式、送达地址。如发生变化，乙方应当及时告知甲方。

第二十四条　双方确认：均已详细阅读并理解本合同内容，清楚各自的权利、义务。本合同未尽事宜，按照有关法律法规和政策规定执行。

第二十五条　本合同双方各执一份，自双方签字（盖章）之日起生效，双方应严格遵照执行。

甲方（盖章）　　　　　　　　　　　　　　乙方（签字）

法定代表人（主要负责人）

或委托代理人（签字或盖章）

　年　　月　　日　　　　　　　　　　　　年　　月　　日

二、员工聘用管理实用表格

（一）年度招聘计划审批表

招聘岗位	招聘人数	招聘原因			岗位要求			招聘渠道				
		新增岗位	人员流动	业务扩充	学历	经验	职称	内部选拔	网络招聘	招聘会	猎头机构	其他
合计												

总经理：　　　　　　　　　　　　　　　　人力资源部：

（二）人员招聘申请表

申请部门			申请时间		
申请岗位			申请人		
申请事由					
申请内容					

具体部门	工作内容	人数	分类	年龄	应聘资格	工作年限	能力	技术水平	学历
结果									

申请受理时间			人事部经办人		

（三）招聘工作计划表

单位名称：　　　　　　　　　　　　　　　　　　　　日期：　　　年　　月　　日

	招聘岗位				人员数量	人员要求
	管理人员	技术员工	基础员工	其他		
招聘目标						
招聘时间						
招聘渠道	□网络　　　□招聘会　　　□其他					
费用预算						
其他						

（四）内部人员竞聘申请表

填表日期：

竞聘职位					
竞聘人姓名		性别		年龄	
最高学历		所在部门		现任职位	
个人简介					
竞聘理由					

副总经理：　　　　　部门经理：　　　　　人力资源部：　　　　　竞聘人：

（五）面试邀请函

_____先生／女士：

您好！

我公司人力资源部从_____了解到您的求职信息，经过我们公司人力资源部的初步筛选，认为您基本具备_____岗位的任职资格，因此正式通知您来我公司参加面试，具体要求如下：

一、面试时间：××××年××月××日××时

二、面试地点：

三、携带资料：

四、联系方式：

单位名称：（盖章）

年　　月　　日

（六）应聘人员登记表

填表日期：

姓名		性别		出生日期	年 月 日		照片
应聘岗位							
毕业院校及 毕业时间				学历			
专业		计算机水平					
身份证号码							
家庭住址					政治面貌		
联系电话		户籍类别	□农 □非农	户籍地址			
学习经历	时间	学校或证书名称					
工作简历	时间	单位名称					
主要业绩及 获奖情况							
备注							

本人声明：上述填写内容真实完整。如有不实，本人愿承担一切法律责任。

申请人（签名）： 年 月 日

（七）面试记录表

部门：   日期：   年   月   日

姓名		性别		出生年月	
籍贯		最高学历		毕业学校	
婚姻状况		原工作单位			
家庭住址				应聘岗位	

面试记录						
评价等级 面试项目	5（优）	4（良）	3（好）	2（一般）	1（差）	备注
仪表、体格						
专业能力						
言谈、反应						
工作能力 （业绩）						
工作态度（努 力、心态）						
团队精神						
总分						

面试结论
综合评定
录用意见   □予以录用   □存档备用   □不予考虑
面谈人：

（八）应聘人员测评表

面试成员：　　　　　　　　　　　　　　面试时间：

应聘人姓名：	性别：		年龄：		专业／学历：	

应聘岗位：						

评价方向	评价要素	评价等级				
		1（差）	2（较差）	3（一般）	4（较好）	5（好）
个人基本素质评价	1. 仪容					
	2. 语言表达能力					
	3. 亲和力和感染力					
	4. 沟通能力					
	5. 时间观念与纪律观念					
	6. 人格成熟程度（情绪稳定性、心理健康等）					
	7. 思维逻辑性，条理性					
	8. 应变能力					
	9. 分析判断能力					
	10. 自我认知能力					
相关工作经验及专业知识	11. 工作经验					
	12. 掌握的专业知识					
	13. 学习能力					
	14. 工作创造能力					
	15. 所具备的专业知识、工作技能与招聘职位要求的吻合性					
录用适合性评价	16. 个人工作观念					
	17. 对企业的忠诚度					
	18. 个性特征与企业文化的相融性					
	19. 稳定性、发展潜力					
	20. 职位胜任能力					

总分：			
人才评估	优势：		劣势：
初试结论	□可以复试　　□可以考虑　　□不予考虑		
建议复试考查内容			
主考官签名			
复试评价结果	□建议试用　　□储备　　□不予试用		

（九）新员工甄选表

甄选职位		应聘人数（人）		初试合格（人）		面试合格（人）	
复试合格（人）		需要名额（人）		合格比率（％）		初试：　　面试：　　录用：	
甄选结果比较		说明		预定		实际	
	具体条件						
	待遇						
录用人员名单：							

（十）新员工试用通知单

姓名		性别		年龄		学历			经验（年）	
适用单位	职位				工资	本薪： 等级 元		人力资源部	人力资源组长	
	试用期	自 年 月 日至 年 月 日				本薪： 等级 元			主任	
试用结果	考核意见	1.试用满意请照原工资办理任用手续（ 月 日起）； 2.试用成绩优良，请以 等 级 元工资给办理手续（ 月 日起）； 3.需再试用； 4.试用不合适，另行安排； 5.附呈心得报告一份						试用单位	考核人	
	主管意见	1.同意考核人意见，拟准以试用原薪给； 2.拟不予任用； 3.延长试用 × 日再另行签核							主任	
批示				秘书室意见		1.拟照试用单位意见自 月 日起以 级 元工资正式任用； 2.试用不合格除发给试用期间的工资外，拟自 月 日起辞退			人力资源组长	
									主管	

（十一）优秀员工推荐表

编号：

被荐人		所在部门		现任岗位	
入职时间		推荐岗位		推荐人	
被荐人主要工作业绩					
被荐人所受荣誉奖励					
推荐理由					

续表

部门意见	签章 年　月　日
人力资源意见	签章 年　月　日
总经理意见	签章 年　月　日

（十二）员工入职登记表

编号：

姓名		性别		出生日期		照片
政治面貌		民族		籍贯		
身份证号		家庭住址				
技术职称		参加工作时间				
户籍所在地		婚姻状况		联系电话		
邮箱		学历		学位		
外语语种		外语水平		计算机水平		
家庭主要成员						
姓名	性别	关系	职业	联系电话		
主要工作经历						
起止时间	工作单位	职务／工种	证明人	联系电话		

教育背景					
起止时间	毕业院校	所学专业	学历	全日制／在职	（毕（结／肄）业）

身份证复印件粘贴处

培训及持证情况				
培训情况	起止时间	培训机构	培训项目	所获证书
持证情况				
紧急联系人（配偶除外）		关系		联系电话
联系地址			邮政编码	
填表人声明	1.本人保证所填信息及履历资料属实，如有不实之处，本人愿意无条件接受公司处罚甚至辞退，并不要求任何补偿。 2.保证遵守公司各种规章制度 签字：			

（十三）录用通知书

录用通知书

_____（先生／女士）：

非常高兴地通知您，经过层层筛选，我公司决定正式录取您，真诚欢迎您的加入！

一、所任职位和工资待遇

1. 您的所任职位是_____；

2. 试用期月薪为_____（税前）；大写：_____（税前）

3. 转正后月薪为_____（税前）；大写：_____（税前）

4. 相关福利项目：

（1）午餐补贴_____元／月；

（2）交通补贴_____元／月；

（3）通讯补贴_____元／月；

（4）带薪年假_____天／年（正式员工福利）；

（5）社会保险和公积金：_____；

（6）工资和相关福利从您的实际工作日起开始支付。

二、入职资料

1. 身份证原件及复印件2份；

2. 学历、学位证书原件及复印件1份；

3. 2寸白底彩色证件照片4张；

4. 职称证书原件及复印件1份；

5. 本人身份证办理的工资卡复印件1份；

6. 原单位离职证明原件（应届毕业生不需要）；

7. 近期体检报告。

三、入职时间、地点和联系人

请您于_____年____月____日到_____公司人力资源部报到，联系人_____。

如果您接受我公司的录用，请在收到录用通知书以后 5 日内将签署后的本通知书原件传真回本公司。若您未寄回签署后的本通知书原件或未在通知时间前到公司报到，那么公司将视作您自动放弃该职位。

_____公司

人力资源部（需加盖章）

_____年___月___日

（十四）员工到职通知单

编号：

部门		岗位		姓名	
入职日期		拟到职日期		共到职人数	
人力资源部	□劳动合同 □保密协议 □员工手册 □入职指南 □员工资料卡 □其他入职资料			经办人	
行政部	□办公用品 □餐卡 □胸卡 □钥匙 □工服 □其他行政物品			经办人	
技术部	□电脑 □U盘 □其他技术备品			经办人	
用人部门	□岗位安排 □岗前培训 □部门规章制度 □其他事项			经办人	
附注：请相关部门做好新员工入职的准备工作。					

第三节　人事变动管理

人事变动是企业根据工作实际需要和为达到对员工适才适用，在国家政策的指导下，通过一定的组织手续改变员工的隶属关系，重新确立员工的工作单位或工作岗位的活动。

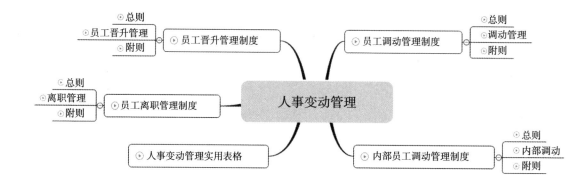

一、人事变动管理制度

范例一：员工调动管理制度

制度名称	××公司员工调动管理制度	受控状态	
		编号	

第一章　总则

第一条　目的。

为适应企业发展的需要，保证员工在公司内部有序、有效地合理流动，达到人力资源合理配置、有效利用的目的，特制订本制度。

第二条　范围。

1.本制度规定了员工调动的原则、分类、申请及审批流程、工作交接及报到流程等。

2.本制度适用于公司所有人员的工作调动管理。

第三条　职责。

1.人力资源部负责公司各部门人员调动的手续办理。

2.各部门配合调动人员的工作交接等工作。

第四条　原则。

1.满足岗位需求和员工职业规划原则。

2.有利于人员优势整合及人力资源合理化配置原则。

第五条　调动分类。

1.根据调动方式分类：

（1）组织调动，包括员工升职、平级调动、降职、因企业需要或组织机构调整等对人员的调配等。

（2）个人申请，包括内部应聘、岗位竞聘等。

2.根据调动范围分类：跨部门调动、部门内部调动。

第二章 调动管理

第六条 公司员工不适应现任工作岗位时，可申请调换一次工种或岗位，调换后如仍不适应，公司有权解除聘用合同，包括长期聘用合同和短期聘用合同。

第七条 岗位调动包含的内容。

1. 因公司工作需要要求员工调动的。

2. 员工个人参加内聘被录用的。

3. 员工个人提出调动申请被批准的。

4. 因其他原因导致员工岗位发生变动的。

第八条 员工调动程序。

1. 员工与调出、调入部门协商调动事宜。

2. 调动员工到人事组领取"员工调动申请表"和"员工交接手续登记表"。

3. 调动员工原工作部门领导审批。

4. 新工作部门领导签字审批。

5. 报人事管理部门审核。

6. 总经理批准。

7. 办理员工调动交接手续，并将资料返人事管理部门。

8. 人事管理部门发"调动函"至员工调入部门。

第九条 员工要求调离公司时，应办理如下手续：

1. 向本部门提出请调报告。

2. 按人事职权划分表，请调报告获批后，请调人到人力资源部填写"员工调离移交手续会签表"。

3. 按有关部门要求清点、退还、移交公司财产、资料。

4. 填写调离表及办理有关手续。

第十条 员工调离时，工资的发放按员工与本公司所签聘用合同办理。

第十一条 员工未经批准，私自离开工作岗位达1个月者，公司登报申请除名并停交劳动保险，将其人事关系退回人力资源部。

第十二条 调出人员，首先由本人提出申请，写明调出理由，经本部门经理签署意见，报送人力资源部。

第十三条 经人力资源部批准后，本人填写"调出申请表"，办理调出手续。人员调出后，人力资源部及时更改人员统计表，并且将"调出申请表""工资停发单"等归档。

第十四条 凡要求调入本公司的人员，首先要填写"调入申请表"，按公司用人需要和用人标准，由人力资源部和用人部门对其进行面试，了解其基本情况。人力资源部到申请调入人原所在单位阅档，具体了解其全部情况。调入人员须进行体格检查，检查结果符合要求，由人力资源部开具调令。

第十五条 办理调入手续，包括核定工资、填写员工登记表、工资转移单、更换工作证等内容。

第十六条 员工调动后薪资变动管理。

1. 因公司工作需要，公司对员工岗位进行平行（职级不发生变化）调动的，调动后薪资参照调动前薪资水平，原则上不低于调动前薪资水平。

续表

2. 因员工个人原因提出调动的，调动后薪资参照调动前薪资水平以及调动后岗位薪等就近定薪，但不得高于调动后同类岗位最高薪资水平。

3. 因个人原因不能胜任目前岗位工作发生岗位调动的，参照调动后同类岗位薪资情况定薪。

4. 本条1、2、3款规定主要适用于等级工资制员工，计件、提成制转为等级制的情况。

5. 等级工资制转为计件、提成制的不适用以上规定，按照公司的定薪、考核规定执行。

第十七条　人力资源部和接收部门应及时填写人员调入记录，建立有关档案。

第三章　附则

第十八条　本制度自公布之日起执行。

执行部门		监督部门		编修部门	
编制日期		审核日期		批准日期	

❖ **小贴士**

组织外人员调动首先应由员工本人提出调动申请，经部门主管签字后报送公司人力资源部，人力资源部根据员工本人要求和部门主管意见，提出处理方案，报送公司主管批准。批准后，员工凭离职人员应办理手续清单办理各种手续。

组织外调动应注意如下事项：

（1）人员调出本公司，要严格办理各种手续，一方面保证本公司生产经营活动的正常进行；另一方面避免本公司的无谓损失。

（2）及时安排相关人员，接替调动人员的工作，从而保证工作顺利进行。

组织外调动步骤如下：

第一步，在人力资源部领取、填写"人事变动审批表"；

第二步，调入单位和主管部门签章。

范例二：内部员工调动管理制度

制度名称	××公司内部员工调动管理制度	受控状态	
		编号	

第一章 总则

第一条 为了进一步规范公司内部员工的人事调动，根据相关绩效考核，完善内部人员配置，给员工制造一个公平竞争共同发展能上能下的氛围，特制定本制度。

第二条 本制度适用于员工在公司内部的流动管理，更好地规范公司内部的人员调动。

第三条 公司内部的调动分为以下四种情况：

1. 职级职务一同升迁。

2. 职级不变、职务上升。

3. 职级上升、职务不变。

4. 职级职务均不变。

第二章 内部调动

第四条 员工因下列原因在公司内部调岗时，应当办理内部调动手续：

1. 员工因不适应原岗位工作，被调整工作岗位时。

2. 因工作或者生产需要，调整归属部门时。

3. 员工参加公司内部其他岗位竞聘且被录用时。

4. 员工升职或降职时。

第五条 工作岗位的调整。

1. 部门内部工作调动。部门员工因工作、生产需要，或因身体、技能等因素无法适应现工作岗位时，部门内部可以对其自行调整。员工经考核合格后方可调动岗位，部门主管领导填写员工内部调整通知书，报请总经理审批通过后，交人力资源部存档。

2. 部门之间工作调动。部门员工因工作、生产需要，或者因归属部门变化，需要跨部门调整员工的工作岗位时，应当由相关部门提出建议，拟调入部门填写员工内部人事异动审批表，经员工本人、调出部门主管、总经理审核批准后，人力资源部负责制定调整方案，并组织实施。员工考核合格后，拟调入部门填写员工内部调整通知书，由调出部门主管领导核准并报请总经理审批通过后，交人力资源部存档。

3. 员工因身体、技能等因素不能适应现工作岗位工作时，应当由员工本人向所属部门提出岗位调整申请，首先由部门在内部进行岗位调整，调整结果应当注明调整原因，并且报送人力资源部存档；如本部门不能解决的，可填写人员内部调动申请表，由所属部门经理在申请表上签署意见后报人力资源部，由人力资源部在部门间协调安排。

4. 员工跨部门调整工作岗位时，人力资源部应当出具员工内部调整通知书，并且交送相关部门或责任人办理。

5. 员工因不适应或者不胜任原工作岗位，经调整工作岗位后仍不能适应或胜任者，公司可以按照《劳动合同法》的相关规定与其解除劳动合同，并且由人力资源部为其办理相关手续。

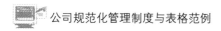

第六条　员工晋升或降职管理。

1. 员工晋升管理。晋升包括晋职和晋级。晋职是指员工因业绩突出，由较低职位上升到较高职位，其责任、权力相应增加；晋级是指不提升员工的职务级别，而通过提高员工的薪资待遇的一种激励方式。通过合理、规范的晋升机制，激发员工工作热情，不断提高管理、业务技能，实现公司选拔优秀人才的目的。

（1）员工晋升的条件。每季度人事考核成绩均为优秀，且符合以下条件的，可考虑其晋升：

①具有较高的岗位技能。

②个人成绩特别突出，具备较强的适应能力及潜力。

③在职工作表现突出，连续三个月绩效考核优秀。

④已完成职位所需要的相关培训课程。

⑤半年之内被公司行政处罚者不给予晋升。

（2）公司内部的晋升时间分为定期和不定期两种：

①定期：固定在每年的××月××日，根据相关绩效考核办法及组织经营情况，统一实施。

②不定期：员工在平时绩效考核中表现特别优异或对公司有特殊贡献者，随时可得到晋升，但每年破格提升的名额应控制在10%左右。

（3）公司各部门如有呈报员工晋升的，需要准备以下资料：

①员工内部调整通知书。

②部门主管的鉴定意见。

③晋升员工的绩效考核表。

④具有说服力的事例及其他相关材料。

（4）员工晋升后的待遇：

①员工工龄工资持续递增，具体标准依据公司相关规定执行。

②员工基本工资以新岗位工资执行。

③其他：福利待遇等以新岗位标准执行。

2. 降职（降薪）管理。

（1）员工工作不努力，思想作风差，工作成绩不佳，在年度考核中被评定为不合格的；或因以下原因不能担任现职工作的：缺乏相关专业知识和技能、因组织结构调整应予以转任、不服从工作安排以及组织结构精简等。

（2）降职（降薪）具体条件：

①月度绩效考核连续三个月不合格。

②年度绩效考核不合格。

③因不能胜任本职工作，平调又没有空缺。

④因自身能力不足或健康等原因，本人申请降职者。

⑤经常违反公司相关规定，公司高层研究决定给予降职（降薪）者。

⑥由于组织结构调整或组织结构精简，从而进行的人员分流调岗。

（3）降职（降薪）程序管理：

①用人部门负责人或者员工本人向人力资源部申请调职（降职）。

②人力资源部会同各相关部门负责人对需要降职的人员进行沟通协商，根据公司规定确认降职后的职位、薪资等事宜。

③人力资源部填写"员工调动表"经相关部门负责人签名确认后，报送总经理审批。

④人力资源部与需降职的员工谈话，就相关事宜予以告知，并且进行工作勉励。

⑤降职人员与所在部门负责人协商工作交接事宜，交接完毕到新部门或新岗位报到上班。

（4）降职（降薪）注意事项：

①员工收到降职通知后，应于指定日期内办理好相关工作交接手续，履任新职，不得借故推诿或拒绝交接。

②如果被降职的员工对降职处理不满，可以向人力资源部提出申请，未经核准前不得出现离开新职或怠工现象。

第七条 到岗。

1.员工接到员工任免通知书后，须于规定的期限内办妥移交手续，并填写好工作交接明细单交人力资源部存档，如期到指定部门报到。

2.人力资源部应对公司内部人员调动工作的过程进行监督，调出及调入部门应配合完成交接工作。

第三章 附则

第八条 人力资源部根据员工内部调动通知书中的内容填写员工任免通知书，一式两份，一份交本人，一份存档。

第九条 人力资源部负责本制度的最终解释。

第十条 本制度自公布之日起实施。

执行部门		监督部门		编修部门	
编制日期		审核日期		批准日期	

范例三：员工晋升管理制度

制度名称	××公司员工晋升管理制度	受控状态	
		编号	

第一章 总则

第一条 为建立公司科学、规范的人才选拔和晋升管理机制，充分发掘公司内部人力资源潜能，特制订本制度。

第二条 员工晋升管理遵循"公平、公正、公开"的原则。员工晋升是指公司一般员工职级晋升和提升薪资。

第三条 本制度适用于公司各项目部、各部门。

第四条 人力资源部为公司员工晋升的管理部门。

第二章 员工晋升管理

第五条 公司原则上每半年进行一次员工薪资提升调整，公司员工在符合条件的情况下均有机会获得薪资的提升，具体按公司年薪管理制度执行。

第六条 晋升较高职位必须具备以下条件：

1. 较高职位所需技能。

2. 相关工作经验和资历。

3. 在职工作表现良好。

4. 完成职位所需要的有关课程训练。

5. 具备较好的适应能力和潜力。

第七条 职位空缺时，首先考虑内部人员，在没有合适人选的情况下，考虑外部招聘。

第八条 员工晋职晋级的审批程序。

1. 部门负责人将推荐意见填入"员工晋升审批表"，经过分管领导审批后报公司人力资源部。推荐意见应包括考核情况、突出业绩、工作能力和水平评价、工作态度和表现评价以及潜质 5 个基本方面。

2. 人力资源部根据部门推荐意见，对员工的工作情况等进行调查了解和核实，并作出审核意见报送人事分管领导审核。

3. 人事分管领导作出审核意见后，报送公司总经理审批。

4. 人力资源部负责根据审批结果及时落实员工薪资、福利及职级的调整。

第九条 凡是经过核定的晋升人员，人力资源部门以人事通报形式公布。晋升者，书面形式个别通知。

第十条 晋升核定权限。

1. 副董事长、总经理特别助理由董事长核定。

2. 各部门主管由总经理以上级别人员提议并呈董事长核定。

3. 各部门主管以下各级人员分别由各一级单位主管提议，呈总经理级别以上人员核定，报董事长复核。

4. 普通员工由各级单位主管核定，呈总经理以上人员复核，并且通知财务与人力资源部门。

第十一条 各级员工接到调职通知后，应在指定日期内办妥移交手续，就任新职。

第十二条 员工因晋升变动职务，其薪酬自晋升之日起重新核定

第十三条 员工年度内受处罚未抵消者，次年不能晋升职位。

第三章　附则

第十四条 本制度由人力资源部负责解释和修订。

第十五条 本制度从发布之日起执行。

执行部门		监督部门		编修部门	
编制日期		审核日期		批准日期	

❖ **小贴士**

晋升决策注意事项主要有以下几个方面：

（1）事先制定一个明确的、具体的晋升政策，规定晋升的程序和方法，并且向相关的员工公布这些政策的具体内容。

（2）使所有具备资格的员工都作为晋升的候选对象，保证有公平竞争的机会。

（3）严格按照公司晋升考核标准和考核程序来筛选晋升候选人，而不是根据领导者的个人好恶或主观印象来指定晋升者。

（4）提高员工对于晋升决策的民主参与程度。

（5）作出晋升决策前，应与有关的候选人进行充分的沟通，了解其职业发展规划和对晋升的态度，不能强迫员工改变其职业方向。

（6）作出晋升决策后，应与未获晋升的候选人及时沟通，向其解释晋升的有关事项，争取理解与合作，尽量降低晋升决策可能带来的负面影响。

范例四：员工离职管理制度

制度名称	×× 公司员工离职管理制度	受控状态	
		编号	

第一章 总则

第一条 目的。

为建立规范、完整的离职管理制度，为确保员工离职时，其工作能明确地转移，以便接交人完整地接任工作，同时保证公司工作顺利开展和信息资料资产的安全，特制定本制度。

第二条 适用范围。

适用于公司员工离职时的处理程序。若有特例，由总经理签字批准。总经理离职除按本制度执行外，还需经公司股东会做出决议方可离职。

第三条 职责。

人力资源部负责办理离职人员离职手续，公司其他各部门负责协助办理，董事长负责审核公司员工的离职情况。

第四条 离职定义。

1.合同离职。指员工与公司合同期满，双方不再续签合同而离职。

2.员工辞职。指合同期未满，员工因个人原因申请辞去工作。

3.自动离职。指员工因个人原因离开企业，包括不辞而别，或申请辞职但未获公司同意而离职。

4.公司辞退、解聘。

（1）员工因各种原因不能胜任其工作岗位，公司予以辞退。

（2）公司因不可抗力等原因，可与员工解除劳动关系，但应提前发布辞退通告。

5.公司开除。指违反公司、国家相关法律、法规、制度，情节严重者，予以开除。

第二章 离职管理

第五条 公司员工的离职，不论其为当然解职、辞职、停薪留职、免职或停止试用，均应办理离职手续。

1. 离职申请。

（1）试用期内员工提前 7 天向其直接上司提交"员工离职申请表"。

（2）合同期内员工提前 30 天向其直接上司提交"员工离职申请表"。

2. 离职办理程序：离职审批通过后，由人力资源专员安排离职员工进行离职手续办理。办理次序依次为离职员工所在部门—行政部—人力资源部—财务部。

3. 离职通知。

（1）人力资源部在收到人力资源分管副总或总经理审批意见的 2 个工作日内，由人力资源专员以邮件形式通知员工本人及各相关部门负责人，确定交接时间。

（2）人力资源专员负责整个离职手续办理工作的监督工作，由人力资源部向离职员工发放"员工工作交接清单"，交接工作严格根据"员工工作交接清单"进行。

4. 离职手续办理。

（1）用人部门：

①确认员工离职日期及薪资结算日期。

②协助离职员工办理工作交接事宜，并要求接交人在"工作交接单"签字确认，具体内容如下：

a. 公司的各项内部文件。

b. 经管工作详细说明。

c. "客户信息表""供销关系信息表"。

d. 培训资料原件。

e. 公司的技术资料（包括书面文档、电子文档两类）。

f. 项目工作情况说明（项目计划书，项目实施进度说明，项目相关技术资料，其他项目相关情况的详细说明）。

（2）人力资源部：

①合同解除。

②离职证明的出具。

③五险一金终止日期及其减员。

④确定档案、户口和福利关系的转出日期。

⑤其他事项。

（3）财务部：

①借款支票。

②借款现金。

③工资结算。包括应发工资、经济补偿金（发送）、赔偿金（扣除）及其发放时间和方式。

第六条 "员工工作交接清单"一式二份，由离职员工（移交人）、接收人和监交人三方分别签字确认后，移交人保留一份，另一份报送人力资源部备案。

第七条 本公司员工的离职或调职均需办理结算。

1. 结算条件。当交接事项全部完成，并经直接上级、办公室、总经理三级签字认可后，方可对离职员工进行相关结算。

2. 结算部门。离职员工的工资、违约金等款项的结算由财务、办公室共同进行。

3. 结算项目。

（1）违约金：因开除、解聘、自动离职和违约性辞职产生的违约金，由办公室按照合同违约条款进行核算。

（2）赔偿金：违约性离职对公司造成的损失，由办公室、财务进行核算。

（3）住房基金：住房基金的款项结算，按照《住房基金管理办法》由财务进行结算。

（4）工资：

①合同期满人员，发放正常出勤工资，无违约责任。

②公司辞退的人员，发放正常出勤工资，双方互不承担违约责任。

③因公司经营状况等特殊原因的资遣人员，除发放正常出勤工资外，公司加付一个月基本工资。

④项目损失补偿金：项目开发人员违约性离职，其负责的开发任务未能完成和移交，应付公司项目损失补偿金。

项目损失补偿金＝（项目开始至离职日之月数＋3）×月工资全额。

第八条　员工离职时必须办妥离职手续，工资及相应补偿金等只有在办妥离职手续后才予以发放。否则员工本人将承担由此造成的损失，必要时将要求其承担法律责任。

第九条　凡违纪辞退、除名的员工，公司不需要进行事先通知和作任何补偿。

第十条　在通知期内，如有关员工故意缺勤或未尽全力执行任务，或因不尽职责而给公司带来经济损失的，公司有权追究其经济责任。

第十一条　停薪留职规定。

1. 员工有下列情形之一者，给予停薪留职。

（1）因患重病请假超过规定的延长期限者，可以呈请停薪留职，其停薪留职之期间以6个月为限，期满未申请复职者，自停薪留职日视同辞职。

（2）因接受军政机关之调训、服役期间在1个月以上者，于调训、服役期间准予停薪留职，但应于调训结束或退伍还乡一星期内申请复职，否则，自结训或退伍之日视同辞职。

（3）因犯法律之罪嫌被羁押逾10天或本公司认为案情重大者予以停薪留职。但应于侦结或判决无罪后一星期内申请复职，否则自被羁押之日视同辞职。

（4）因特殊事故，经查属实者，呈董事长核准后停薪留职，期满未申请复职者，停薪留职日视同辞职。

2. 员工停薪留职期间的年资不予计算。

3. 员工于停薪留职期间，未经核准擅就他职者，视同免职。

第三章　附则

第十二条　本制度未尽事宜按照国家相关规定执行。

第十三条　本制度在执行过程中发生异议，任何一方都可以提请当地经济仲裁机构及人民法院裁决或判决。

第十四条　本制度从发布之日起执行。

第十五条　本制度的解释权归人力资源部所有。

执行部门		监督部门		编修部门	
编制日期		审核日期		批准日期	

❖ **小贴士**

员工辞职首先应由员工本人提出辞职申请，经部门主管签字后报送人力资源部，人力资源部根据员工本人要求和部门主管意见，提出处理方案，报送公司主管批准。批准后，员工凭人力资源部发放的离职人员办理手续清单办理各种手续。辞职管理的注意事项主要有：

（1）调查清楚员工辞职的原因，以作相应的处理。

（2）注意做好员工的思想工作，尽量减少骨干人员和管理人员的辞职。

二、人事变动管理实用表格

（一）人员提升（调任）申请表

姓名		性别		出生日期	
学历				入职时间	
毕业时间					
现任工作情况					
部门			职务		
任命日期			考绩记录		
主要工作					
奖惩记录			基本工资		
备注说明					
拟提升（调任）					
主要工作					
提升（调任）理由					

续表

经历（含本公司及在其他公司经历）							
董事长 总经理		公司	总经理		经理	
总经理室			人事部门		主管部门	

注：凡调任时由调入部门填呈，并应检附原任部门同意函及人员增补申请表。

（二）人事变动审批表

员工编号		姓名		部门	
职位		现职到任日期			
变动性质 □升任 □转正 □调整工资 □降职 □调职 □福利 □转调岗位 （升职请附工作表现评估表，转正请附转正申请表）					
转调详情	由		至		
部门					
职位					
工资级别					
福利津贴					
生效日期					
部门经理意见	签字： 日期：				
人力资源部意见	签字： 日期：				
总经理审批	签字： 日期：				

变动人签字：

（三）调岗申请表

申请调岗部门		调岗人员姓名		入职日期	
学历		原任职务		从事本岗位工作时间	
期望调岗日期		期望部门		期望岗位	
申请理由					
原部门经理					
调整后部门经理					
人力资源部					
主管副总经理					
总经理审批					

注：员工因不符合岗位要求或其他原因需要进行调岗，需由员工本人提出书面申请，由人力资源部保存员工调岗的资料。

（四）调岗通知单

调动人			日期		
调出部门			调动前岗位		
调动原因					
调入部门			调动后岗位		
经办人	原部门经理	调入部门经理	人力资源部		总经理审批

注：此表一式三联，在联间位置加盖人力资源部骑缝章，分别由调出部门、调入部门、人力资源部留存。

（五）内部调岗工作交接表

姓名		工号		调动时间	
原部门			原职位		
新部门			新职位		
工作部门	1. 工作内容（概述） 2. 相关文件 3. 退还公物 4. 其他			接收人或经办人签字： 部门经理签字：	
电子资料				人力资源经理签字：	
纸质档案				财务经理签字：	
其他交接				相关监交人：	

注：工作交接表需有交接双方签字、监交人审核，否则视为无效。

（六）员工任免通知单

姓名	原职			现任新职		
	部门	职位	月支本薪额	部门	职位	月支本薪额
自 年 月 日起生效						
附注						
				审核： 总经理： 年 月 日		

（七）离职申请表

姓名		部门		职位	
入职时间		申请离职时间		预计离职时间	
离职类别	□辞职　□劳动合同到期不再续签（合同终止日期：　　年　月　日）				

1. 离职原因

　　□工资不符个人期望　□公司福利不好　□工作辛苦　　　□工作压力大

　　□工作缺乏挑战　　　□工作环境不安　□没有发展空间　□同事关系不融洽

　　□公司管理不善　　　□交通不便　　　□公司文化不适　□公司关心员工少，无归属感

　　□自寻创业　　　　　□另谋职业　　　□读书进修　　　□个人健康

　　□家庭原因　　　　　□其他

2. 具体说明：

3. 对用工单位意见及建议：

部门主管意见	签名： 日期：
行政（人事）部意见	签名： 日期：
总经理意见	签名： 日期：

填表人：　　　　　　　　　　　　　　　　　　　　　　　　　日期：

（八）离职通知书

姓名		就职部门		职务名称	
到职日期	年　月　日	离职日期	年　月　日	已服务时间	
离职原因					
主动			被动		
健康原因		合同到期		开除		解雇	
另有他就		其他原因		试用不合格辞退		其他	

物品交还或应扣款					
单位	应办事项	已收还或 应扣金额	应办事项	已收还或 应扣金额	接收人或 经管人
总务单位	服装		未了事项 已交代清楚		
	福利借款		伙食		
	其他扣款		家具或文具		
人事单位	工作名称		劳保费		
财务单位	款项未清		月中借支		
核定	人事单位：				
单位主管：			离职人： 　　　年　月　日		

（九）离职交接表

姓名		部门		岗位	
入职时间		离职时间		止薪日期	
离职类别		□辞职　□辞退　□退休　□病退　□停薪留职			
工作交接情况：（附工作交接清单） 　　　　　　　经办人：　　　　　年　月　日					
财务交接情况： 　　　　　　　经办人：　　　　　年　月　日					
行政部交接情况： 　　　　　　　经办人：　　　　　年　月　日					
人事部交接情况： 　　　　　　　经办人：　　　　　年　月　日					
离职员工	部门经理	人力资源部经理	财务部经理	总经理审批	

注：为保证离职工作的连续性，此表所涉及的交接工作需在监交人的监督下方可进行。

（十）离职结算表

姓名		部门	
职位		工号	
入职日期		离职日期	
止薪日期		当月考勤	
扣款	病假		
	事假		
	失业保险		
	养老保险		
	医疗保险		
	住房公积金		
	其他		
应发	补助 / 奖金		
	加班费		
	经济补偿金		
	其他		
实发离职工资			

总经理：　　　　　人力资源部经理：　　　　　经办人：　　　　　离职员工：

（十一）离职调查问卷

离职人姓名		所在部门	
职务		入职日期	
离职原因	内部原因	□工资低　□工作环境　□没有发展或晋升机会 □与同事或领导关系不和谐 □不满意公司的企业文化　□其他	
	外部原因	□家庭原因　□自己创业　□交通不便　□另谋高就 □出国深造　□其他	
	其他原因说明		
萌生离职想法多长时间		□1个月以下　□1至3个月　□3至6个月　□1年以上	
怎样才能改变离职的决定		□调职　□加薪　□其他：＿＿＿＿＿＿＿＿＿	
对公司的看法及建议			

（十二）停薪留职通知单

姓名		生效日期	
部门		期间	
职称		失效日期	
职等		现薪总额	
原因			
注意事项	1. 接到本通知后，应于生效日期前办妥离职手续； 2. 停薪留职人员于失效日期前就下列三项择一办理手续： 　　A.申请复职　B.申请延长期限　C.申请辞职（凡未办者以免职论） 3. 停薪留职人员概不保留底缺，申请复职时，如原服务部门无缺额或业务上无需要时，不得批准复职		

人事主管：　　　　　　　　　　　　　　　　　年　月　日

C 第五章

公司员工培训与考核管理

公司员工培训与考核管理

- 员工培训管理
  - ■ 新员工培训管理制度
  - ② 新进人员岗前培训管理制度
  - ③ 管理人员培训管理制度
  - ④ 外派人员培训管理制度
  - ⑤ 员工培训管理实用表格

- 试用期员工考核管理
  - ■ 试用期员工考核制度
  - ② 试用期员工考核管理实用表格

扫一扫，获取
本章规范表格

第一节 员工培训管理

员工培训是指运用科学方法，促使新员工或现有员工在知识、技能、心态、心理和思维等方面得到改善和提高，以保证员工能够按照预期的标准或水平完成所承担或者将要承担的工作任务。

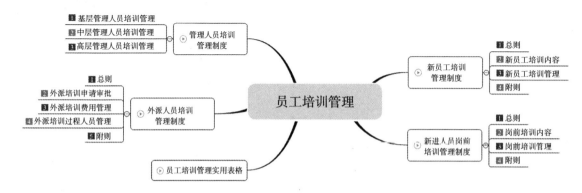

一、员工培训管理制度

范例一：新员工培训管理制度

制度名称	××公司新员工培训管理制度	受控状态	
		编号	

第一章　总则
第一条　为规范公司新员工培训管理，使新员工更好地了解公司的概况，熟悉和适应公司文化、制度和行为规范，更快地胜任新工作，特制定本制度。 　　第二条　每位新员工必须参加公司的入职培训，接受熟悉公司整体情况的培训和部门基本技能训练，从而了解公司文化和公司的整体运作，了解本部门职责、工作程序和方法，尽快适应工作环境。 　　第三条　培训目的。 　　1.让新员工在最短的时间内了解公司历史、发展情况、相关政策、企业文化等，帮助员工确立自己的人生规划并明确自己未来在企业的发展方向。

2.使新员工找到归属感，满足新员工进入新群体的心理需求。

3.为新员工提供公司及工作岗位相关信息，同时使其了解公司对他们的从业期望。

4.提高新员工解决问题的能力，并为其提供寻求帮助的渠道。

5.加强新老员工之间、新员工与新员工间的融合。

第二章 新员工培训内容

第四条 入职培训应按人力资源部门的招聘计划和新员工入职的情况来制订。

第五条 凡新员工必须接受 × 天的岗位培训。

第六条 培训内容。新员工培训一般分为两个阶段，即公司培训和部门培训。

1.公司培训。

（1）公司概况：

①公司的发展历史、经营现状、经营业务、行业地位及发展趋势等。

②公司组织机构及各部门的主要职能、业务范围，公司高层管理人员的情况。

③企业文化。

（2）公司规章制度：

①人事规章制度，主要包括：薪酬福利制度、培训制度、考核制度、奖惩制度及考勤制度等。

②财务制度，例如费用报销制度。

③其他，例如商务礼仪、职业生涯规划等。

2.部门培训。

（1）相关部门的介绍。

（2）新员工所在岗位职责、业务操作流程。

（3）新员工所在岗位所需专业技能的培训与指导。

（4）新员工所在部门组织结构、主要职能和责任、规章和制度等。

（5）新员工的团队合作精神和集体利益优先意识的培养。

第三章 新员工培训管理

第七条 新员工培训由公司人力资源部负责统一管理，培训讲师由公司内部人员承担，以人力资源部担当为主，各部门予以配合。

第八条 培训时间。由公司进行集中培训，起始时间为新员工报到后的第 × 天，为期 × 天；第二阶段的培训，大致时间为新员工到岗后的 × 个月，具体时间安排视各部门实际工作情况而定，可根据实际情适当延长或缩短。

第九条 培训方法。主要采取讲解、幻灯放映、典型案例、现场演示等方式。培训组织部门应根据课程需要选择适当的授课方式。

第十条 培训纪律。

1.填写"培训人员签到表"。新员工在培训时不得随意请假，如有特殊原因，必须经总经理审批并报人力资源部备案，否则以旷工论处。

2.培训时，不得吸烟，手机调至振动状态，不得接听电话、任意交谈。

第十一条 培训期间无故迟到、早退累计时间达30～60分钟者以旷工半天论处；超过1小时者以旷工1天处理；情节严重者，记过1次。

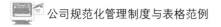

续表

第十二条 培训考核评估。

1.培训项目完成后，人力资源部应组织相关人员于培训结束后对新员工培训效果进行考核，并通过各种形式的考核、测验考查新员工的培训效果。

2.培训讲师应于培训结束后一周内，评出新员工的测试成绩。培训测试成绩作为新员工试用期考核及正式录用的参考依据。

3.因故未能参加测试者，事后一律补考，否则不予以转正。

4.人力资源部应定期调查新员工入职培训的效果，分发调查表，由部门主管或相关人员填写后收回，作为评估长期效果的参考依据。

第十三条 培训档案管理。

1.自新员工进入公司后，人力资源部专员应为每一位新员工建立相应的培训档案，记录每一次受训人员的具体情况和培训效果。

2.新员工培训档案包括新员工培训需求分析、新员工培训计划、新员工培训方案、实施过程、效果评估和考核记录等。

第四章 附则

第十四条 本制度的拟订由公司人力资源部负责，报总经理审批通过后执行。其中未尽事宜，可随时进行修改和增补，并呈报总经理审核批准后生效。

第十五条 本制度自20××年××月××日起实施。

第十六条 本制度由公司人力资源部监督执行，最终解释权归人力资源部。

执行部门		监督部门		编修部门	
编制日期		审核日期		批准日期	

范例二：新进人员岗前培训管理制度

制度名称	××公司新进人员岗前培训管理制度	受控状态	
		编号	

第一章 总则

第一条 岗前培训的目标是要使新进人员了解本公司概况及规章制度，便于新进人员更快胜任未来工作并遵守规定。

第二条 凡新进人员必须参加本公司举办的新进人员岗前培训，其具体实施办法依本制度执行。

第二章 岗前培训内容

第三条 岗前培训的内容包括如下几个方面：

（1）公司简介。

（2）公司发展历程、企业荣誉。

（3）公司文化理念。

（4）公司业务。

（5）公司组织机构、公司经营管理构架、管理团队介绍。

（6）公司员工手册。

（7）所担任业务工作情况、业务知识。

第四条　对于新进人员的岗前培训，按工作环境与程序可分为两个阶段：

1. 公司总部的培训。公司总部的培训须重点进行以下各项：

（1）公司业务发展状况。

（2）参观公司的各部门及其本人未来的工作岗位环境。

（3）介绍各部门业务特征及如何与其他部门配合。

（4）熟悉公司产品的性能特点、包装创意及价格优势。

（5）了解目前国内外市场销售情况分析。

（6）了解目前市场上同类产品及厂家。

（7）聘用专家实施口才培训。

2. 各主管部门教育培训。各部门教育培训的重点在于实际操作技术，其要点如下：

（1）每天的日常工作及可能的临时性业务。

（2）从事未来工作的职业技能及从事工作的方法。

（3）时间运筹和时间管理。

（4）工作任务达成率。

（5）综合评估。

第三章　岗前培训管理

第五条　凡新进人员先进行 5 至 8 天培训，每隔 2 周举行一次。

第六条　新进人员的培训，人事部门应事先制订日程安排计划表、培训进度记录及工作技能评定标准表。

第七条　各部门教育培训负责人必须有丰富的经验，并且掌握相应的工作技术，必须强调与实施训练密切配合。对于各部门从事指导培训的人员，公司视情况发给相应奖金，要求必须精益求精，圆满完成指导培训的工作。

第八条　确保通过新进人员教育培训，使新进人员具有相应的基本知识，熟悉本公司的组织结构、战略发展目标、战略政策、经营方针、产品特点等内容，并且对公司的性质及发展有一个初步了解。

第九条　凡新进人员须认真学习公司及本部门各项规章制度，掌握各自岗位责任制和要求，熟悉学会业务知识和操作技能。

第十条　教育培训要讲求效率，按一定的计划和步骤促进培训成功和公司发展。

第十一条　态度与语言的教育培训的目的在于提高公司新进人员乐观、自信的精神和积极的态度，以热忱服务、信誉至上的信念履行职责。

第四章　附则

第十二条　本制度自公布之日起实施。

执行部门		监督部门		编修部门	
编制日期		审核日期		批准日期	

范例三：管理人员培训管理制度

制度名称	××公司管理人员培训管理制度	受控状态	
		编号	

为规范公司管理人员培训工作，有效开发员工的潜在能力，提高人力资源的利用效率，促进员工自身素质和能力的提升，特制定本制度。本制度适用于企业所有在职管理人员。

第一章　基层管理人员培训管理

第一条　基层管理人员是负责公司实际工作的最基层管理者，其基本责任主要有：

1. 按预定工作进度、工作程序组织产品生产。

2. 保证产品的质量与生产的规模，降低生产成本。

3. 向新进员工介绍公司的管理制度、战略政策、经营目标，传授业务知识，指导新进员工开展工作。

4. 对下属人员进行培训，使其有晋升机会。

第二条　基层管理人员必须具备的能力主要有：

1. 领导管理能力。

2. 组织协调能力。

3. 丰富的想象力、敏锐的市场观察力。

4. 丰富的业务知识和熟练的工作技能。

第三条　基层管理人员教育培训的种类。

1. 后备管理人员教育培训。通过管理人员教育培训，建立后备管理人员储备团队，为公司的长期发展规划培养、提供适合的管理人才。

2. 培训发展计划。加强公司自身的人才队伍建设，提升员工能力水平，落实公司"外部引进"+"内部培养"相结合的人才策略，培养公司发展所需要的关键人才。

3. 再培训计划。引进新技术后，对基层管理人员进行适应新技术发展需要的培训。

4. 调职、晋升教育培训。基层管理人员工作努力、业绩突出者，均应给予工资的晋级或职务的升迁。对拟晋升人员或职务升迁人才进行教育培训，使其达到更高一级岗位要求。

第四条　考核基层管理人员教育培训时应注意：

1. 出勤率。

2. 员工的工作态度。

3. 产品的质量。

4. 原材料的节约情况。

5. 加班费用的控制。

第五条　中层管理人员须授予基层管理人员合理的权力，并且进行必要的教育培训。

第二章　中层管理人员培训管理

第六条　对中层管理人员进行教育培训的基本目标是：

1. 明确公司的经营目标和经营方针。

2. 培训相应的领导能力和管理才能。

3. 形成良好的协调、沟通能力，和谐的人际关系。

第七条 中层管理人员应具备以下条件：

1.具有相关工作的知识。

2.掌握工作岗位的管理方法。

3.熟练掌握教育培训技术。

4.努力培养作为领导者应具备的人格。

5.妥善下属分派工作。

6.为下属的工作晋升提供足够的支持和机会。

第八条 中层管理人员应具备以下能力：

1.计划能力。

（1）明确经营目标和经营方针。

（2）以科学有效的方式从事业务调查。

（3）掌握市场发展趋势，拟定目标实施方案。

2.组织能力。

（1）分析具体的工作目标和发展方针。

（2）分析并决定工作职务内容。

（3）设置组织机构，制定组织图表。

（4）分派下属人员工作。

3.控制能力。

（1）制定执行计划的客观标准和规范。

（2）严格实施标准，及时向上级反馈。

第九条 中层管理人员对指示的贯彻和执行。

1.中层管理人员贯彻指示的要求如下：

（1）整理指示内容。

（2）严格遵循贯彻指示的程序。

（3）确认下属已彻底理解指示。

（4）改进下属工作态度，使下属乐于接受指示，提高其工作积极性。

2.中层管理人员应采用下列指示方法：

（1）口头指示：

①条理清楚，切合主题。

②明确指示实行的时间、地点和期限等。

③保证对下属传达的准确性。

④指出实行时应当注意的问题，并指明困难所在。

⑤耐心回答下属的提问。

（2）书面指示：

①明确指示日标，逐条列举要点。

②提前指示应注意的问题。

③必要时，以口头命令补充。

④核查指示命令是否已被下属接受。

第十条 中层管理人员的人际关系要求。

1.具有较强的团队精神，善于与其他部门管理人员合作。

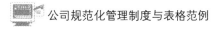

续表

2. 乐于接受批评或建议。

3. 与其他部门管理人员彼此交换市场信息，不越权行事。

4. 对上级与下属的关系处理应当以工作效果为原则，不将个人情绪带到工作中去。

5. 公平对待下属，尊重下属的人格，妥善解决下属工作和生活中遇到的问题。

6. 激发下属的工作积极性，重视他们的意见和建议，并且保留他们正确的意见。

第十一条　中层管理人员与下属的关系处理要求。

1. 与下属关系的基本要求：

（1）选择合适的场所，以亲切的态度与其交谈，注意不要轻易承诺。

（2）留心倾听，适当询问，使下属无所不谈；涉及私人问题时为下属保密，减少员工的顾虑。

（3）不以个人偏好衡量别人，不要对下属报有成见和偏见。

（4）冷静观察实际工作情况，不要使下属产生受人监视的感觉。

（5）利用日常的接触、面谈、调查，多方位地了解下属，严守下属的秘密，公私分明。

2. 激发下属工作积极性时的要求：

（1）适时对员工加以称赞，不忽视默默无闻、踏实肯干的下属。

（2）授予下属权责后，不过多干涉，尽可能以商量的口气而不是以下命令的方式分派工作。

（3）鼓励下属提出自己的见解，诚心接受，尊重下属的意见。

（4）鼓励并尊重下属的研究、发明，培养其创造性。

（5）使下属充分认识到所从事工作的重要性，产生荣誉感。

3. 批评下属时的要求：

（1）选择合适的时间和场所，要冷静、避免冲动。

（2）批评要适可而止，不可无端地讽刺、一味指责。

（3）要举出事实使员工心服口服。

（4）寓激励于批评中。

第十二条　中层管理人员配置人力时应注意：

1. 根据下属员工的专业知识、实践能力安排合适的职位，做到人尽其才，才尽其用。

2. 对下属员工给以适当的鼓励，使其在工作中具有成就感，形成良好的开端，增强工作的积极性。

3. 有效地组织实施训练，增强下属的工作能力。

第十三条　中层管理人员培养后备人选时应注意：

1. 考察后备人选的判断能力、应变能力和独立行动能力。

2. 培养后备人选的工作协调能力和人际沟通能力。

3. 培养后备人选的分析能力。

4. 提高后备人选的责任感和工作积极性。

第三章　高层管理人员培训管理

第十四条　凡本公司高层管理人员，必须有创新的思想观念，用科学的预测方法，大胆创新；不怕他人的责难、讥讽，根除过去经验的束缚，接受新思想、新观念，创造性地展开工作。

第十五条　高层管理人员应具有下列意识：

1. 引进新产品或改良原有产品。

2.学习国外的先进技术，掌握新的生产方法，了解公司经营的发展方向。

3.努力开拓新市场、新领域。

第十六条 高层管理人员必须注意培养自身素质，其重点是：

1.身为高层管理者的责任心、使命感。

2.独立经营的态度。

3.严谨的生活态度。

4.诚实、守信的经营方针。

5.热忱服务社会的高尚品质。

第十七条 凡本公司高层管理人员，须以企业经营效益的提高为目的，培养创造利润的思想观念。

第十八条 高层管理人员应随时进行市场调研，研究营销策略，以推进营销活动，促进效益的提高。研究营销的基本步骤是：

1.确定研究主题，决定研究的目标。

2.决定所需资料及资料来源。

3.选择调查样本。

4.实地搜集资料。

5.整理、分析所收集的资料。

6.进行总结并写出报告。

执行部门		监督部门		编修部门	
编制日期		审核日期		批准日期	

范例四：外派人员培训管理制度

制度名称	××公司外派人员培训管理制度	受控状态	
		编号	

第一章 总则

第一条 为配合公司的发展战略，充分利用外部资源，提高员工专业知识、技能技巧，更新观念，提高员工绩效，促成公司可持续发展，特制定本制度。

第二条 本制度适用于公司外派培训管理。

第三条 权责部门。

1.总经理负责对本制度的修订及执行行使审批权。

2.行政人力中心总经理对本制度的修订及执行行使审核权。

3.人力资源部负责外派培训课程推荐，审核外派培训，签订"培训协议书"，建立外训台账，对外训总结、资料进行收集整理以及外训转训的考核管理。

第四条 相关名词解释。

1.公派培训，指公司根据工作需要指定派遣员工参加公司外的一切培训、学习活动。

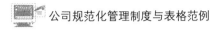
2.培训费用，指在外派培训活动中公司为员工支付的培训费、杂费、差旅费以及培训期间的工资的总和。

第五条　培训形式。

1.企业管理辅导机构所举办的讲座。

2.学者专家专题演讲会或座谈会。

3.高等院校专业科目选修。

4.派赴国外受训、参观或访问考察。

5.公司或工厂的参观访问与交流。

6.职务代理锻炼。

7.其他形式的外部培训。

第六条　培训内容。

1.外派培训的形式分为全脱产、半脱产和在职培训。培训内容包括参加专题业务研修班、专业技能培训、MBA进修培训、企业经理人培训、证件考取、参观考察等。

2.外派培训适用情形：

（1）新管理体系、新技术、新设备引进等所需要的外派培训。

（2）公司重要岗位、紧缺专业等需要通过外派培训培养人才，提高企业管理能力和技术力量。

（3）公司内部没有相关讲师或讲师能力不能达到培训要求的重要课程。

第二章　外派培训申请审批

第七条　培训员工资格审核。

1.以下人员可以申请外出培训：

（1）在公司连续就职两年以上，并且有长期在公司服务的意愿。

（2）在上年度工作中有突出表现的以及对公司做出重大贡献的。

（3）公司管理、技术骨干人员，或被列为公司人才储备和培养的人员。

2.以下人员提出外出培训的申请一律不予接受：

（1）在公司就职不满一年的员工。

（2）上一年工作中出现重大失误给公司造成重大损失的。

根据外派培训项目的具体要求，制定对外派人员关于学历、能力等方面的资格要求，必要时进行考试选择。

第八条　参加培训的员工均须填写"员工外派培训申请表"，经审批后方可报名参加，人力资源部须做好外派培训备案。

第九条　公司外派培训学习的人员按职能管理层级报请审批，最后经总经理核准生效。

第三章　外派培训费用管理

第十条　公司对外派培训费用实行分级分配制度，相关部门应根据分配方案统筹规划，合理控制外派培训费用的支出。

第十一条　外派培训费用原则上由公司全额负担。退学、未完成学业的按规定处理，期间发生的费用按协议约定的处理。

第十二条　凡外派培训人员均应与公司签订"外派培训协议"。

（1）签订培训协议后再次参加公司外派培训的，必须重新签订协议，在原有培训协议确定的服务期的基础上继续计算新增服务期，以前的培训协议仍然生效。

（2）培训协议确定的服务期按照培训前估算的培训费用计算，如果培训结束后实际发生费用与预算差异比较大且已经影响到服务期的，在培训结束后按培训实际发生费用额重新签订培训协议。

第十三条 培训费用包括培训费、资料费、食宿费、交通费等。由公司一次性预借报销的方式：参加培训前，公司预先支付其预算范围内的所需费用。培训期间若发生其他费用，采取培训人员预先垫付，培训后凭发票以及其他证明材料（培训由请表、培训证书、培训协议）在财务部报销。

第四章 外派培训过程人员管理

第十四条 外派人员在培训期间，由其所在部门的主管负责委托职务代理人代为处理相关事务。

第十五条 培训考勤管理。

1.所有外派人员培训时，按照相应的 ERP 流程进行考勤记载，培训期间按正常上班计发工资。

2.外派培训期间，如遇节假日、晚上，不计加班或调休。

3.外派培训人员，中途离场或无故不参加培训的，经核查属实的，外出培训期间按旷工处理，并由受训人承担所有外训费用，从工资中扣除。

第十六条 外派人员应遵守主办机构所规定的报到、上课、测试等培训管理规定，严格遵守主办机构的各项规章制度。在受训期间，应特别注意个人言行举止，以维护公司的形象。

第十七条 外派人员如因故不能完成该训练，应呈报具体理由，由部门经理审核，并经总经理核准、人力资源部备案后，方可办理退训手续。未经核准而擅自退训的外派人员，其培训费与差旅费由个人自行负担，受训日如属上班时间则视同事假。

第十八条 外派人员如顺利取得结业资格，应当提供"培训合格证书"原件，填报"外派培训费用报销申请单"，报送部门经理审核，并经总经理核准、人力资源部备案后，方可报销培训费用。

第十九条 外派人员如考试成绩不过关未能取得结业资格，应呈报具体理由，呈部门经理审核，并经总经理核准、人力资源部备案后，方可报销培训费用；否则其培训费用自行负担，受训日如属上班时间则视为事假。

第二十条 外派受训人员返回后，应将受训之书籍、教材有关资料复印及资格证件等送人力资源部归档保管，其受训成绩亦应登录于个人档案内。

第二十一条 外派受训人员应在外训后 1 周内进行不同层级的转训，并提交"员工外训总结报告"于人力资源部，同时作为费用报销的附件。如不按要求执行，则不予报销费用，且不发放培训期间工资。针对"员工外训总结报告"内容，行政管理部门负责对持续改进事项行动方案进行跟进与督办。

第二十二条 培训结束后 7 天内，员工应向公司行政管理部门递交"培训合格证书""员工外训总结报告"、培训记录、学习笔记及相关培训资料（或复印件）；培训结束 1 个月内，员工须整合培训重点内容，形成讲义或课件，在行政管理部门的安排下针对目标对象授课。

第二十三条　外派培训协议管理。

1.凡员工参加外派培训一次性费用在3000元（含）以上者，应与公司签订培训协议，培训协议员工服务期为两年，如在培训后两年内离职，公司将按服务期限和一定比例在工资中扣除培训费，具体扣除方法，详见"员工外派培训协议书"。

2.培训协议由参训者本人与公司签订，不得代签。

3.培训协议一式三份，财金中心、行政人力中心及参训者本人各保留一份。

4.培训协议生效后，任何一方违反协议规定，均按相应条款承担责任。

第五章　附则

第二十四条　本制度呈报总经理审核批准后颁布实施。

第二十五条　本制度中未尽事宜可随时进行修改和增补，并呈报总经理审核批准后生效。

执行部门		监督部门		编修部门	
编制日期		审核日期		批准日期	

❖ **小贴士**

公司员工培训管理应遵循下列原则：

（1）战略目标原则。员工培训要服从或服务于企业的发展战略目标，培训本身也要从战略的角度去考虑和组织，以实现公司发展目标为统领，避免为培训而培训。

（2）按需施教原则。员工培训的内容、方法和时机要符合实际工作需要，学用一致。

（3）灵活多样原则。针对不同的培训对象，要选择不同的培训内容和方式。

（4）有所侧重原则。要重点对关键职位的员工进行强化培训。

（5）长期持续原则。培训需要大量、长期投入，效果通常不能立竿见影，需要有计划地长期坚持。

（6）投入产出原则。培训是一种投资，要考虑投入的成本和预期收益。

二、员工培训管理实用表格

（一）培训需求调查问卷

姓名		性别		年龄	
部门		职务		入职时间	
培训现状	影响培训的效果因素	□课程对工作无益　□时间安排欠妥 □培训授课水平一般　□员工缺乏培训意识			
	公司培训内容评价	□内容陈旧　□技能缺乏　□缺乏团队凝聚力 □知识单一			
	最认可的培训形式	□面授　□案例教学　□情景模拟　□多媒体 □游戏示范　□座谈研讨　□参观交流　□考察			
	公司培训师的评价	□口才一般　□互动性较差　□综合素质一般 □来源单一			
	参加培训的原因	□个人提升　□领导安排　□公司统一安排 □工作需要			
	对培训时间安排的建议	□上午　□下午　□晚上　□周末　□其他（　　）			
	通过培训所提升的方面	□专业技能　□业务知识　□工作态度 □企业文化认同			
培训需求、建议	您认为培训对自身发展的作用是	□开阔视野　□提高技能　□端正态度　□增加知识 □增强沟通　□可升职、加薪　□其他（　　）			
	您认为公司的培训重点是	□企业文化　□专业技能　□入职教育 □规章制度　□核心管理技能　□营销战略 □人才储备与培养　□人力资源　□其他（　　）			
	您认为合适的培训频率是	□每月一次　□每月两次　□每季度一次 □每半年一次　□根据实际工作需求安排			
	最需要公司提供支持的培训项目是	□英语　□办公软件　□财务知识　□法律法规 □服务礼仪　□其他（　　）			
	您认为对员工来说，每次培训课多长时间最适宜	□4个小时　□3个小时　□2个小时　□1个小时			

培训需求、建议	您认为公司应强化的培训方式是	□授课技巧　□案例分析　□情景模拟演练 □多媒体　□游戏示范　□座谈研讨　□参观交流 □考察　□其他（　　）
	您认为是否有必要将培训与绩效考核挂钩	□非常有必要　□有必要　□没有必要
	您希望培训的地点在哪	□公司大厅　□公司会议室　□公司办公室 □其他（　　）

（二）培训需求汇总表

分类	具体要求	数量	比例	备注
培训内容	企业文化			
	专业技能			
	规章制度			
	入职教育			
	管理技能			
	其他			
培训方式	面授			
	案例分析			
	情景模拟			
	多媒体			
	游戏示范			
	其他			
培训时间	不占用休息时间			
	晚上			
	周末			
	其他			

分类	具体要求	数量	比例	备注
培训周期	每月一次			
	每月两次			
	每季度一次			
	每半年一次			
	根据实际工作需求安排			
	其他			
……	……			

（三）年度培训计划表

培训部门	培训项目	培训地点	责任人	培训日期											
				1月	2月	3月	4月	5月	6月	7月	8月	9月	10月	11月	12月

（四）月度培训计划表

序号	培训时间	培训地点	培训内容	培训对象	培训讲师	培训课程	备注
1							
2							
3							
4							
5							
6							
7							
8							

注：此表由人力资源部培训专员根据年度培训计划及各部门培训计划表汇总而成，并由人力资源部培训专员负责跟进落实。

（五）部门培训计划表

序号	培训时间	培训内容	相关部门	培训对象	培训课程	考核方式	备注
1							
2							
3							
4							
5							
6							
7							
8							
……							

（六）新员工入职培训记录表

序号	员工姓名	所属部门	所在岗位	入职培训内容	培训日期	培训师	培训成绩	备注
1								
2								
3								
4								
5								
6								
……								

（七）新员工培训成绩测评表

编号：

姓名		学历		专长	
培训时间		培训项目		培训部门	
①新进人员对所施与培训工作项目的了解程度如何。 ②对新进人员专门知识的测评。 ③新进人员对各项规章、制度的了解情况。 ④新进人员提出改善意见测评，以实例说明。 ⑤分析新进人员工作专长，判断其适合工作为何，列举理由说明					
培训人员评语：					
总经理：		经理：		测评者：	

填表日期：

（八）员工外派培训申请表

编号：

填表日期：

申请外派部门		参加培训人员	
外派培训地点		主办单位名称	
培训内容			
课程内容	课程	开始日期	截止日期	学费

课程内容	课程	开始日期	截止日期	学费

部门经理（签字）	人力资源部意见	总经理意见

说明	本部门／本人希望参加上述机构所举办的外派培训，所需经费由公司／个人负担，该项培训可提高本部门／本人今后的工作效率，其中课程时间如有任何改变，本部门／本人按照公司规定通知人力资源部，在培训期间如有违反公司培训制度的行为，由公司根据规定处理

（九）员工培训记录表

部门：   年度：

姓名	第一季度			第二季度			第三季度			第四季度			费用合计
	培训名称	日期	费用	培训名称	日期	费用	培训名称	日期	费用	培训名称	日期	费用	

（十）员工外派培训协议书

甲方：

乙方：　　　　　　　　　　　身份证号：

为提高员工的基本素质和职业技能，公司鼓励并支持员工参加职业培训。为确保员工圆满完成培训学业，并按时返回公司工作，甲乙双方订立如下协议：

一、甲方安排乙方赴＿＿＿＿＿＿＿＿＿＿＿＿＿＿＿＿＿＿＿＿＿＿＿＿＿＿＿

参加由＿＿＿＿＿＿＿＿＿＿＿＿＿＿＿＿＿＿＿＿＿＿＿＿＿公司/学校/机构举

办的＿＿＿＿＿＿＿＿＿＿＿＿＿＿＿＿＿＿＿＿＿培训，培训期自＿＿＿＿＿年

＿＿月＿＿ 日至 ＿＿＿＿年＿＿月＿＿日。

二、培训期间，甲方须按时支付乙方工资，乙方的绩效工资按当月实际出勤天数计算，其他工资执行原工资标准；社会保险及其他福利待遇按公司统一标准执行；乙方的学习时间计入工作时间，连续计算工龄。

三、乙方受训合格，培训期间学费、教材费由甲方承担 ＿＿＿％；餐饮费、住宿费、往返公司的交通费按公司出差相关管理办法执行。乙方须按甲方财务管理制度提供有效票据方可报销。

四、乙方接受培训后，同意在以前签订的服务年限的基础上，继续为甲方服务＿＿＿年，续增的服务年限为＿＿＿＿＿年＿＿＿月＿＿＿日至 ＿＿＿年＿＿＿月＿＿＿日，合计＿＿＿月。

五、乙方如在服务年限（含续增）期间离职，须按以下办法向甲方补偿由甲方承担的培训费用（包括乙方报销的学费、教材费、食宿费、交通费等）。

1. 未履行服务义务或服务年限未满 6 个月（含）的，补偿全部费用。

2. 超过 6 个月的，按剩余服务月份乘以月补偿金额计算应补偿费用。具体计算如下：

培训补偿金额=（约定的服务月数–已履行的服务月数）×月补偿金额

月补偿金额=甲方承担的培训费用÷约定的服务月数

3. 乙方如多次参加培训，则分别计算培训费用，培训补偿金等于历次培训补偿金额的总和。

六、本协议一式两份，甲、乙双方各执一份。

甲方盖章：　　　　　　　　　　　乙方签字：

　年　　　月　　　日　　　　　　　　年　　　月　　　日

（十一）员工培训档案卡

姓名		性别		出生日期		学历	
身份证号				部门		职称	
培训情况							
起止日期	培训项目/内容		培训机构		所获证书		备注
人力资源部评价： 　　　　　　　　　　　　　　　　签字： 　　　　　　　　　　　　　　　　　　年　　月　　日							
所属部门评价： 　　　　　　　　　　　　　　　　签字： 　　　　　　　　　　　　　　　　　　年　　月　　日							

（十二）员工培训总结表

部门：　　　　　　　　　　　　　　　　　　　　　　　　　年　　月　　日

培训课程			培训地点	
项目总结	培训时间		培训时数	参训人数
预定				
实际				
培训费用				
项目	预算		实际	说明
讲师费				
教材费				
总计				
培训检讨及审核				
学员意见：		讲师意见：		

财务部：　　　　　　　　　人力资源部：　　　　　　　　　经办人：

（十三）员工受训意见调查表

填制部门		填制日期	
培训课程		主办部门	

说明：

本表请受训人员翔实填写，并请于结训时交予主办部门。

请在所选答案对应的方框内打"√"。

请如实填写建议事项，有助于我们对今后的训练计划有所改进。

1. 您认为课程内容如何？

□优　□良　□可　□差

2. 您认为教学方法如何？

□优　□良　□可　□差

3. 您认为受训时间是否适当？

□时间太长　□时间适当　□时间太短

4. 参加此次培训有哪些收获？

□获得适用的新知识

□改变了工作态度

□工作技巧、技术得到了提高

□对自我和工作有了正确的认知

□拓展了同领域的知识面

5. 您对培训设备、设施安排感觉如何？

□优　□良　□可　□差

6. 将来如有类似培训，您愿意继续参加吗？

□愿意　□不确定　□不愿意

7. 其他建议：

（十四）年度培训费用预算表

内部培训				
明细	次数	经费预算	小计	备注
培训设备				
人工成本				
培训用品				

续表

培训奖金				
……				
总计				
外部培训				
明细	次数	经费预算	小计	备注
讲师课时费				
讲师交通费				
讲师住宿费				
讲师餐费				
公关费				
培训设备费				
……				
总计				

总经理：　　　　　　　　主管副总：　　　　　　　　人力资源部经理：

第二节　试用期员工考核管理

对新员工在试用期间的工作业绩、能力、态度作出客观评价，明确在试用期间人力资源部、所属部门、员工本人的职责，规范新员工试用期管理，在公司形成以绩效考核为核心导向的人才管理机制。

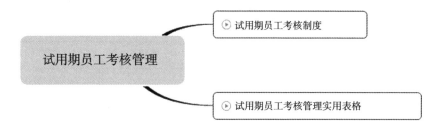

一、试用期员工考核制度

范例：试用期员工考核制度

制度名称	××公司试用期员工考核制度	受控状态	
		编号	

第一条 为了对新进人员在试用期间的工作业绩、能力、态度做客观的评价，作为人员转正、加薪、转岗、辞退、人员开发等提供客观合理依据，特制定本制度。

第二条 本制度适用于公司主管级（含）以下所有试用期人员。

第三条 新员工的职业道德、文化素质、职业潜力由人事部考核，新员工的业务技能、业务素质由入职部门考核。部门经理以上人员的业务技能、业务素质由总经理考核。

第四条 考核原则。

1.公开原则。人力资源部向新进人员明确说明试用期绩效管理的考核标准、程序、方法等，确保绩效考评的透明度。

2.多角度评价原则。评价包括工作业绩评价、工作能力评价和工作态度评价等方面。

3.开放沟通原则。在整个考评过程中，考核标准、过程督导、结果考评及提出改进方向等环节均应进行充分的交流与沟通。

第五条 考核期限一般为1个月，不合格者再延长1～3个月，特殊情况下可缩短，但至少应有1个月考核期。

第六条 考核实行打分制，满分为100分，依据考核内容及标准给分。人事部门给分满分40分，被考核员工所在部门给分满分40分，综合评价满分20分（由人事部、总经理评议）。

考核部门	考核内容	满分	得分
人事部	各项规章制度的学习、掌握、执行情况	15分	
	EQ测定	5分	
	职业定位及潜力测评	10分	
	职业素质测评	10分	
试用部门	基本实际工作能力	5分	
	部门规章制度，工作流程的熟悉，执行情况	10分	
	进入工作状况的时间（快慢）、程度	10分	
	与同事工作的配合情况	10分	
	工作积极性	5分	
综合测评	个人的试用期工作总结及建议、看法	5分	
	人事部、试用部门（或总经理）的综合印象	5分	
	工作业绩能否达到基本标准	5分	
	其他有关同事的意见	5分	
总得分		100分	

第七条　考核结果应用。

试用期间员工考核平均分结果作为员工是否提前转正、按时转正、延长试用期或予以辞退处理的重要依据之一，具体如下：

1. 考核成绩达到 80 分者，即可转为正式员工。

2. 考核成绩达 90 分以上者，补发 1 个月转正工资与试用期工资的差额。

3. 考核成绩达 95 分以上者，补发 2 个月转正工资与试用期工资的差额。

4. 成绩达 70 分、不足 80 分者，经被考核员工同意，可延长试用期 1 个月。

5. 成绩达 60 分、不足 70 分者，经被考核员工同意，可延长试用期 2 个月。

6. 成绩在 60 分以下者，距离职位要求有较大的差距，潜质一般，予以辞退。

第八条　部门经理或总经理随时将考核结果以书面形式（有事实有依据并本人确认）转入事部记录在案。考核期结束当天或人事部门安排，总经理、人事部、试用部门与被考核员工面谈，并于会谈之后两天内汇总考核成绩上报总经理。

第九条　员工转正管理。

1. 提前转正。试用期月度考核分数在 95 分及以上，可申请提前转正，转正日期为正式审批日期。

2. 正常转正。员工在距 3 个月试用期还有 15 天时可提出转正申请，转正日期从员工正式入职当日递推 3 个月计算，如：入职日期为 1 月 1 日则转正日期为 4 月 1 日。

3. 延期转正。若新员工转正考核成绩为（60～79 分），暂时未能达岗位要求，需要进一步培养的，直接上级应当与该员工进行面谈延长试用期，但累计试用期不得超过 5 个月。对需要延长试用期的员工，所在部门及其直接上级要为其制定明确的绩效改进和工作计划，继续考核。

4. 试用期不合格。试用期间出现以下情况，视为不合格：

（1）无故旷工 2 天（含 2 天）以上。

（2）连续两次试用期间考核总分在 60 分以下。

（3）在试用期间被证明不符合录用条件的。

（4）严重违反公司的规章制度的。

（5）严重失职，营私舞弊，给公司造成重大损害的。

（6）同时与其他用人公司建立劳动关系，对完成本公司的工作任务造成严重影响，或者经公司提出，拒不改正的。

（7）新员工在试用过程中未能适应岗位要求，进行岗位调整后仍不能达到岗位要求的。

（8）被依法追究刑事责任的。

第十条　本制度生效日期为 ×××× 年 ×× 月 ×× 日，解释权归人事部所有。

执行部门		监督部门		编修部门	
编制日期		审核日期		批准日期	

二、试用期员工考核管理实用表格

（一）试用期员工表现评估表

姓名		部门		适用职位		
入职时间	年 月 日		评估期	年 月 日至 年 月 日		
评估详情						
评估内容	自我评分		部门评分		平均分	
工作内容						
工作表现						
个人素质						
发展潜能						
适应能力						
……						
员工签字			部门经理			
人力资源部			总经理			

注：员工转正手续由新员工转正申请表、新员工试用期表现评估表共同完成；人力资源部依据员工所在岗位及员工综合要求，制定新员工试用期评估考核指标。

（二）试用期员工表现鉴定表

姓名		性别		年龄	
部门		岗位		入职时间	
转正时间		试用期考核成绩			
考核结果	□试用合格，予以转正 □试用不合格，辞退				
原因说明					
员工签字		部门经理			
人力资源部		总经理			

注：员工所在部门应在员工试用期结束前7天完成考核，并及时将考核意见签署后交至人力资源部，人力资源部依据考核意见办理转正或解除劳动合同手续。

（三）试用期员工转正申请表

姓名		部门		职位	
入职时间			转正时间		
试用期工作总结					
部门评价					
员工签字			部门经理		
人力资源部			总经理		

（四）试用期员工提前转正申请表

姓名		部门	
试用时间	年 月 日至 年 月 日		
试用期考核	_____月____分		
	_____月____分		
	_____月____分		
考核结果	□优秀 □良好 □及格 □不及格		
个人工作总结	说明提前转正理由，对公司或本岗位的看法或心得，以及未来的工作计划		
直接主管评语			
申请人		部门主管	
人力资源部		总经理	

第 六 章

公司团队建设管理

公司团队建设管理

公司团队文化建设管理
　　❶公司团队建设活动管理规定
　　❷公司团队文化建设实用表格

公司团队员工奖惩管理
　　❶员工奖惩制度
　　❷公司团队员工奖惩实用表格

扫一扫，获取
本章规范表格

第一节　公司团队文化建设管理

　　团队文化是指团队在相互合作的过程中，为实现各自的人生价值，为完成团队共同目标而形成的一种意识文化。团队文化的核心是强调协作，团结协作成就共同事业，实现和满足团队成员的各自需求，更是组织获得成功的切实保障。

一、公司团队文化建设

范例：公司团队建设活动管理规定

制度名称	×× 公司团队建设活动管理规定	受控状态	
		编号	

<table>
<tr><td colspan="2" align="center">第一章　总则</td></tr>
<tr><td colspan="2">
　　第一条　目的。
　　为促进公司内部员工之间的合作与沟通，增强员工对公司的认同感、归属感和部门的集体荣誉感，增进部门员工之间、部门与部门之间的感情、工作、生活上的交流，公司设置团队建设专项经费，用于各部门组织团队建设活动。为规范活动的组织和经费的使用，特制定本规定。
　　第二条　适用范围。
　　本规定适用于公司全体员工。
　　第三条　经费使用范围。
　　团队建设活动由各部门自行组织，也可部门间联合组织。活动类型可以为聚餐、沙龙、茶话会、读书会、观影会、联谊会、座谈会、文体活动、劳动竞赛、景区参观等，或其他有利于团队建设的活动。活动应有益于身心健康、促进工作交流开展，符合企业文化要求。
　　第四条　组织活动的时机。
　　1.重大节日。
</td></tr>
</table>

2. 部门工作取得重大成绩。

3. 部门工作遇到瓶颈，需要凝聚力量。

4. 公司领导认为适当的其他时机。

第五条 职责权限。

1. 人事行政部对经费申报、使用情况有监督、检查义务，各部门负有依据本制度合理使用团队建设费用的义务。

2. 公司总监及以上人员、人事行政部任何人可接受其他部门的邀请，部门申请经费时可将其对应的经费纳入此次活动经费中。

3. 多个部门联合举办，部门负责人均需签字确认。

第二章 团队建设费使用规定

第六条 活动部门拟定活动实施方案，填写"团队建设的培训活动申请表""团队建设专项经费申请表"，内容包含参加人员、活动意义、预算费用等。

第七条 团队建设实际费用由团队先行垫付或按照借款流程申请借款。团队建设费每月可使用一次，不可累计使用。

第八条 团队活动后，由部门负责人提交"团队建设活动总结"、不少于5张员工活动照片，人事行政部审核通过后，进入财务部报销流程。

第九条 团队建设专项经费的报销需提供与活动时间相符的有效票据，按照规定标准金额报销。若团队建设活动实际开销小于团队建设费用则根据实际费用报销，剩余部分全部清零；若团队建设活动的开销大于部门当月团队建设费，超出部分由部门自行承担。

第十条 报销时间为活动结束15个工作日之内。

第十一条 团队建设费标准。

序号	类别	金额	备注
1	试用期员工	100	不分级别
2	正式员工	150	职员级别
3	主管级	200	
4	经理级	300	
5	总监级	400	
6	总监级以上	500	

第十二条 团队建设费报销须提供正规发票，发票抬头应为公司全称，且发票内容需符合财务部的要求。

第十三条 每月30日人事行政部公示"团队建设活动经费使用情况说明表"，发现存在虚报情况，对部门负责人按此次活动实际产生费用总额的3倍进行处罚，且本团队半年不予申请经费。

第三章 附则

第十四条 本制度最终解释权归人事行政部所有。

执行部门		监督部门		编修部门	
编制日期		审核日期		批准日期	

二、公司团队文化建设实用表格

（一）团队建设的培训活动申请表

年　　月　　日

培训活动主题		培训活动形式	
培训活动内容			
参加人数			
活动时间		费用预算	
部门申请意见： 签名： 日期：			
行政部意见： 签名： 日期：			
分管领导意见： 签名： 日期：			
分管副总裁：	总裁：	董事长：	

（二）团队建设专项经费申请表

使用部门		使用时间		费用项目	
参加人数		人均费用		总费用	
申请人			日期		
活动内容					
活动意义					
备注					

审批人：　　　　　　　　　　　　　　　　审核人：

（三）团队建设记录统计表

部门：   年   月   日

活动	1月	2月	3月	4月	5月	6月	7月	8月	9月	10月	11月	12月
合计												
总计												
备注	以上活动需附照片											

（四）团队建设绩效评估表

公司			评估人	

职务			评估时间	

评估指标		权重	目标达成度					得分
			100%	80%	60%	40%	20%	
结果导向类指标	1.完成业绩目标	20分						
	2.在规定时间内完成任务量	10分						
	3.工作质量合格	10分						
	4.顾客满意	10分						
	5.团队整体素质和能力水平提高	10分						
	合计	60分						
过程控制类指标	1.团队对其愿景规划、使命、价值观、组织结构、组织章程以及规章制度有书面说明	2分						
	2.团队拥有清晰、共同认可的目标	2分						
	3.团队章程符合实际且大家认同	2分						
	4.团队拥有一致认同的价值观	2分						
	5.团队为实现目标制订了行动计划	2分						

评估指标	权重	目标达成度					得分
		100%	80%	60%	40%	20%	
6.团队对目标及任务按照成员分工、时间进度进行了合理分解	2分						
7.团队成员权限清晰、职责分明	2分						
8.团队成员清楚地知道加入团队的益处	2分						
9.团队成员职能角色实现了定期轮换	2分						
10.团队按照共同约定的授权范围及决策原则制定每一项决策	2分						
11.团队制定的决策得到成员的一致同意	2分						
12.团队制定了科学完善的规章制度、工作流程，并及时检查遵守情况，持续改进	2分						
13.团队始终致力于改进绩效、优化团队内部技能组合的支撑力	2分						
14.团队会议定期召开且效率高	2分						
15.团队成员间沟通开放、坦诚、互相促进、协同性强	2分						
16.团队拥有高效解决内部冲突与方法	2分						
17.团队成员乐于接受新的思想、观念与信息，保持着较强的创新力与变革力	2分						
18.团队能够建设性地解决各种困难问题	2分						
19.团队根据培训需求制订计划并开展持续性的培训活动	2分						
20.团队成员参与性强，凝聚力高，追求卓越，渴望取得成就	2分						
合计	40分						
总计	100分						

评估意见：

存在问题：

改进措施：

（五）团队建设检查表

团队建设指标		分值				得分
		不适合	偶尔适合	基本适合	完全适合	
民主管理	1.团队中的每个人有同等发言权并得到同等重视	1	2	3	4	
	2.团队成员把参与看作自己的责任	1	2	3	4	
	3.团队中的每个人的意见总能被充分利用	1	2	3	4	
	4.在决策时总请适当的人参与	1	2	3	4	
	5.所有的人都能充分了解信息	1	2	3	4	
团队工作技能	1.把团队会议看作头等大事	1	2	3	4	
	2.团队会议成熟、卓有成效	1	2	3	4	
	3.团队成员完全参与到团队会议中	1	2	3	4	
	4.在团队会议时每个人专注于主题并遵守时间	1	2	3	4	
	5.团队成员能达成一致意见	1	2	3	4	
团队氛围	1.团队成员都知道可以互相依靠	1	2	3	4	
	2.团队成员在团队内体验到透明和信任感	1	2	3	4	
	3.团队中每个人都感到能自由地表达真实看法	1	2	3	4	
	4.团队成员之间相互尊敬	1	2	3	4	
	5.团队成员个人业绩影响团队绩效	1	2	3	4	
团队凝聚力	1.团队中的每个人的目标、要求明确并达成一致	1	2	3	4	
	2.对于目标，团队中每个人都有强烈、一致的信念	1	2	3	4	
	3.团队中每一个人的角色都十分明确，并为所有成员所接受	1	2	3	4	
	4.如果让团队成员分别列出团队的重要事宜，每个人的看法会十分相似	1	2	3	4	
	5.团队中每个人都能顾全大局、分清主次	1	2	3	4	
成员贡献水平	1.团队成员能实践自己的承诺	1	2	3	4	
	2.每个人都表现出愿为团队的成功分担责任	1	2	3	4	
	3.每个人都能让大家充分了解自己	1	2	3	4	
	4.团队成员都能主动而创造性地提出想法	1	2	3	4	
	5.团队中的每个人都努力完成自己的任务	1	2	3	4	
合计						

第二节　公司团队员工奖惩管理

奖惩制度是促进和保持员工工作积极性与自觉性的重要手段。建立良好的奖惩制度，不仅可以贯彻企业宗旨和团队精神，而且能够更好地实现公司经营目标。

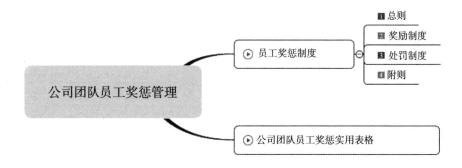

一、公司团队员工奖惩制度管理

范例：员工奖惩制度

制度名称	×× 公司员工奖惩制度	受控状态	
		编号	

第一章　总则

第一条　为了使员工明确奖惩考核的标准、依据和方法，使奖惩公开、公平、公正，从而更好地规范公司及员工的行为，特制订本制度。

第二条　本制度为配合《公司考核管理制度》《员工考勤和劳动纪律管理制度》的配套文件，对于公司业务开展中涉及的重大问题或影响效果在较长时期内存在的行为予以规范。

第三条　对员工的奖惩实行以精神鼓励和思想教育为主、经济奖惩为辅的原则。

第四条　本制度适用于公司全体员工。

第二章　奖励制度

第五条　奖励方式分为经济奖励、行政奖励和特别贡献奖三种。

第六条　员工有下列表现之一的，应当给予奖励：

1.遵守行公司规章制度，品德端正，工作努力，有出色或超常表现。

2. 工作认真、责任心强、工作绩效突出。

3. 完成本部工作计划指标，创造较大经济效益。

4. 积极向公司提出合理化建议，并为公司采纳。

5. 全年无缺勤，节假日经常加班，并取得显著效果。

6. 维护公司利益，为公司争得荣誉，防止或挽救事故于经济损失有功。

7. 维护财务纪律，抵制歪风邪气，事迹突出。

8. 领导有方，带领员工很好地完成各项任务。

9. 坚持自学，不断提高业务水平，任职期内取得本科以上文凭或获得其他专业证书。

10. 其他对公司做出贡献者，总经理认为应当给予奖励的。

第七条　公司设有"合理化建议"奖、"优秀员工"奖、"先进员工"奖、"优秀管理者"奖等奖项，在每个工作年度结束后，人力资源部组织评选活动，对工作中表现优异的员工给予奖励。

第八条　员工符合下列条件之一者给予嘉奖并通报，颁发奖金____元，奖金随当月工资发放。

1. 工作努力、业务纯熟，能适时完成重大或特殊任务。

2. 品行端正，恪尽职守，堪为全体员工的楷模。

3. 其他对企业或社会有益的行为，有事实证明。

4. 全年满勤，无迟到、早退、病假、事假。

第九条　针对"合理化建议"奖，公司设有金额为____~____元不等的共五级奖励，根据实际情况决定奖励级数。

第十条　"优秀员工"奖，每名员工奖金为____元。

第十一条　"先进员工"奖，公司设有金额为____~____元不等的三个档次，根据实际情况决定奖励档次。

第十二条　"优秀管理者"奖，企业设有金额为____~____元不等的两个档次，根据实际情况决定奖励档次。

第十三条　奖励程序如下：

1. 员工推荐、本人自荐或单位提名。

2. 监察委员会或监察部门会同人力资源部审核。

3. 董事会或总经理批准。

第三章　处罚制度

第十四条　员工有下列情形之一的，予以批评：

1. 违反劳动法规，工作时间未经批准离岗或窜岗、闲谈。

2. 因个人过失发生工作错误，情节轻微。

3. 妨碍工作或影响生产秩序、工作秩序，情节轻微。

4. 不按时参加公司的会议培训。

5. 在非吸烟区吸烟、工作时间吃零食以及在办公区从事娱乐活动。

6. 对上级指示或有期限的命令，无故未能如期完成。

7. 工作时间外出办私事或长时间接打私人电话。

第十五条　员工有下列情形之一的，予以罚款、记过、降级或辞退处理：

1. 迟到或早退每次罚款____元；当月累计达三次及以上，罚款____元并警告一次。

2. 无故旷工一日，除扣发当日基本薪资的____%外，另罚款____元。

3. 代人打卡被查出者每次罚款____元；三次（含）以上，通报批评并另罚款____元。

4. 委托他人打卡或涂改、故意损坏考勤卡除按旷工处理外，另每次罚款____元；三次（含）以上，通报批评并加罚____元。

5. 未按企业印信制度要求使用、保管印信，造成丢失、盗用等视情节轻重处以____～____元罚款，并警告一次；情形特别严重者予以降级、降职直至解除劳动合同。

6. 损坏生产设备、工具，除照价赔偿外，另处罚金____元；如查实属故意行为，视情节轻重加罚____～____元，并警告一次。

7. 玩忽职守，违章操作或违章指挥，造成事故或经济损失，视情节轻重处以____～____元罚款，并警告一次；情形特别严重者予以降级、降职直至解除劳动合同。

8. 将公司客户介绍给他人或向客户索取回扣、介绍费的，视情节轻重处以____～____元罚款。

9. 挑拨是非，破坏团结，损害他人名誉或领导威信，影响恶劣的，视情节轻重处以____～____元罚款，并警告一次。

10. 利用职权、工作之便损公肥私，在对外交往中收受回扣或礼金，给企业声誉带来不良影响者，解除其劳动合同。

11. 其他违反企业制度和规定的行为，按相关制度或规定处理。

员工有上述行为，情节严重、触犯刑律的，提交司法部门依法处理。

第十六条　员工有上述行为造成公司经济损失的，责任人除按上条规定承担应负的责任外，按以下规定赔偿公司损失：

1. 造成经济损失 5 万元以下（含 5 万元），责任人赔偿损失的 10%～50%。

2. 造成经济损失 5 万元以上的，由监察部或监察委员会报总经理或董事会决定责任人应赔偿的金额。

第四章　附则

第十七条　公司各部门可依据本制度制订相应的实施细则以及针对岗位的管理制度和奖惩办法，报送人事行政部汇总，由总经理批准后执行。

第十八条　本制度由公司人事行政部制订并负责解释。

第十九条　本制度报公司总经理批准后施行，修改时亦同。

第二十条　本制度自颁布之日起施行。

执行部门		监督部门		编修部门	
编制日期		审核日期		批准日期	

二、公司团队员工奖惩实用表格

（一）员工奖励表

姓名		部门		职务	
事由					
奖励说明					
奖励意见					
申请人			部门领导		
人力资源部			总经理		

（二）公司奖励类型表

奖励类型	具体内容	奖励标准	奖励形式	备注说明
行政	口头表扬			
	书面表扬			
	记功			
	……			
经济	奖金			
	绩效			
	调薪			
	……			
职位	升职			
	……			

（三）员工奖惩记录台账

姓名	所属部门	奖惩日期	奖惩事项描述	奖惩结果	备注

（四）员工奖惩确认表

姓名		部门		职务	
奖惩原因与建议					
部门经理意见	签字： 日期：				
分管副总意见	签字： 日期：				
总经理意见	签字： 日期：				
被奖惩人员意见	签字： 日期：				

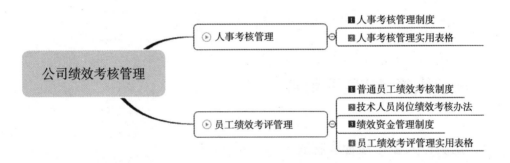

第七章
公司绩效考核管理

公司绩效考核管理

人事考核管理
- ❶人事考核管理制度
- ❷人事考核管理实用表格

员工绩效考评管理
- ❶普通员工绩效考核制度
- ❷技术人员岗位绩效考核办法
- ❸绩效资金管理制度
- ❹员工绩效考评管理实用表格

扫一扫，获取
本章规范表格

第一节　人事考核管理

公司规范员工人事考核工作，不仅可以准确、客观地评价员工履行岗位职责和工作任务的情况，建立与现代企业制度相适应的激励和约束机制，而且可以充分调动全体员工的工作积极性与创造力。

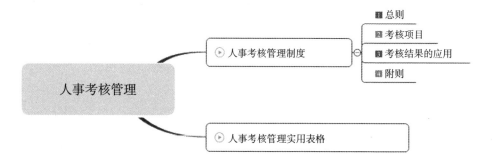

一、人事考核管理制度

范例：人事考核管理制度

制度名称	×× 公司人事考核管理制度	受控状态	
		编号	

<table>
<tr><td colspan="4" align="center">第一章　总则</td></tr>
</table>

第一条　目的。

为了促进管理的科学化和规范化建设，公平决定员工的地位和待遇，合理调配员工工作岗位、晋升、奖励、薪酬福利待遇，结合公司经营生产战略，制定本制度。

第二条　适用范围的。

本制度适应于全体合同制员工。

第三条　权责。

由各部门主管、经理负责监督。

第四条　考核种类。

人事考核（以下称"考核"）按照考核的目的分类实施。

1. 确认晋升资格：

（1）对晋升候选人进行全面综合考核，判定其晋升高一级职务的资格。

（2）将能力考核结果作为成绩考核的权数。

2. 核查提薪资格：

（1）考查分析职务担当情况，推测其成果和能力提高程度，判定其同级内提薪的资格。

（2）重点考核业务成绩，据此对能力考核加权。

3. 核查奖励资格：

（1）根据一定期间内的工作成果，判定其获得一次性奖励资格。

（2）重点考核业务成绩，据此对奖励考核加权。

4. 能力开发、调动或调配：

（1）根据被考核者能力方面的特长、性格、素质、经历以及特殊技能，进行职务或岗位调动，促进其能力发展与发挥。

（2）根据面谈、自我申辩业务报告、适应性方面的实际观察整体把握。

第五条 考核者原则上是被考核者的顶头上司，考核者又分为"第一次考核者"和"第二次考核者"，具体规定参阅下表。

职务职能等级		被考核者		
		一般职务	中层管理职务	上层管理职务、专门服务
		1～4级	5～7级	8～10级
考核者	第一次	是该考核者的主管领导且具有较高一级职能资格者		
		低层管理职务以上的主管领导	具有中层管理职务的职能资格级别较高者	具有上层管理以上职务的职能资格级别较高者
	第二次	是第一次考核的主管领导且职能资格级别较高者		
		具有中层管理以上职务、职能资格级别较高者	具有上层管理以上职务、职能资格级别较高者	人事主管（经理）
调整者		人事主管（审查委员会）		

第六条 被考核者是指适用于职能职务等级制度的所有员工。但下列人员除外：

1. 如果是奖励资格认定这方面的考核，考核期限不满××个月者以及退休人员，不在被考核者之列。

2. 如果是晋升、提薪方面的考核，考核期限不满××个月者以及退休人员，不在被考核者之列。

第七条 考核结果原则上不予调整，只有被认为有必要保持整个企业平衡时，才设立审查委员会进行审查和调整。由人事部长对一般员工、中间管理层人员的考核工作做出最后裁决；由负责人事工作的经理对高层管理者的考核做出最后裁决。

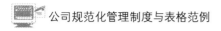

第八条　考核依据绝对评价准则进行分析测评。在提薪考核方面，附加自我评价环节，以便自我认识、自我反省。

第九条　考核者在考核期间，必须就被考核者的工作成果（完成程度）、工作能力（知识、技能及经验的掌握程度），以及工作的进取精神（干劲及态度的好坏程度）等方面内容交换意见，相互沟通，以便彼此确认，相互认可。

第二章　考核项目

第十条　成绩考核。

1. 成绩考核是对每个员工在担当本职工作、完成任务中所发挥出来的能力进行测评。

2. 成绩考核要素是由工作执行情况（正确性、完善程度、速度、工作改进和改善情况）以及指导教育工作情况等构成。

第十一条　能力考核。

1. 能力考核是对具体职务所需要的基本能力以及经验性能力进行测评。

2. 能力考核的构成要素是知识、技术和技能，以及从工作中表现出来的理解力、判断力、创造力、计划力、表现力、折中力、指导和监督力、管理和统率力等经验性能力。

第十二条　态度考核。

1. 态度考核是对工作态度和热情所做的测评。

2. 由工作积极性、责任感、热情及与其他部门的协作态度、遵纪守法等方面构成。

第三章　考核结果的应用

第十三条　考核结果作为人事管理工作的可靠资料，用于提薪、奖金、晋升、教育培训、调动和调配等人事待遇工作。

第十四条　考核结果应存入人事档案，正本由人事管理部门的负责人保管，复印副本由各个部门的负责人保管。

第四章　附则

第十五条　本制度的修改与废止，由主管人事的经理最终裁决。

第十六条　本制度自 20×× 年 ×× 月 ×× 日起实施。

执行部门		监督部门		编修部门	
编制日期		审核日期		批准日期	

二、人事考核管理实用表格

（一）员工考核评分表

考核项目	考核内容	标准分	考核评分	备注
思想政治素质	遵守国家法律法规及公司规章制度	4		
	坚持原则，严于律己，不以岗谋私	3		
	团结同事，互帮互助	3		
工作态度与工作作风	遵守职业道德，维护公司形象	5		
	遵守工作纪律，服从工作安排	5		
	工作态度端正，吃苦耐劳	5		
	顾全大局，积极支持和配合相关部门工作	5		
工作能力	业务知识丰富，实际工作能力突出	4		
	严格执行工作准则、行业标准	6		
	能独立承担岗位工作，处理工作中的问题	10		
	对岗位工作提出合理化建议并在工作中实施	10		
工作业绩	全面履行岗位职责，对工作认真负责	6		
	追求工作效率	8		
	及时、保质、保量完成本职工作	10		
	能克服困难，解决工作难题	6		
组织纪律及出勤	严格遵守公司各项管理制度，遵守职业道德	2		
	工作态度积极主动，工作努力	2		
	按时上下班，不迟到、早退，遵守劳动纪律	3		
	做到有事提前请假，不无故离开工作岗位	3		

（二）员工考核结果汇总表

部门：   填写日期：

序号	员工姓名	工作岗位	考核总分	考核等级	备注
1					
2					
3					
4					
5					
……					

（三）考核结果确认表

员工姓名		部门名称		工作岗位	
本次考核分数			考核等级		
被考核员工存在的主要问题及今后改进意见				领导签字：	
被考核员工意见	□同意　　　□不同意 签字：				
考核工作小组意见				签字：	

第二节 员工绩效考评管理

绩效考评是企业绩效管理中的一个环节，是指评定者运用科学的方法、标准和程序，对行为主体与评定任务有关的绩效信息（业绩、成就和实际作为等）进行观察、收集、组织、贮存、提取及整合，并且尽可能做出准确评价的过程。

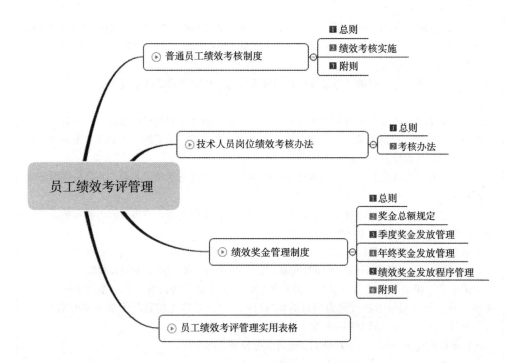

一、员工绩效考评管理制度

范例一：普通员工绩效考核制度

制度名称	××公司普通员工绩效考核制度	受控状态	
		编号	

第一章　总则

第一条　目的。

为建立良好的激励机制，充分发挥员工个人才能，不断提高工作效率，特制定本制度。

第二条　适用范围。

本制度适用于公司在职普通员工，但考评期内累计到岗不超过三个月（包括请假与其他原因缺岗）的员工不参与年度考核。部门经理及以上人员，但总经理、副总经理等人员不包括在内。

第三条　考核原则。

1.公平公开。考核标准、考核程序和考核责任都应当有明确的规定且对公司内部全体员工公开。

2.定期化与制度化。绩效考核既是对员工工作情况的过去和现在的考察，也是对其未来工作行为的预测，将员工绩效考核定期化、制度化，有助于全面了解员工潜能，及时发现组织中的问题，从而促进公司的发展。

3.定量化与定性化相结合。班组长考核指标分为定性化与定量化两种，并且分别赋予不同的权重。

4.沟通与反馈。考核评价结束后，人力资源部或各部门负责人应当及时与被考核者进行沟通，将考评结果告知被考核者。

第四条　考核实施部门。

人力资源部门组织并指导员工的考核实施工作，按照公司要求，各部门负责人对员工进行评估。

第五条　根据公司经营的需要，将对基层员工的考核分为月度考核、季度考核、年度考核三种。每月绩效考核时间为当月的20日～27日，季度考核时间为下一季的第1月1日～5日，年度考核时间为下一年度1月1日～20日。

1.根据岗位的需要，分别对员工实施月度考核或季度考核。

2.所有员工都应当接受公司对其实施的年度考核。

第二章　绩效考核实施

第六条　考核内容及办法。

1.工作成绩。主要考核员工实际完成的工作成果，包括工作质量、工作数量以及工作效益等。不同的工作岗位，其考核的重点是有所不同的。开发类重点考评项目进度与质量，营销类重点考评销售额及市场潜力，事务类则重点考评日常工作的数量和质量等。

2.工作能力。根据本人实际完成的工作成果及各方面的综合素质来评价本人的工作技能、水平，例如专业知识掌握程度、业务能力以及创新能力等。

3.工作态度。主要是对员工平时的工作表现予以评价，包括协调性、主动性、责任感等。

各部门负责人负责本部门员工的考核，报人力资源部门汇总后，总经理审批。

第七条 考核实施。

1. 考核者依据制定的考核指标和评价标准，对被考核者的工作业绩、工作能力以及工作态度等方面进行评估，并且根据考核结果确定其表现等级。

2. 绩效考核者应当熟悉公司绩效考核流程及考核制度，熟练使用相关考核工具，客观公正地完成考评工作。

第八条 设定考核指标及评价标准。

根据前期制定的绩效计划及职位说明书等文件，分别制定各岗位的考核指标、评价标准及考核项的分值等内容。

第九条 绩效面谈应由被考核者的直接上级与被考核者单独进行，人力资源部工作人员根据需要可有选择地参与。

第十条 员工如认为考核或处理不合理，可保留个人意见并直接书面向人力资源部申诉。考核结果申诉一般有两个途径：一是越级向考核者上级反映情况，二是通过人力资源部反映。人力资源部要在接到员工考核申诉后的 5 个工作日内给予解决。

第三章 附则

第十一条 本制度由公司人力资源部制定，报总经理审批后实施，修改时亦同。

第十二条 本制度自 20×× 年 ×× 月 ×× 日起执行。

执行部门		监督部门		编修部门	
编制日期		审核日期		批准日期	

范例二：技术人员岗位绩效考核办法

制度名称	×× 公司技术人员岗位绩效考核办法	受控状态	
		编号	

第一章 总则

第一条 目的。

通过建立技术人员岗位绩效考核办法，构建有效的职业发展通道，鼓励技术人员不断提高工作胜任能力，持续发展和改进，从而提升公司的整体技术能力，促进公司业务的发展。

第二条 适用范围。

除技术部副经理级及以上人员以外的所有技术部员工。

第三条 考核依据。

以员工在被考核段期间的工作业绩与表现为依据，技术主管应对本部门人员日常安排的工作及表现随时如实记录并根据落实工作情况进行考核。

第四条 考核原则。

考核要求客观公正，主管对所属员工之工作评价，应当尽可能用数字化指标来衡量工作业绩及进步成长状况，对同一岗位的员工使用相同的考核标准，以免造成不公平现象，考核结果要反馈给员工。

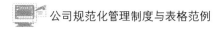

第五条 考核分为月度考核和年度考核两种，月度考核的时间为次月的 1 日至 10 日，年度考核于次年的 1 月 15 日之前进行。

第二章 考核办法

第六条 对技术人员的考核包括业绩（定量）考核和工作表现（定性）考核两个部分，定性考核包括对工作态度和工作能力的考核。

在月度考核中，工作业绩指标占 80%，工作表现占 20%；在年度考核中，工作业绩指标占 60%，工作表现占 40%。

1. 对本公司业务或者技术上有特殊贡献，例如技术改造、技术获专利等，并且经采用而获得显著绩效者，应当给予特别奖励，例如记功、嘉奖等，并且记入绩效考核记录。

2. 使公司免遭重大损失者，根据实际情况，应当给予不同程度的加分和奖励。

3. 严重违反公司规章制度，应当给予记过处分，记过 1 次扣 5 分。

4. 对可预见的事故疏于觉察或防范，导致公司遭受损害者，视情节轻重，给予不同程度的惩罚。

第七条 月度考核的结果主要作为月度奖金的发放依据，年度考核的结果主要作为年度奖金的发放依据。奖金基数参照人力资源部制定的部门奖金管理制度的规定而定，奖金系数根据考核结果确定。

第八条 考核结果排在后面 5% 的员工，被考核者需与公司签订下一考核周期的绩效目标，限期改进。连续 3 次考核排名在后 5% 的员工，将予以辞退。

第九条 年度考核的结果作为下一年度员工薪酬水平调整的依据。

执行部门		监督部门		编修部门	
编制日期		审核日期		批准日期	

范例三：绩效奖金管理制度

制度名称	××公司绩效奖金管理制度	受控状态	
		编号	

第一章 总则

第一条 目的。

为使员工奖金与工作绩效的配合更加合理，从而激发员工的潜力，提高工作质量及工作效率，以增加个人所得及公司收益，特制定本制度。

第二条 适用范围。

本制度适用于公司除总经理和各主管副总级以外的员工。

第三条 绩效奖金类别。

公司绩效奖金分为季度奖金和年度奖金。

第二章 奖金总额规定

第四条 人力资源部于每年 1 月负责核定上一年年终奖金总额，并报送公司总经理审批，同时将本年度奖金总额预算报送公司总经理审批。

第五条　本年度奖金总额预算以上一年度 12 个月工资总额为基数，根据上一年度公司经营业绩，由人力资源部上报送总经理审批。

第六条　奖励总额原则上定为 2 个月的工资总额。

第七条　每季度开始的第 1 周，人力资源部负责核定上季度的季度奖金总额，并报送公司总经理审批。

第八条　员工季度奖金基数是固定比例，通常是该员工月工资的 25%，并随季度考核成绩的排名有所不同，排名靠后的员工没有季度奖金。

第三章　季度奖金发放管理

第九条　季度奖金按季度发放，在每季度发放第 1 个月的月工资的同时发放上个季度的季度奖金。

第十条　发放条件。

1. 考核分数不低于 70 分的员工享有季度奖金，试用期间的员工不享有季度奖金。

2. 在季度中出现公司内部跨部门调动的，第 2 个月 15 日及以前调入的，视同调入部门员工，第 2 个月 15 日以后调入的，视同调出部门员工。

第十一条　人力资源部负责根据各部门员工的季度考核成绩核算季度奖金。

第四章　年终奖金发放管理

第十二条　每年 1 月底发放上一年度的年终奖金。

第十三条　在当年 10 月（含）以后到岗的新员工，不享有本年度年终奖金。

第十四条　考核成绩按分数段分为以下等级：

等级	A+	A	B	C	D	E
定义	卓越	优秀	良好	一般	欠佳	不合格
得分	110～100	100～90	89～80	79～70	69～60	59 以下
人数比例	5%	10%	35%	35%	10%	5%

第十五条　考核等级与考核对象年终奖金直接挂钩，按照公司核定的奖金基数上下浮动：

等级	A+	A	B	C	D	E
定义	卓越	优秀	良好	一般	欠佳	不合格
奖金浮动比例	130%～150%	100%～130%	85%～100%	60%～85%	50% 以下	0

第五章　绩效奖金发放程序管理

第十六条　各部门经理将"部门季度（年终）奖金核算表"提交人力资源部，填写员工姓名和考核成绩。

第十七条　人力资源部负责核算各部门员工的奖金，并填写"部门季度（年终）奖金核算表"提交主管副总经理、总经理审批。

第十八条　总经理批复后，人力资源部将"部门季度（年终）奖金核算表"交财务部。

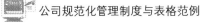

公司规范化管理制度与表格范例

续表

第十九条 财务部经理在"部门季度（年终）奖金核算表"上签字确认后，在规定时间内发放奖金。

第六章 附则

第二十条 本制度解释权归人力资源部。

第二十一条 本制度自20××年×月×日起施行。

执行部门		监督部门		编修部门	
编制日期		审核日期		批准日期	

二、员工绩效考评管理实用表格

（一）普通员工绩效考核表

年　　月　　日

部门		姓名		岗位	
入职日期		用途			
考核项目	具体内容	评分	出勤记录		
绩效（25%）	目标达成度				
	工作品质				
	工作方法				
	进度追查				
	绩效成长率		评分		
能力（25%）	领导力		奖惩记录		
	企划力				
	应变力				
	决策力				
	控制力		评分		
品德（25%）	人际关系		主管评价		
	协调性				
	守法性				
	受部属尊重性				
	对公司态度				

续表

学识（25%）	原理常识		总经理核实
	专业知识		
	进取心		
	发展潜力		
	一般知识		
合计			

（二）管理人员绩效考核表

姓名	部门		职务	工作内容阐述

评价项目		评分				
		优	良	中	可	差
勤务态度	1.把工作放在第一位，认真努力	14	12	10	8	6
	2.对新工作表现出积极态度	14	12	10	8	6
	3.忠于职守，严守岗位	14	12	10	8	6
	4.对下属的过失勇于承担责任	14	12	10	8	6
业务工作	1.正确理解工作要求和方针，制订适当的实施计划	14	12	10	8	6
	2.根据下属的能力和个性合理分配工作	14	12	10	8	6
	3.及时与有关部门进行必要的工作联系	14	12	10	8	6
	4.在工作中始终保持协作态度，顺利推动工作	14	12	10	8	6
管理监督	1.在人事关系方面，下属对其没有不满或怨言	14	12	10	8	6
	2.善于放手让下属去工作，并鼓励下属	14	12	10	8	6
	3.非常注意生产现场的安全卫生以及清理整顿工作	14	12	10	8	6
	4.妥善处理工作中的过失和临时追加的工作任务	14	12	10	8	6

指导协调	1.经常注意提高下属的劳动积极性	14	12	10	8	6
	2.主动努力改善工作环境和提高工作效率	14	12	10	8	6
	3.积极训练、教育下属，提高下属的技能和素质	14	12	10	8	6
	4.注意进行目标管理，使工作协调进行	14	12	10	8	6
工作效果	1.正确认识工作意义，努力取得最好成绩	14	12	10	8	6
	2.工作方法正确，时间和费用使用得合理有效	14	12	10	8	6
	3.工作成绩达到预期目标或计划要求	14	12	10	8	6
	4.工作总结汇报准确、真实	14	12	10	8	6

总分：

该员工等级评定：□A（240分以上）　□B（200～240分）　□C（160～200分）
　　　　　　　　□D（160分以下）

上级主管意见：

考核者：　　　　　　　　　　　　　　　年　　月　　日

（三）员工定期考绩汇总表

年　月　日

姓名	性别	年龄	所属部门	职位	现在薪金	上次考绩	复评				考绩后薪资	总经理核定	备注
							分数	等级	拟定奖惩	金额增减			

（四）年度绩效考核评议表

姓名				部门			
岗位				薪资			
到职日期				本年度考绩			
本年度考勤	迟到		早退	旷工	病假	事假	其他
本年度功过	大功		小功	嘉奖	警告	小过	大过

考核项目		最高分数	初核	复核
			得分	得分
专长及学识（30%）	本职技能	30		
	经验及见解	30		
	特殊贡献	30		
	专长及一般常识	30		

平常考核得分 70%	100		
年度总成绩合计分数			
考核结果	本年度勤、假应扣分数		
	本年度功过应增减分数		
	实得分数		
	等级		
	应与奖惩		
备注			

总经理：　　　　　　　　部门主管：　　　　　　　　日期：

（五）绩效考核面谈记录表

部门：

面谈时间		面谈人	
面谈对象		职位	
1.工作成功的方面			
2.工作中需要改善的地方			
3.是否需要接受培训			
4.认为自己的工作在本公司和本部门处于什么状况			
5.认为本部门及公司中工作最好和最差的员工是谁			
6.对考核的意见及建议			
7.希望从公司得到怎样的帮助			
8.接下来工作的改进方向和绩效目标			
备注			

面谈人：　　　　　　　　面谈对象：　　　　　　　　日期：

（六）员工品行评定表

姓名		部门		职位	
项目	具体考查内容		负面评价		评语
工作态度	1.无故缺席、早退、迟到		4 3 2 1 0		
	2.工作时间沉溺于娱乐活动		4 3 2 1 0		
	3.工作内容不变，业绩大幅度下滑		4 3 2 1 0		
	4.外出时无法及时取得联系		4 3 2 1 0		
	5.经常从事兼职		4 3 2 1 0		
个人言谈	1.有关私人的事增加		4 3 2 1 0		
	2.经常参加赌博		4 3 2 1 0		
	3.常将辞职挂在嘴边		4 3 2 1 0		
	4.常谈论其他同事隐私		4 3 2 1 0		
	5.有敲诈顾客之嫌		4 3 2 1 0		
金钱物品处理	1.没写出货单就出货		4 3 2 1 0		
	2.没写退货单就退货		4 3 2 1 0		
	3.申请费用时无收据款项多		4 3 2 1 0		
	4.伪造收据日期或金额		4 3 2 1 0		
	5.销售折扣理由不充足		4 3 2 1 0		
抱怨程度	1.顾客对个人的业务活动抱怨多		4 3 2 1 0		
	2.怀疑给顾客的折扣是否合理		4 3 2 1 0		
	3.有应收账款未收回的现象		4 3 2 1 0		
	4.有挪用收回款项的情况		4 3 2 1 0		
	5.经常抱怨上级或同事		4 3 2 1 0		
分数总计					

说明：

评定级别：30分以下为A级，30～35分为B级，35～45分为C级，45～55分为D级，55～65分为E级，65分以上为F级。

评定人： 评定日期：

（七）绩效考核成绩汇总表

考核月度：

考核级别	姓名	所属部门	考核成绩	备注
A 级 （90 分以上）				
B 级 （80～89 分）				
C 级 （70～79 分）				
D 级 （70 分以下）				

（八）绩效考核改进记录表

被考核人		部门		职位	
考评人		部门		职位	
评估期间绩效考核未符合 工作标准之事实描述					
原因分析					

改进目标及措施			
改进措施记录			
改进结果评价及后续措施			
员工本人		考评人	
部门经理		人力资源部	

（九）部门季（年）度奖金核算表

部门：　　　　　　　　　　　　　　　　　　　　核定季（年）度奖金总额____元

序号	员工姓名	岗位	考核成绩	考核等级	部门考核结果	奖金基数	奖金金额
1							
2							
3							
4							
5							
6							
7							
8							
……							
合计							

部门经理签字：　　　　　人力资源部经理签字：　　　　　主管副总经理签字：

总经理签字：　　　　　财务经理签字：

第 八 章

公司薪资与福利管理

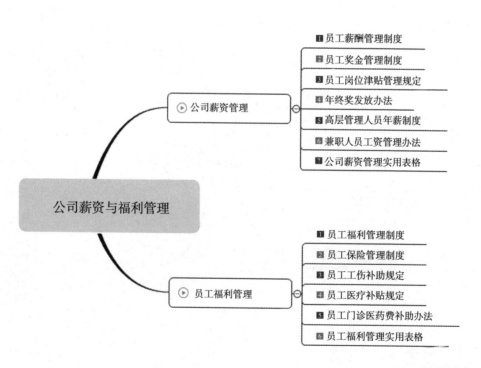

公司薪资与福利管理

公司薪资管理
- 1 员工薪酬管理制度
- 2 员工奖金管理制度
- 3 员工岗位津贴管理规定
- 4 年终奖发放办法
- 5 高层管理人员年薪制度
- 6 兼职人员工资管理办法
- 7 公司薪资管理实用表格

员工福利管理
- 1 员工福利管理制度
- 2 员工保险管理制度
- 3 员工工伤补助规定
- 4 员工医疗补贴规定
- 5 员工门诊医药费补助办法
- 6 员工福利管理实用表格

扫一扫，获取
本章规范表格

第一节 公司薪资管理

薪资管理作为保护和提高员工工作热情的最有效的激励手段，是现代公司管理制度中不可欠缺的一部分。公司管理者只有站在经营管理的高度，正确认识薪资体系的定位、管理对象、实施手段，才能全面把握薪资管理体系发挥的管理作用。

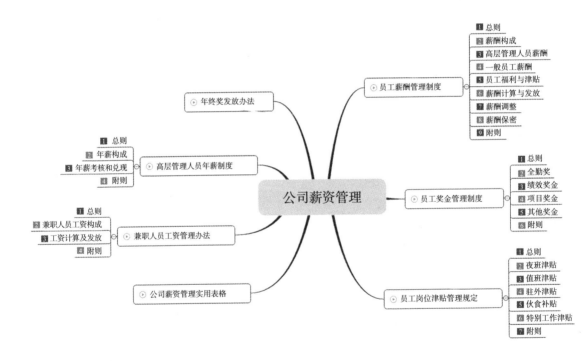

一、公司薪资管理制度

范例一：员工薪酬管理制度

制度名称	××公司员工薪酬管理制度	受控状态	
		编号	

第一章 总则

第一条 为体现公司按劳分配的原则，结合公司的经营管理理念，制定本薪酬管理规定。

第二条 公司有关职薪、薪金计算、薪金发放，除另有规定外，均依本制度办理。

第三条 本薪酬管理制度适用范围为本公司所有员工。

第四条 本薪酬制度体现以下基本原则：

1. 公平、公正、客观的分配原则。

2. 有效激励的原则。

3. 在同行业人力市场具竞争力的原则。

4. 按劳分配，按绩取酬，多劳多得的原则。

第五条 坚持工资增长幅度不超过本公司经济效益增长幅度，员工平均实际收入增长幅度不超过本公司劳动生产率增长幅度的原则。

第六条 公司支付的薪酬，通过工资卡和现金实现。

第二章 薪酬构成

第七条 公司正式员工薪酬构成。

1. 公司高层薪酬构成：

基本年薪＋年终效益奖＋股权激励＋福利

2. 一般员工薪酬构成：

岗位工资＋绩效工资＋工龄工资＋各种福利十津贴或补贴＋奖金

第八条 试用期员工薪酬构成。

1. 公司一般员工试用期为 1～6 个月不等，具体时间长短根据所在岗位而定。

2. 员工试用期工资不得低于转正后工资的 80%，试用期内不享受正式员工所发放的各类补贴。

第三章 高层管理人员薪酬

第九条 高层管理人员的薪酬水平由薪酬委员会确定，确定的依据是上一年度的公司总体经营业绩以及对外部市场薪酬调查数据的分析。

1. 基本年薪。基本年薪是高层管理人员的一个稳定的收入来源，主要由个人资历和职位决定。该部分薪酬应占高层管理人员全部薪酬的 30%～40%。

2. 年终效益奖。年终效益奖是对高层管理人员经营业绩的一种短期激励，一般以货币的形式于年底支付，该部分应占高层管理人员全部薪酬的 15%～25%。

3. 股权激励。股权激励主要有股票期权、虚拟股票和限制性股票等方式。

第四章　一般员工薪酬

第十条　岗位工资。

岗位工资主要根据该岗位在公司中的重要程度来确定工资标准。公司实行岗位等级工资制，根据各岗位所承担工作的特性及对员工能力要求的不同，将岗位划分为不同的级别。

第十一条　绩效工资。

绩效工资是公司为强调多劳多得的公平原则，对员工采取一种业绩及工作效率的考核的基数。绩效工资分为月度绩效工资和年度绩效奖金两种。

1.月度绩效工资。员工的月度绩效工资同岗位工资一起按月发放，月度绩效工资的发放额度依据员工绩效考核结果确定。

2.年度绩效奖金。公司根据年度经营情况和员工一年的绩效考核成绩，决定员工年度奖金的发放额度。

第十二条　工龄工资。

工龄工资是企业根据员工的工作年限的不同，对公司所作的贡献不同，而予以支付的部分劳动薪酬。其计算方法为从员工正式进入公司之日起计算，工作每满一年可得工龄工资×××元／月；工龄工资实行累进计算，满10年不再增加。工资按月发放。

第十三条　奖金。

奖金是对做出重大贡献或成绩优异的集体或个人给予的奖励。

第五章　员工福利与津贴

第十四条　社会保险。

社会保险是企业按照国家和地方相关法律规定为员工缴纳的养老、失业、医疗、工伤和生育保险。

第十五条　带薪年假。

员工在公司工作满一年可享受×个工作日的带薪休假，以后在公司工作每增加一年则增加×个工作日的带薪休假，但最多不超过×个工作日。

第十六条　其他带薪休假。

公司视员工个人情况，让员工享有婚假、丧假、产假和哺乳假等带薪假。

第十七条　津贴或补贴。

1.住房补贴。公司为员工提供宿舍，因公司原因而未能享用公司宿舍的员工，公司为其提供每月500元的住房补贴。

2.加班津贴。

（1）凡于工作时间以外的出勤为加班。主要指休息日、法定休假日加班，以及八小时工作日以外的延长作业时间。

（2）加班时间须经主管认可，加班时间不足半小时的不予计算。加班津贴计算标准如下。

①工作日加班：每小时加班工资＝正常工作时间每小时工资×150%。

②休息日加班：每小时加班工资＝正常工作每小时工资×200%。

③法定假日加班：每小时加班工资＝正常工作时间每小时工资×300%。

3.学历津贴与职务津贴。津贴项目是为鼓励员工不断学习，提高工作技能而设立，其标准如下：

津贴类型		支付标准（元）
学历津贴	本科	300
	硕士	500
	博士及以上	1000
职务津贴	初级	300
	中级	500
	高级	800

4. 午餐补助。公司为每位正式员工提供 30 元／天的午餐补助。

第六章 薪酬计算与发放

第十八条 工资计算。

公司人力资源部负责薪资计算，经总经理批准后方可发放。

1. 日工资 ＝ 基本工资 ÷21.75（天）；标准小时工资 ＝ 日工资 ÷8（小时）。

2. 公司的考勤周期为上月的 1 日至上月 31 日。

3. 员工入职的第一个月或离职的当月，其工资按实际工作日计算，即：

当月工资 ＝ 基本工资 ÷ 当月实际工作日天数 × 员工当月实际出勤天数

第十九条 从工资中扣除的项目主要有：

1. 按规定缴纳的个人所得税。

2. 按规定按比例缴纳的社会保险费。

3. 按规定按比例缴纳的住房公积金。

4. 其他应由个人支付的费用。

5. 根据劳动合同或其附加合同及协议应扣除的部分。

6. 法律法规规定的其他可从劳动者工资中扣除的费用。

第二十条 薪资核定。

1. 由人力资源部制定各职务等级、各职位员工的薪资核定指导标准，从而规范核薪管理工作。

2. 对新入职员工进行核薪或其他在职员工需按规定调整薪资的，以薪资核定指导标准为主要依据，如违反指导标准或核薪弹性较大的，应报送总经理核准。

3. 人力资源部负责人对新入职员工、年度调薪、特别调薪、易岗易薪、异地异薪的员工开具并发出"核薪通知单"，作为薪资核定、异动的依据。

第二十一条 工资发放。

1. 当月工资于次月 18 日发放，遇节假日将提前。

2. 对完成一次性劳动或其他临时性劳动的人员，按照劳务协议的规定，在其完成劳动任务后发放工资或劳务费。

3. 公司委托银行办理工资发放事宜。

第七章　薪酬调整

第二十二条　公司根据年度经营利润状况、绩效考核结果和发展需要，对员工工资级别及工资标准进行调整。原则上每年度进行 1 次，通常安排在年度考核完成后进行，具体时间由公司总经理决定。年度考核结果综评优异（考核得分 80 分及以上）的员工可享有年度调薪。

第二十三条　公司根据当年总体经营情况、各部门绩效达成情况以及社会总体工资水平等综合因素来决定加薪与否和确定加薪幅度。

第二十四条　对于工作中成绩特别优异、对公司有特殊贡献的员工，部门负责人可以推荐并列举具体事实和评价资料，报送人力资源部复核后呈主管副总经理、总经理核准，可作特别调薪处理。

第二十五条　符合以下情形之一的，可作特别调薪提报：

1. 个人有突出贡献。

2. 为公司挽回重大经济损失。

3. 受到公司年度表彰或特别表彰。

特别调薪以每季度受理 1 次为限，于每季度最后 1 个月份办理有关调薪申请事宜，其加薪幅度以不超过部门人力费用或者工资总额控制范围为原则。

第八章　薪酬保密

第二十六条　所有员工的工资薪级由公司人力资源部以"核薪通知单"书面知会员工本人。

第二十七条　各薪酬管理人员非经核准，不得私自泄露任何员工的薪酬资料，如有违反，予以扣罚及行政处分；情节严重者，可作降职、调职直至解雇处分。

第二十八条　员工探询他人工资或者向他人泄露工资情况的，公司视其为违纪行为，根据情节轻重及负面影响作出一定的经济处罚，情节特别严重及不听制止的，可作降职、降薪直至解雇处分。

第二十九条　员工如对本人工资有疑问或异议，应当报请直属主管向人力资源部查明处理，不得自行理论。

第九章　附则

第三十条　本制度由人力资源部制定，其解释权和修订权归人力资源部所有。

第三十一条　本制度自发布之日起正式实施。

执行部门		监督部门		编修部门	
编制日期		审核日期		批准日期	

范例二：员工奖金管理制度

制度名称	××公司员工奖金管理制度	受控状态	
		编号	

第一章 总则

第一条 目的。

为了合理分配员工劳动报酬，激发员工工作的积极性、能动性和创造性，特制定本制度。

第二条 适用范围。

本制度适用于公司全体员工。

第三条 奖金分配原则。

1.鼓励先进、鞭策后进、奖优罚劣、奖勤罚懒。

2.贯彻多超多奖、少超少奖、不超不奖的奖金分配原则。

第四条 奖金的类型。

奖金是员工工资的重要补充，是激励员工的重要手段，是企业对员工超额劳动部分或劳动绩效突出的部分所支付的劳动报酬。公司主要设立如下六项奖金项目：

1.全勤奖。

2.绩效奖金。

3.项目奖金。

4.优秀部门奖。

5.优秀员工奖。

6.创新奖。

第二章 全勤奖

第五条 为奖励员工出勤，减少员工请假，特设立全勤奖。

1.全勤奖每月发放一次，其发放日期为下月的16日。

2.凡当月内未请假（不含年休假）、迟到及早退的员工，按以下标准给予全勤奖金：

（1）月薪员工：

$$全勤奖 = 按月薪 \div 30 天 \times 6 天$$

（2）日薪员工：

$$全勤奖 = 按日薪 \times 6 天$$

3.新进人员如到职日恰逢当季1号者，奖金自该月起计算，否则于次季第1日起计算。

4.当季工作未满3个月的离职者，不予计算全勤奖金。

5.发放奖金前，人力资源部须将全勤奖员工名单报送总经理核准后公布。

第三章 绩效奖金

第六条 绩效奖金分为季度绩效奖金和年度绩效奖金两种。

1.绩效奖金的发放总额由公司经营绩效决定，其具体奖励标准可以根据奖励指标完成程度来制定。

2.生产部门和销售部门的部分奖励评定指标如下：

部门	奖励评定指标
生产部	生产产量
	优良品率
	产品投入产出比
	省料率
	成本节约
市场部	销售额
	销售目标达成率
	货款回收完成率
	客户保有率

第四章 项目奖金

　　第七条 项目奖金是针对研发人员而设立的奖项，一般以项目的完成为一个周期，项目奖金评定指标和奖励标准见下表。

评定指标	奖励标准
项目完成时间	项目产值的 ×%
成本节约	项目产值的 ×%
项目完成质量	项目产值的 ×%
项目专业水准	项目产值的 ×%

第五章 其他奖金

　　第八条 其他奖项包括三种，即优秀部门奖、优秀员工奖、创新奖，下表给出了各自的奖励条件和奖励标准。

奖项类别	奖励条件	奖励标准
优秀部门奖	1. 业绩突出 2. 企业评选得票最高者	奖励 ××× 元
优秀员工奖	1. 连续三次及以上绩效考核被评为优秀者 2. 获得所在部门其他员工的认同	奖励 ××× 元
创新奖	1. 努力革新新技术、新工艺，且在实践工作中大大提高了生产效率 2. 开拓新业务且切实可行，为企业带来了较高的效益	由总经理核定

第六章　附则

第九条　本制度原则上每年修订一次，员工停薪留职期间不适用本制度。

第十条　本制度由人力资源部制定，经总经理核准后实施，修改时亦同。

执行部门		监督部门		编修部门	
编制日期		审核日期		批准日期	

范例三：员工岗位津贴管理规定

制度名称	××公司员工岗位津贴管理规定	受控状态	
		编号	

第一章　总则

第一条　为了体现薪酬的公平公正性，针对部分岗位在特殊环境或条件下的额外付出，特制定本规定。

第二条　本规定适用于公司全体员工。

第三条　公司目前实行的岗位津贴包括夜班津贴、值班津贴、驻外津贴、伙食补贴及特别工作津贴等。

第二章　夜班津贴

第四条　夜班津贴适用于长期性从事夜班作业的工作人员，包括质检员、生产大班长岗位。

第五条　津贴标准。

1. 前夜班：15元/班（20:00～24:00）。

2. 后夜班：25元/班（00:00～8:00）。

3. 全夜班：30元/班（20:00～8:00）。

第三章　值班津贴

第六条　适用于因工作需要，经常性延长工作时间或应急处理与本职工作有关的工作任务超过1小时的情形，具体发放对象包括：仓储组仓管员、机修/电工、内勤人员、行政司机。

第七条　津贴标准。

岗位名称	津贴标准	执行时间段	备注
仓管员	20元/班		下班后延长工作时间
机修/电工	25元/班	18:00～8:00	
内勤人员	20元/班		下班后延长工作时间
行政司机	20元/班	18:00～8:00	

第四章　驻外津贴

第八条　适用于公司从总部调配人员至办事处长期从事相关工作的人员。

第九条　当月实际出勤天数少于月度应出勤天数 2 天以上者，取消当月驻外津贴享受资格；但第一季度不受此限制，只要员工当季度实际出勤天数≥应出勤天数 –10，该季度员工仍可享受驻外津贴。

第十条　驻外津贴享受对象为当期劳动合同履行期满的员工，中途离职员工不在发放之列。

第十一条　津贴标准。

省份	津贴标准
北京	8500 元 / 年
上海	8500 元 / 年
广东省	8000 元 / 年
辽宁省	6000 元 / 年
吉林省	6000 元 / 年
山东省	6000 元 / 年
河南省	6000 元 / 年

第五章　伙食补贴

第十二条　因工作原因而不能利用本公司食堂的员工，按下列标准发给伙食补贴：

1. 每天午餐补贴 25 元，晚餐补贴 20 元。

2. 伙食补贴每月结算一次，按出勤天数乘以每天的伙食补贴标准支付。

第十三条　本公司员工市内出差，也按上一条标准领取伙食补贴。

1. 早餐 10 元（限在本公司宿舍居住的单身员工）。

2. 午餐 25 元。

3. 晚餐 20 元（限在本公司宿舍居住的单身员工及需在晚 7 点以后加班者）。

第十四条　本公司员工因需要在下班以后加班两小时以上者，免费供应一顿晚餐（或夜餐）。

第六章　特别工作津贴

第十五条　对于从事化学制品的生产和试验研究者，按标准支付特别工作津贴。

第十六条　对于专职从事化学制品生产的人员，每月发给特别工作津贴 800 元。

第十七条　专职从事化学制品生产以外者，按下列标准支付特别工作津贴。

1. 试验研究部门或协助生产化学制品的人员，其从事化学制品生产或试验研究的时间比率（实际从事化学制品生产或试验研究的时间占一个月的全部工作时间的百分比）及相对应的特别津贴：

（1）从事化学制品生产或试验研究的时间比率不到 10% 的，特别工作津贴每月 300 元。

（2）从事化学制品生产或试验研究的时间比率 10% 以上，不到 15% 的，特别工作津贴每月 400 元。

（3）从事化学制品生产或试验研究的时间比率 15% 以上，不到 30% 的，特别工作津贴每月 500 元。

（4）从事化学制品生产或试验研究的时间比率 30% 以上，不到 50% 的，特别工作津贴每月 600 元。

（5）从事化学制品生产或试验研究的时间比率 50% 以上，不到 70% 的，特别工作津贴每月 800 元。

（6）从事化学制品生产或试验研究的时间比率 70% 以上的，特别工作津贴每月 1000 元。

2.特别工作津贴的资金标准额为半年（上半年或下半年）特别工作津贴的月平均额，每半年发放一次。

第十八条 在工厂内经常并大量处理有毒化工原料者，或工作环境有可能损害其健康者，享受保健津贴。处理有毒化工原料或在恶劣工作环境下的工作时间比率，按下列标准发给保健津贴：

1.不到月总工作时间 10%，每月 200 元。

2.10% ～ 30% 的，每月 300 元。

3.30% ～ 50% 的，每月 400 元。

4.50% ～ 70% 的，每月 500 元。

5.70% 以上的，每月 600 元。

第七章　附则

第十九条 本制度由人力资源部制定，经总经理核准后实施，修改时亦同。

执行部门		监督部门		编修部门	
编制日期		审核日期		批准日期	

范例四：年终奖发放办法

制度名称	××公司年终奖发放办法	受控状态	
		编号	

第一条　目的。

为建立和完善公司薪酬福利管理系统，规范公司年终奖金发放操作，充分调动职工工作积极性，特制定本办法。

第二条　适用范围。

年终奖金的发放对象为当年度 12 月 31 日前已转正且年终奖金发放当日仍在职（不含已提交或口头提出离职后未办理者）的正式人员。

第三条　职责。

1.行政部负责公司持续改进项目的组织实施、总结和考核。

2.生产部负责对各部门人员安全生产情况进行考核。

3.各部门负责对本部门员工的考核。

4.行政部负责年终奖汇总、审查、核算，报总经理审批。

第四条　发放程序。

1.年终考核周期为每年一次。

2.财务部制作相关财务报表提供各部门的盈利或预算控制情况；行政部提供各部门人员的考勤数据、工龄、岗位异动明细；其他各部门提供考核数据；由财务汇总各个部门数据，统一核算，于春节前 15 日提交行政部审核。

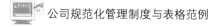

3. 春节前 6 日，总经理全部复核完毕，由财务部负责发放并转发各部门、各员工知悉；春节放假前 2 日以现金形式发放年终奖。

第五条 年度考绩等级。

1. 年度考绩区分为四等：

（1）90 分以上：特等。

（2）80～89 分：甲等。

（3）76～79 分：乙等。

（4）70～75 分：丙等。

2. 员工及主管在年度内有下列情况之一者，其考绩不得列为特等：

（1）在考绩年度内曾受任何一种惩戒处分未予撤销者。

（2）迟到早退全年累计达 13 次以上（含）。

（3）旷工全年达 1 日以上（不含）。

3. 员工及主管在年度内有下列情况之一者，其考绩不得列为甲等：

（1）曾受记过以上处分未予撤销者。

（2）迟到早退全年累计达 20 次以上（含）。

（3）旷工全年达 2 日以上（不含）。

第六条 增减分数。

员工于年度内曾受奖惩者，其年度考绩应按下列规定加减分数：

1. 记大功或大过一次者：各加减 5 分。

2. 记小功或小过一次者：各加减 3 分。

3. 嘉奖或申诫一次者：各加减 1 分。

4. 旷工 1 日者：扣 2 分。

5. 迟到次数超过 13 次者（含），每逾一次扣 0.5 分。

本项增减分数独立于考绩平均总分数（80 分或 85 分）限制之外。

第七条 申诉。

凡个人对单位主管所评定的考绩分数不服者，可签呈递总经理室，再呈报总经理。由总经理室裁定进行调查或维持原议。申诉日期期限于考绩经管理部门通知个人后 2 日内进行申诉，逾限不予受理。

第八条 附则。

1. 本办法呈交总经理核实后，自发布之日起执行。

2. 员工停薪留职期间不适用本制度。

执行部门		监督部门		编修部门	
编制日期		审核日期		批准日期	

范例五：高层管理人员年薪制度

制度名称	××公司高层管理人员年薪制度	受控状态	
		编号	

第一章 总则

第一条 为了建立健全有效的公司高层管理人员的激励和约束机制，提高公司资产运营效益，促进公司生产经营发展和经济效益增长，实现公司资产的保值增值，特制定本制度。

第二条 本制度适用于公司董事长、总经理及副总经理。

第三条 高层管理人员年薪制的基本原则。

1. 坚持按劳分配和按生产要素分配相结合的原则，高层管理人员年薪收入与其经营责任、经营风险和经营业绩紧密挂钩。

2. 正确处理高层管理者基本年薪与风险收入、近期收入中长期收益的关系。

3. 高层管理者年薪收入应在审计、考核后兑现。

第二章 年薪构成

第四条 高层管理人员的年薪构成及确定。

1. 年薪收入构成。高层管理人员年薪收入由基本年薪、效益年薪及奖励年薪三部分构成，效益年薪基数最高为基本年薪的一倍，奖励年薪基数为基本年薪的50%。

年薪收入：基本年薪×60%+效益年薪×30%+奖励年薪×10%

2. 基本年薪的确定。基本年薪是高层管理人员年度的基本收入。根据公司经营的资产规模、经营难度、行业特点和工作责任的大小等因素，更充分地体现责任、利益、风险相一致的原则，同时基本年薪根据公司的变化情况相应进行调整。

3. 效益年薪的计算。效益年薪的计算主要通过对高层管理人员关键业绩指标考核的结果来确定。

4. 奖励年薪的计算。奖励年薪根据公司经营状况而定。

第五条 高层管理人员的福利构成。

1. 法定社会保险。国家规定的法定社会保险项目，其享受内容和享受标准按国家规定处理。

2. 其他津贴项目。

（1）公司轿车。

（2）娱乐设施如俱乐部、国外旅游等。

（3）购房补助。

（4）住房补助。

第三章 年薪考核和兑现

第六条 高层管理人员年薪的考核和兑现。

1. 公司当年各项指标任务的完成情况，由股东大会在年底时进行严格考核，高层管理者的年薪收入应在3个月内确定并兑现。

2. 高层管理者因经营管理努力而超额完成规定指标任务的，可获得业绩收入。高层管理者因经营不善等原因未完成规定指标任务，要相应计算负业绩收入，负业绩收入从高层管理者任期风险保证金中抵扣，风险保证金不足的，可扣减基本年薪，扣减基本年薪最多至50%；若仍然不足，则扣减以后年度的业绩收入。

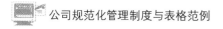

3. 高层管理者年薪收入要考核公司当年上交利税和社会保险基金的情况，欠交利税和社会保险基金的，不能兑现高层管理者的业绩收入。

第四章 附则

第七条 为了更加合理地确定高层管理人员的基本年薪，全面考核管理人员的贡献，公司应根据实际情况对高层管理人员的年薪做出适当调整。

第八条 本制度自发布之日起正式实施。

执行部门		监督部门		编修部门	
编制日期		审核日期		批准日期	

范例六：兼职人员工资管理办法

制度名称	××公司兼职人员工资管理办法	受控状态	
		编号	

第一章 总则

第一条 目的。

为规范公司兼职员工（含实习生）管理，保障公司和兼职员工双方的利益，特制定本办法。

第二条 适用范围。

本办法适用于公司所有兼职人员薪资的计算及发放管理。

第三条 职责划分。

人力资源部负责兼职人员考勤统计及薪资核算。

第二章 兼职人员工资构成

第四条 兼职人员工资由基本工资、交通津贴、规定时间外加班津贴三项构成。

第五条 基本工资。

1. 公司与兼职人员达成基本工资协议后，应当签订劳动合同加以明确。

2. 基本工资支付标准不得低于当地政府公布的最低工资标准。

3. 兼职人员因私事请假或迟到、早退、私自外出而未能执行勤务所造成的缺勤，应当从工资中直接扣除相等的缺勤基本工资额。

第六条 兼职人员的工作时数因业务上需要并由其主管要求加班而延长时，应依下列计算方式，以小时为计算单位发放工作时间之外的加班津贴。

$$基本工资（小时工资部分）×1.5=加班津贴$$

第三章 工资计算及发放

第七条 工资扣除及工资给付方式。

1. 下列规定的扣除额应从工资中直接扣除。

（1）个人工资所得税。

（2）社会保险费（个人应负担部分）。

（3）根据公司与工会的书面协议规定，应代为扣除的代收金额。

（4）其他法令规定事项。

2. 公司对上列各项扣除后，员工所得应以现金形式直接交与本人。

第八条 工资计算期间及工资支付日。

工资计算期间从前一个月的××日开始到当月的××日为止，并以当月的××日为工资给付日。

第九条 离职或解雇时的工资。

兼职人员申请离职或被解雇时的工资，应在离职日的7日内，计算并给付该员工已工作时间应得的工资（申请离职日恰为工资支付日，则于当日计算并给付）。

第十条 奖金。

兼职员工服务满一年且表现优异者，由部门主管报送人力资源部核定为绩效优良员工，则可给予奖励。

第十一条 奖金计算及给付。

以基本工资为计算单位，并于每年7月根据兼职员工的特别表现发放。

第四章 附则

第十二条 本办法自发布之日起正式实施。

第十三条 本办法由人力资源部制定，其解释权和修订权归人力资源部所有。

第十四条 本制度作为公司《员工手册》的相关补充，共同适用，同具效力。

执行部门		监督部门		编修部门	
编制日期		审核日期		批准日期	

二、公司薪资管理实用表格

（一）薪资核定标准表

部门	职称	本薪	职位津贴	技术津贴	特支费	备注

（二）薪资结构表

分类	编号	项目	适用人员	基准金额
基本工资	1	月给	全体员工	参照说明
津贴	1	职位津贴	参照说明	参照说明
	2	工种津贴	特殊行业	参照说明
	3	住房津贴	全体员工	参照说明
	4	伙食津贴	全体员工	元／日
	5	夜班津贴	夜班轮班人员	元／日
	6	其他	参照说明	参照说明
奖金	1	效率奖金	全体员工	参照说明
	2	全勤奖金	全体员工	元／日
加班	1	加班费	经理以下	参照说明
其他	1	参照说明	参照说明	参照说明

（三）新员工薪资核准表

编号：　　　　　　　　　　　　　　　　　　　　　　　　年　　月　　日

姓名		性别		部门	
职别		入职日期		学历	
工作经验					
能力说明					
要求待遇			公司标准		
拟订薪资			生效日期		
批示					
部门主管					
人事经理					

（四）员工工资表

编号：　　　　　　　　　　　　　　　　　　　　　　　　年　　月　　日

序号	姓名	职称	应发工资金额						应扣金额							实发工资
			本薪	住房津贴	交通津贴	全勤奖金	绩效奖金	应付薪资	所得税	劳保金	福利金	退储金	借支	其他	合计	
1																
2																
3																
4																
5																
6																
7																
8																
9																
10																
11																
12																
13																
14																
15																

制表：　　　　　　　　审核：　　　　　　　　批准：

（五）临时变更工资申请表

部门名称		填表日期	
姓名		职位	
职称		工资等级	
担任本职日期		进入公司日期	

续表

现在工资数额	
申请项目	□升等 拟升 ___ 等 □降等 拟降 ___ 等 □升级 拟升 ___ 级 □降级 拟降 ___ 级 □其他
表现记录	月考核（前6个月） □A □B □C □D □E 特殊理由：
生效日期	

填表人：　　　　　　　审核人：　　　　　　　批准人：

（六）考核要素及测评

考核要素		职务		
		一般职务	中层管理职务	高层管理职务
能力考核	知识 技能 理解力 判断力 想象力 计划力 表现力 协调、折中力 指导、监督力 管理、统率力			
态度考核	积极性 责任感 协作性 纪律性 忍让与忍受 魄力			
成绩考核	工作速度 工作质量 工作严密性 工作的改进与改善 指导与教育			

（七）生产奖金核定表

单位：　　　　　　　　　　　　　　　　　　　　　　　　　　　月份：

制造编号									
产品名称									
生产数量									
省料率									
省料奖金									
良品率									
收成率									
奖金									
效率									
效率奖金									
奖金合计									
合计									

（八）主管助理人员奖金核定表

单位：　　　　　　　　　　　　　　　　　　　　　　　　　　　月份：

姓名										
部门										
职别	主管									
	助理									
料率										
省料奖金										
效率										
效率奖金										
不良率										
良品率奖金										
员工流动率										
流动率奖金										
奖金合计										

注：助理人员视职务类别决定奖金金额，奖金总额为主管人员奖金的 50% ～ 100%。

第二节　员工福利管理

员工福利作为员工全面薪酬的组成部分，对员工产生越来越大的影响。福利体现着公司对员工的关心与重视，因此良好的福利待遇会对优秀人才产生极大的吸引力、凝聚力。

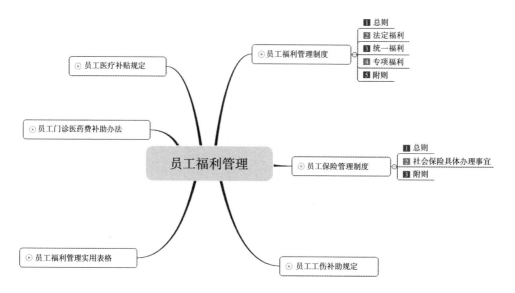

一、员工福利管理制度

范例一：员工福利管理制度

制度名称	××公司员工福利管理制度	受控状态	
		编号	

<table>
<tr><td colspan="4" align="center">第一章　总则</td></tr>
</table>

第一条　目的。

为了增强公司员工归属感，提高员工的满意度及对公司的认同度，特制定本制度。

第二条　适用范围。

本制度适应于公司全职员工，不适用实习生与兼职人员。

第三条 公司福利体系。

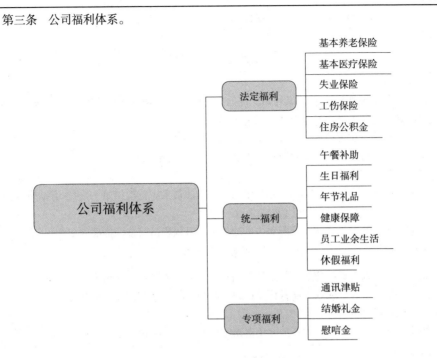

公司福利体系
- 法定福利
  - 基本养老保险
  - 基本医疗保险
  - 失业保险
  - 工伤保险
  - 住房公积金
- 统一福利
  - 午餐补助
  - 生日福利
  - 年节礼品
  - 健康保障
  - 员工业余生活
  - 休假福利
- 专项福利
  - 通讯津贴
  - 结婚礼金
  - 慰唁金

第二章 法定福利

第四条 社会保险。

公司按照《中华人民共和国劳动法》及其他相关法律规定为员工缴纳养老保险、医疗保险、工伤保险、失业保险和生育保险。

第五条 公司按当地政府规定为员工办理基本社会保险，并承担公司应缴纳部分，个人应缴纳部分由公司代缴并从员工薪资中扣除。

第三章 统一福利

第六条 午餐补助。

发放标准为每人每日 × 元，随每月工资一同发放。

第七条 生日福利。

正式员工生日时（以员工身份证上的出生日期为准），公司为员工发放生日贺礼 ××× 元。

第八条 年节礼品。

每逢"五一""十一"和春节，公司为员工发放节假日礼品。

第九条 健康保障。

公司工作满一年的员工可享受公司每年安排的常规体检。

第十条 员工业余生活。

1. 部门活动。公司定期利用非工作时间组织各类活动增进交流。

2. 培训进修。为不断提升员工的工作技能和员工自身发展，公司为员工定期或不定期地提供相关培训，其采取的方式主要有在职培训、短脱产培训、公费进修和出国考察等。

第十一条 休假福利。

1. 国家法定假日。包括元旦、劳动节、国庆节、春节、中秋节、端午节、清明节。

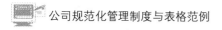

2. 带薪年假。员工为公司服务每满 1 年可享受 ×× 天的带薪年假；每增 1 年相应增 1 天，但最多为 ×× 天。

第四章 专项福利

第十二条 通讯津贴。

1. 公司员工按职级享有通讯补贴。部门经理每月享有 400 通讯津贴，总监每月享有 600 元通讯津贴，特殊人员每月享有 300 元通讯津贴。

2. 其他特殊岗位可根据工作性质申请适当的通讯津贴。

3. 每月 10 日前向财务部提交正规发票后方可享有通讯津贴。

第十三条 特殊津贴。

1. 结婚礼金。在公司工作满 2 年且婚假获批准的员工（首次结婚），可享有结婚礼金，标准为 500 元 / 人，夫妻同在公司工作的领取一份。

2. 慰唁金。有父母、子女及配偶去世的员工，可领取吊唁金，标准为 200 元 / 人。

第五章 附则

第十四条 人力资源部于每年年底将福利资金支出情况编制成相关报表交相关部门审核。

第十五条 福利金的收支账务程序比照一般会计制度办理，支出金额超过 ××× 元以上者需提交总经理审批。

第十六条 本制度由人力资源部负责制定、修改、解释和废止，经总经理审批后执行。

执行部门		监督部门		编修部门	
编制日期		审核日期		批准日期	

范例二：员工保险管理制度

制度名称	×× 公司员工保险管理制度	受控状态	
		编号	

第一章 总则

第一条 为实施企业福利制度方案，建立合理的员工保险体系，特制定本制度。

第二条 本制度适用于公司所有职工。

第三条 职责。

1. 人力资源部根据国家和当地政府的有关规定为公司员工购买各类型保险，审核保险费用预算，并对员工保险进行办理、管理、转移等提供指导和服务。

2. 人力资源负责审核员工保险费用，总经理负责批准。

第二章 社会保险具体办理事宜

第四条 养老保险办理规定。

1. 公司所有员工按国家规定，均应办理强制性养老保险社会统筹。

2. 实行公司缴费与个人缴费相结合的缴费原则，具体缴费比例由当地政府文件规定。

3. 养老保险购买满 15 年后，根据当地政府社会保险部门文件规定计发养老金。

第五条 养老保险办事程序。

1. 办理审批程序：

（1）用人单位填写管理人员、一般员工退休申请表，审批、盖章。

（2）报送主管部门审批、盖章。

（3）管理层退休在公司决策层管理权限范围内审批，然后送社会保险管理部核定退休，再支付退职费。

（4）员工退休送社会保险管理部养老保险办公室审批。

（5）本地区员工，经主管部门审批后，报社会保险管理部审核。

2. 需具备的材料：

（1）退休、退职申请表一式两份，1寸相片1张。

（2）档案调入本市的调令正本及身份证复印件。

（3）工作任命审批表、职称资格证、职务职称任聘书。

（4）参加社会保险的电脑卡和打印缴交保险金的情况表。

以上资料要求单位在每月25日之前报送。

3. 审批后程序：

（1）符合条件的，将姓名、编号、核定退休费等输入电脑，不符合条件的退回单位。

（2）每月25日之后，单位可取回退休、退职申请表等材料。

（3）退休、退职费从批准的次月5日后转到退休、退职人员的个人银行账户，少部分转入单位。

第六条 医疗保险办理规定。

1. 当地政府有医疗保险社会统筹时，公司应按规定为全体员工办理相应的手续，具体缴费比例由当地政府文件规定。

2. 公司从员工人事档案转入公司指定存档单位之月起，为员工办理医疗保险的缴纳。每月15日之后（不含15日）入职的员工，公司不予补缴当月的医疗保险。

3. 员工达到国家规定的离、退休年龄时，可按照当地大病统筹的规定到指定的大病统筹医院就医，公司不再报销医疗费用。

第七条 失业保险办理规定。

1. 公司按政府有关规定，为员工办理失业保险有关手续，具体缴费比例由当地政府文件规定。

2. 公司从员工人事档案转入公司指定存档单位之月起，为员工办理失业保险的缴纳。每月15日之后（不含15日）入职的员工，公司不予补缴当月的医疗保险。

3. 失业保险领取或失去资格按国家和当地政府的规定执行。

（1）领取资格包括按照规定参加失业保险，所在单位和本人已按照规定履行缴费义务满一年；非因本人意愿中断就业；已办理失业登记并有求职要求。省级劳动保障行政部门规定的其他材料在规定时间内交齐。

（2）失去资格包括领取期限届满，参军或出国定居，重新就业，无正当理由两次拒绝接受就业机构介绍的工作，在领取期间被劳教或被判刑。

第八条 工伤保险办理程序。

1. 公司按上年度员工月平均工资的0.8%～2.5%为员工缴纳工伤保险费。

2. 公司按照劳动安全保护的有关规定，对员工上岗进行培训，建立健全安全保护措施，加强安全生产管理，严格遵守安全操作规程，减少甚至避免工伤事故的发生。

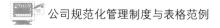

3. 工伤事故发生后，5 天内（死亡事故 24 小时内）报当地劳动局和保险局工伤保险处备案，并立即把伤者送往就近医院进行抢救和治疗。

4. 工伤员工医疗期为自受伤之日起至医疗终结，不得超过 18 个月。医疗终结后需由市医务劳动专家鉴定小组做出伤残鉴定。内外科鉴定在 ×× 医院，职业病鉴定在卫生防疫所。

5. 工伤待遇补偿由公司统一到社会保险机构办理，并及时将补偿金发给伤残员工或死亡员工的直系供养亲属。

6. 办理工伤补偿所需的资料：

（1）申请评残：

①医院疾病诊断书。

②伤残程度（等级）鉴定表。

③用人单位评残申请报告。

（2）轻伤：

①补偿审批表。

②医疗费单据、病历卡。

③投保花名册。

④收据。

（3）员工致残补偿：

①工伤证明、参保花名册。

②病历卡、医疗费单据。

③事故报告书、补偿审批表。

④伤残程序（等级）鉴定表。

⑤收据。

（4）员工死亡补偿：

①死亡证明书、投保花名册。

②抢救医疗费单据。

③事故报告书、补偿审批表。

④当地派出所出具的其家庭成员有关资料证明及户口本、身份证原件和复印件。

⑤完全丧失劳动能力的亲属，应有县一级以上的医务劳动鉴定结论书。

⑥在校就读的学生应有学校的证明书。

（5）康复器具：

①审批表。

②伤残程序鉴定表。

③购买和安装康复器具费用单据。

第九条　生育保险办理规定。

1. 尽量不安排女员工从事不利于身体健康的工作。

2. 划定女员工经期、已婚待孕期、怀孕期、哺乳期禁忌从事的劳动范围，并严格遵守。

3. 女员工在怀孕期、产期、哺乳期享有基本工资，不得解除劳动合同，允许在劳动期间内进行产前检查。

4. 女员工单胎顺产产假为 98 天，包括产前休假 15 天，不包括难产、晚育需要增加的休假 15 天。具体休假多少天，在符合国家政策的同时，按照公司具体情况执行。

5. 生育保险待遇按照国家和当地政府的有关规定执行。

<table>
<tr><td colspan="6" align="center">第三章　附则</td></tr>
<tr><td colspan="6">第十条　本制度自发布之日起执行。</td></tr>
<tr><td colspan="6">第十一条　本制度的编写、修改及解释权归人力资源部所有。</td></tr>
<tr><td>执行部门</td><td></td><td>监督部门</td><td></td><td>编修部门</td><td></td></tr>
<tr><td>编制日期</td><td></td><td>审核日期</td><td></td><td>批准日期</td><td></td></tr>
</table>

范例三：员工工伤补助规定

制度名称	××公司员工工伤补助规定	受控状态	
		编号	

第一条　本公司员工工伤待遇除特殊规定外，均按本办法执行。

第二条　本方案适用于公司所有界定为工伤之员工。

第三条　工伤（伤残或死亡）界定范围：

1. 在本公司进行正常生产和工作，或从事公司领导及有关管理人员临时指定、同意的工作。

2. 从事与本公司有关的科学研究、发明创造、技术改进工作。

3. 在紧急情况下，未经公司领导指定而从事对单位有益的工作（如抢救财物）。

4. 工作时间在本公司生产工作区域内遭受非本人所能抗拒的意外灾害。

5. 从事抢险救灾，维护社会和人民利益。

6. 上下班时间按正常所经路线在上下班途中遭非本人责任事故或其他意外事故。

7. 因工出差或外勤期间或工作调动途中遇非本人责任发生的事故。

8. 从事专业性工作引起职业病而造成永久性完全残废或者死亡。

9. 经鉴定确认为因工致残，伤口复发而死亡。

10. 在本公司安排的生产工作任务中因病而猝然死亡的。

11. 经鉴定证明因医疗事故造成的伤残或死亡。

12. 经市以上劳动行政部门确认其他可以比照因工伤残或者因工死亡的。

第四条　因工负伤待遇。

1. 医疗费用（含挂号费、医疗费、药费、检验费、手术费、住院费、就医路费等），达到残废评定标准、重伤或死亡的，由本公司和社保部门各负担50%；未达到残废评定标准的，由本公司负担。

2. 住院期间的伙食费由公司全部负担。

3. 员工因工负伤，医疗期终结后，由市劳动能力鉴定委员会按照《××省职工因工残废评定标准》和指定医院开具的证明，做出丧失劳动能力情况的鉴定，确定伤残等级，按伤残等级享受伤残待遇。

4. 一次性发给伤残补偿金。补偿金以上年度本公司职工月平均工资为计发基数，具体标准为：一级15个月、二级14个月……九级为7个月，十级为6个月，共分十级，每级相差1个月的基数。

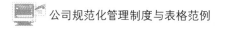

5.员工因工死亡，由社会保险机构支付的有三项：

（1）丧葬费，标准为上年度本公司平均工资 1 个月。

（2）抚恤金，标准为本公司上年度员工月平均工资 12 个月。

（3）生活补助费，标准为供养城镇户口一人者，每月按本公司员工月平均工资的 ××% 发给；供养两人及以上者，按 ××% 发给；供养农村或乡镇户口的，按城镇户口供养标准 ××% 发给。孤老及孤儿按上列标准的 ××% 发给。

6.已参加工伤保险的员工，因工受伤者，可以凭收据由公司补助下列医疗费用：

（1）送往劳保局指定医院前，因情况危急先行抢救的治疗者，其所付费用。

（2）急救所做紧急处理，例如输血或特效针药等费用。

（3）主治医师认为必需的针药，而劳保不能给付者。

第五条　工伤各种医疗补助费的发给应附保险部门指定医院证明及收据申请核付。

第六条　本规定经呈准后施行，修正时亦同。

执行部门		监督部门		编修部门	
编制日期		审核日期		批准日期	

范例四：员工医疗补贴规定

制度名称	××公司员工医疗补贴规定	受控状态	
		编号	

第一条　为保障公司员工的身体健康，将医疗保健落到实处，结合本公司实际情况，特制定本规定。

第二条　凡在本公司就职的正式员工，每人每月可享受补贴医药费 ××× 元。

第三条　凡在本公司就职的试用期员工，每人每月可享受补贴医药费 ××× 元。

第四条　本公司正式员工因病住院，其住院的医疗费凭市级医院出具的住院病历及收费收据，经公司有关领导批准方可报销。

报销时，应当扣除当年应发医药补贴费，超支部分予以报销，批准权限如下：

1.收据金额在 ××× 元以内由财务经理审核，主管、副总经理批准。

2.收据金额在 ××× 元至 ××× 元的由财务经理审核，总经理批准。

3.收据金额在 ××× 元以上，由主管、副总经理审核，总经理批准。

第五条　本公司聘用的试用期员工、临时工因病住院，其住院的医疗费用按本规定第四条报销办法，扣除当年医药补贴后，超支部分按 60% 报销。

第六条　员工因工负伤住院治疗，按本规定第四条报销办法处理。

第七条　员工父母因病住院，可向本公司申请补助，由财务经理核定，报送总经理批准后，在职工福利或工会互助金中给予一次性补贴。

第八条　本公司每年统一安排员工进行例行身体健康检查，其费用由公司报销。

第九条 医疗费补贴由劳资部每月造册，通知财务部发放。 第十条 本规定经呈准后施行，修正时亦同。					
执行部门		监督部门		编修部门	
编制日期		审核日期		批准日期	

范例五：员工门诊医药费补助办法

制度名称	××公司员工门诊医药费补助办法	受控状态	
		编号	

第一条 为增加公司员工福利，提高员工的满意度，提高员工工作效率，特制定本办法。

第二条 本办法适用于本公司正式聘用的员工。

第三条 凡本公司员工患伤病住医院接受门诊时，可向本公司申请补助，由财务经理核定，报送总经理批准后，由本公司福利委员会补助其医药费80%。

第四条 本公司员工在门诊就诊时，由员工本人先行垫付医药费，同时填写市级医院门诊医药费证明单（公司印备）请医院盖章，然后将该证明单向福利委员会申请医药补助费。如医师开处方至药房购药者，添附处方及药房收据申请补助费。

第五条 员工本人经由劳工保险费负担医药费者，不予补助，但超过劳保标准，自付医药费部分有医院收据或证明者，不适用本办法。

第六条 员工本人或其家属因美容外科、装义肢、义齿、义眼，配眼镜、生产及其他附带治疗、输血、证件费均不得申请补助。但因紧急伤病，经医院诊断必须输血者，不适用本办法。

第七条 本办法核准后施行，修改时亦同。

执行部门		监督部门		编修部门	
编制日期		审核日期		批准日期	

二、员工福利管理实用表格

（一）员工福利提拔表

年　　月　　日

种类	百分比	总额（元）	提拔日期	备注
创立时资本总额提拔				
每月营业总额提拔				
每月在每个员工薪金内扣				
下月变价时提拔				
其他				
其他				
其他				

审核：　　　　　　　　　　　　　　　　　　批准人：

（二）员工互助金申请表

单位		姓名		职务		开始工作时间	
类别		事故人		与员工关系			
事故时间			事故地点				
事故内容							
证明文件							
等级							
互助金金额							
					申请人： 申请日期：		

审核人：　　　　　　　　　　　　　　　　　批准人：

（三）员工福利金申请表

年　月　日

姓名		身份证号		部门	
职称		入职日期		到职日期	
申请事项	金额（元）			备注	
短期残障					
长期残障					
人寿保险					
死亡福利					
休假期支付					
探亲费用					
退休及储蓄计划支付额					
福利总计	大写：＿＿万＿＿千＿＿百＿＿十＿＿元 ＿＿角＿＿分　小写：＿＿＿＿＿				

批示：

复核意见：

部门主管意见：

人力资源部主管意见：

审核人：　　　　　　　　　　　　　　　批准人：

（四）员工重大伤病补助申请表

年　　月　　日

姓名		身份证号		部门	
职称		入职日期		到职日期	
申请事由					
证明文件					
申请金额					
说明					

总经理：　　　　　　　　　总务部主管：　　　　　　　申请人：

（五）员工婚丧喜庆补贴申请表

年　　月　　日

姓名		部门		职称		到职日期	
申请事由				证明文件			
申请金额				备注			

总经理：　　　　　　　　　总务部主管：　　　　　　　申请人：

（六）员工抚恤申请表

申请人	姓名	性别	年龄	身份证号	地址	与死亡员工关系
死亡员工	姓名	性别	年龄	职称	到职日期	原薪金总数
死亡日期		与执行公务关系			劳保年数	
死亡原因						
适用条款						

抚恤金数额	1. 抚恤金 2. 特别抚恤金_____个月薪金共计_____元		
需交证件	1. 死亡证明一份 2. 护照 / 户籍副本一份		
总经理签章	主管		人事部门	
			财务部门	

申请人：
年 月 日

注：本表一式两份，一份经核定后财务部发给抚恤金，另一份存入个人档案。

（七）员工借支申请表

编号：　　　　　　　　　　　　　　　　　年　　月　　日

借支人信息	姓名	性别	部门	职称	借支金额	借支日期
偿还记录	日期	利息	计息天数	未偿金额	本息偿还	应扣工资

财务部：　　　　　　审核：　　　　　　保证人：　　　　　　申请人：

（八）员工退休申请表

年　　月　　日

退休人姓名		性别		出生年月日		籍贯	
现住址					身份证号		
历任职务	部门职位		起止年月			以上各职务合计年资	
拟退休日期		是否配住公司宿舍及借用公司财务					
适用条款		填表人签章					
批示				审核	主管意见		
					人事部门签章		
					总经理签章		
备注							

总经理：　　　　　复核：　　　　　经办人：　　　　　填表人：

（九）月份福利工作计划

月份：　　　年　　月

福利项目	实施时间	说明	经办人	负责人	费用预算	备注

制表人：　　　　　　　　　　　　　　　批准人：

（十）员工保险记录表

年　　月　　日

序号	姓名	部门	工资总额	医疗保险		社会保险		个人合计	公司合计	备注
				个人缴纳	公司缴纳	个人缴纳	公司缴纳			
1										
2										
3										
4										
5										
6										
7										
8										
9										
10										

填表人：

第 九 章

公司财务与会计管理

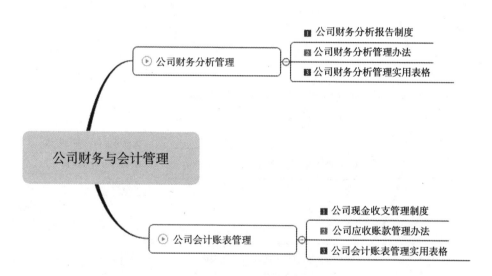

公司财务与会计管理

公司财务分析管理
- ■ 公司财务分析报告制度
- ■ 公司财务分析管理办法
- ■ 公司财务分析管理实用表格

公司会计账表管理
- ■ 公司现金收支管理制度
- ■ 公司应收账款管理办法
- ■ 公司会计账表管理实用表格

扫一扫，获取
本章规范表格

第一节 公司财务分析管理

公司财务分析是以会计核算和报表资料及其他相关资料为依据，采用专门的分析技术和方法，对公司过去和现在有关筹资活动、投资活动、经营活动、分配活动的盈利能力、营运能力、偿债能力及增长能力状况等进行分析与评价的经济管理活动。

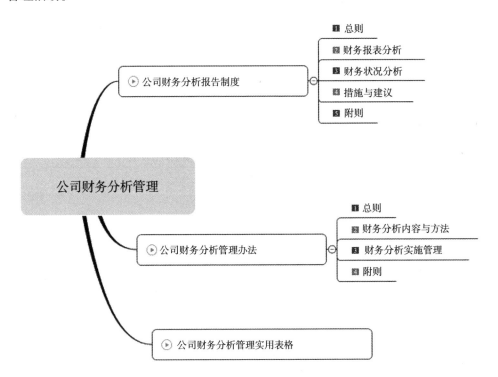

一、公司财务分析管理制度

范例一：公司财务分析报告制度

制度名称	××公司财务分析报告制度	受控状态	
		编号	

第一章 总则

第一条 为了规范公司财务分析内容、格式及报送范畴，发挥财务分析在评判现在、推测以后、改善决策、防范风险和实现企业财务目标的作用，制定本制度。

第二条 本制度适用于集团公司各成员企业。

第三条 财务分析旨在真实反映公司财务状况，评价公司经营成果，揭示公司财务活动中存在的问题，发现和预测财务风险，为公司经营管理提供决策支持。

第四条 财务分析是以企业的财务会计报表和其他有关的内外部经济信息为依据，采纳一定的标准，运用科学系统的方法，对企业的财务活动及其成效进行的剖析。

第二章 财务报表分析

第五条 董事会和管理层进行财务分析的基本目的是为改善财务决策，进而提供经营决策的依据。

1. 投资决策分析：

（1）为决定是否投资，分析被投资企业的资产和盈利能力。

（2）为决定是否转让股份，分析盈利状况、股价变动及发展前景。

（3）为考察被投资企业经营者业绩，分析资产盈利水平及破产风险和竞争能力。

（4）为决定股利分配政策，分析筹资状况等。

2. 筹资决策分析：

（1）为决定是否贷款，分析贷款的成本和风险。

（2）为了解企业的短期偿债能力，分析其流动状况。

（3）为了解企业的长期偿债能力，分析其盈利状况等。

3. 经营决策分析：

（1）为衡量应收款的收回能力，进行客户信用水平分析。

（2）为衡量现在的财务状况和预测未来的发展趋势，对比过去的经营业绩。

（3）为评价企业的经营业绩，进行成本分析、利润分析及价格分析等。

第六条 财务报表分析的一般步骤如下：

1. 明确分析的目的。

2. 收集有关的信息。

3. 根据分析目的，将整体的各个部分分割开来，予以适当安排，使其符合需要。

4. 深入研究各部分的特殊本质。

5. 进一步研究各个部分的联系。

6. 评价结果，提供对决策有帮助的信息。

第三章 财务状况分析

第七条 生产经营状况分析。从产量、产值、质量与销售等方面对公司本期的生产经营活动进行简单评价，同时与上年同期水平作一对比说明。

第八条 成本费用分析。

1. 分析原材料消耗与上期对比增减变化情况，并对变化原因做出分析说明。

2. 分析管理费用与销售费用的增减变化情况（与上期对比），对变化原因做出分析说明，对业务费、销售佣金单列分析。

3. 以当期各产品产量多少为依据，确定本公司主要产品，分析其销售毛利。

第九条 利润分析。

1. 分析产品销售利润、商品销售利润和营业利润。

2. 对各项投资收益、汇总损益及其他营业收入做出说明。

3. 分析利润组成情况及其原因。

第十条 存货分析。

1. 根据产品销售率，分析本公司产销平衡情况。

2. 分析存货积压的形成原因及库存产品完好程度。

3. 分析本期处理库存积压产品的数量、金额及导致的损失。

第十一条 本期账款分析。

1. 分析本期应收账款形成原因及处理情况，包括催收或者上诉的进度情况。

2. 分析本期未取得货款的收入占总销售收入的比例。

3. 分析预付货款、定金及借给外单位的款项等，对于借给外单位和其他用途而挂应收账款科目的款项应单独列出并做出说明。

4. 通过季度、年度分析，对应收账款进行账龄分析，予以分类说明。

第十二条 负债分析。

1. 根据负债比率、流动比率与速动比率，分析企业的偿债能力、财务风险的大小。

2. 分析本期增加的借款去向。

3. 季度分析和年度分析应根据各项借款的利息率与资金利润率的对比，分析各项借款的经济性。

第四章 措施与建议

第十三条 通过分析对所存在的问题，提出解决措施和途径。

1. 对产品生产、公司经营提出合理化建议。

2. 对现行财务管理制度提出建议。

3. 总结前期工作中的成功经验。

第十四条 各企业财务分析应在每月 15 日前报财务管理部，一式两份。

第十五条 各项财务指标说明：

$$应收账款周转天数 = \frac{应收账款平均占用额 \times 30}{本月销售收入（或营业收入）}$$

$$流动资金周转天数 = \frac{全部流动资金平均占用额 \times 30}{本月销售收入（或营业收入）}$$

$$存货周转天数 = \frac{存货平均占用额 \times 30}{本月销售收入（或营业收入）}$$

$$销售利润率 = \frac{销售利润（或营业利润）}{本月销售收入（或营业收入）} \times 100\%$$

$$产品销售率 = \frac{本月产品销售收入}{\sum 各产品产量 \times 销售单价} \times 100\%$$

$$负债比率 = \frac{负债总额}{资产总额} \times 100\%$$

$$资收益率 = \frac{税后利润}{实收资本（或上级拨入资金）} \times 100\%$$

第十六条　以上各项指标的平均占用额，指该指示的月初数与月末数的平均数。

第十七条　年度财务分析则将上述公式中的 30 改为 360，销售收入以全年累计数计算，各项指标的平均占用额则指该指标的年初数与年末数的平均数。

第五章　附则

第十八条　本制度由公司财务部制订，报总经理批准后执行，解释权、修改权属公司财务部所有。

第十九条　本制度自 20×× 年 ×× 月 ×× 日起实施。

执行部门		监督部门		编修部门	
编制日期		审核日期		批准日期	

范例二：公司财务分析管理办法

制度名称	×× 公司财务分析管理办法	受控状态	
		编号	

第一章　总则

第一条　为全面反映公司生产经营活动情况，及时提供经济运行活动中的重要信息，增强内部管理的时效性、针对性及对未来发展趋势的预见性，全面提高公司的经济效益，特制定本管理办法。

第二条　本办法规定了公司财务分析的评价指标、分析内容、分析方法和程序等，适用于财务分析各相关工作。

第三条　财务分析工作由财务部指派专人负责企业财务分析工作。

第四条　公司财务分析主要包括财务报表分析和财务指标分析，根据工作安排，可进行定期（月、季、年）分析，或根据工作需要进行综合的或专题的分析。

第五条　公司财务状况及经营成果的财务分析评价指标包括偿债能力指标、营运能力指标、盈利能力指标。具体包括资产负债率、流动比率、速动比率、应收账款周转率、存货周转率、资本金利润率、销售利润率、成本费用利润率、社会贡献率等。

第六条　财务部应根据实际需要进行日常、定期、不定期、专项分析。每月应提供一份财务指标分析报告，每季应召开一次经济活动分析会。

第七条　财务分析的基本要求。

1.财务分析必须以准确、充分的财务数据、统计数据和其他资料为基础和依据。

2.财务分析应从实际出发，正确总结经验和教训，找出薄弱环节和关键性问题并提出改进措施。

3.根据财务分析的目的，针对实际情况，灵活选取各种有效的分析方法和分析指标。

第二章　财务分析内容与方法

第八条　财务分析主要内容及其作用。

1.货币资金分析。主要分析资金来源构成及其合理性，资金分布情况及各类资金占用的结构比例，资金使用效果及其合理性。通过货币资金分析，着重指出资金在筹集、使用以及管理等方面所存在的问题，提出进一步改善资金管理的建议及措施，促使公司提高货款回收率，加速资金周转，进而确保资金收支平衡以保证生产经营的资金需要。

2.成本分析。主要分析成本计划的完成情况及与上年平均可比单位成本的对比分析，剖析影响本期成本变动的因素及产品产量、材料消耗量以及费用支出额分别对成本升降的影响数额，分析成本管理中的薄弱环节和存在的问题，提出降低产品成本的具体措施，以促使生产部门提高产品产量，降低材料消耗，缩减产品制造费用。

3.期间费用分析。主要通过管理费用、销售费用、财务费用与本年计划及上年同期的对比分析，剖析本期期间费用和计划、与上年同期相比出现变动的原因，并分析各项费用支出的合理性，分析费用支出中存在的问题，提出缩减各项费用支出的具体措施。

4.销售收入分析。主要通过销售收入与本年计划及上年同期的对比分析，剖析影响本期收入增减的因素，分析销售数量、销售价格及销售结构分别对销售额的影响，分析销售工作中存在的问题，找出潜力，提出增加产品销售收入的具体措施。

5.利润分析。主要通过本期利润完成情况与本年计划及上年同期的对比分析，剖析销售数量、销售价格、销售税金、销售成本、销售结构、期间费用以及营业外收支等因素对本期利润的影响，分析影响利润变动的主、客观因素，揭示生产经营活动存在的问题，提出增加利润的具体措施。

6.财务状况分析。主要通过偿债能力指标、盈利能力指标与本年计划及上年同期的对比分析，剖析影响各财务指标增减变动的原因，揭示产品生产经营活动中存在的问题，寻找提高经济效益的途径。

第九条 在选择财务分析方法时，财务分析人员应当根据财务分析的目标、内容等选择合适的财务分析方法。常用的财务分析方法具体使用情况如下：

财务分析方法	具体说明	适用情况
比率分析法	用财务报表中相互关联的项目之间的百分比或比例关系来揭示和评价公司财务状况和经营成果	用于定量分析公司的财务状况、获利能力、偿债能力等
趋势分析法	通过对比两期或连续数期财务报告中的相同指标，确定指标增减变动的方向、数额和幅度	用于说明公司财务状况或经营成果的变动趋势，并且可采用统计图表和比较报表相结合的方式
结构分析法	通过对公司资产结构、负债结构、所有者权益结构每一项目的对比，分析公司各项资产和收益状况	用于从总体上了解和评价公司的财务结构合理与否、公司偿债能力大小、获利能力强弱等

第三章 财务分析实施管理

第十条 财务分析操作程序与要求。

1. 对比找出差距。通过实际与计划比较、实际同上期比较、实际同历史水平比较等找出差距，具体操作要求有：相比较的指标性质相同、包括的范围一致、代表的时间相同。

2. 研究查明原因。

（1）找出差距后寻找产生差距的原因、影响因素。

（2）确定影响因素，根据经济指标的客观联系，运用逻辑判断的方法来分析，例如，成本的高低、工作量的增减、成本管理的好坏、市场饱和情况以及外部环境变化等。

3. 计算确定影响程度。对产生差距的影响因素从数量上确定其影响程度。

4. 总结提出建议。采用书面的方式，对生产经营活动进行总结、评价，针对存在问题提出建议，制定相应的措施，提高管理水平。

第十一条 每月末，财务分析人员应当根据各职能部门和生产车间的预算完成情况分析公司的总体预算完成情况，特别是收入、成本费用、利润以及现金流量等指标的预算完成情况，研究引起差异的主要原因，并提出一系列改进措施，上报公司月度经营分析会。

第十二条 每年末，财务分析人员应当根据公司的报表分析公司的财务状况，具体包括：

1. 分析总体盈利能力、总体变现能力，例如流动比率、速动比率等。

2. 分析总体资产营运能力，例如应收账款周转率、总资产周转率等。

3. 分析偿债能力，例如资产负债率、已获利息倍数等。

第十三条 财务分析人员应当定期或不定期地开展公司内外环境分析，搜集资料，研究国内外行业发展动态、竞争对手情况、国家相关产业政策等与公司经营密切相关的因素。

第十四条 财务分析人员应当及时与公司其他部门进行沟通，了解审计中发现的问题，分析问题产生的深层次原因，并且提出对相关部门和相关问题的处理建议。

第十五条　编写财务分析报告的要求

1. 坚持从实际出发，注重事物的联系，用全面的、发展的眼光看待问题。

2. 定量分析与定性分析相结合，坚持以定量分析为主。

3. 分析内容简明扼要，突出重点。

4. 观点正确，证据充分，用数据说话。

5. 综合评价，提出改进措施。

6. 财务分析报告编报及时。

第十六条　对财务分析中发现的问题，财务部应下发书面整改通知，明确整改目标、整改时限，并抄报公司分管领导，在要求的整改期限内，逐月对各部门的整改情况进行考核、监督，并提出奖罚意见。

第四章　附则

第十七条　本制度由公司财务部制订，报总经理批准后执行，解释权、修改权属公司财务部所有。

第十八条　本制度自20××年××月××日起实施。

执行部门		监督部门		编修部门	
编制日期		审核日期		批准日期	

二、公司财务分析管理实用表格

（一）月份公司财务分析表

年　　月

指标名称	本期数	累计数	计划数	完成计划情况（%）	指标名称	本期数	上年同期数	增减水平
营业收入（元）					总产值（元）			
利润（元）					应收账款周转天数			
创汇额（美元）					流动资金周转天数			
应付账款（元）					存货周转天数			
存货（元）					销售利润率			

续表

指标名称	本期数	累计数	计划数	完成计划情况（%）	指标名称	本期数	上年同期数	增减水平
借款总额（元）					产品销售率			
应收账款（元）					负债比率			
员工人数					投资收益率			
本月财务状况分析								
								单位签章：

（二）财务状况控制表

年　　　月　　　日　　　　　　　　　　　　　　　　　　　　单位：元

应收账款：		应付账款：	
昨日余额		昨日余额	
本日销货		本日发票付账	
本日退货折让		折让退回	
现今销货		支付票据	
货款收回		支付现金	
本日余额		本日余额	
应收票据		应收票据	
昨日余额		昨日余额	
本日收入		本日支付票据	
本日兑现		本日到期	

续表

本日余额			本日余额		
银行名称	昨日存结	本日存入	本日支出	本日存结	明日应付额
合计					

核准：　　　　　　　　　复核：　　　　　　　　　制表：

（三）财务状况分析表

年　　　月　　　日

项次	检讨项目	检讨			评核		
					良	可	差
1	投资资本	□原有资本不足	□投资事业过多	□增资困难			
		□资本不足					
2	奖金冻结	□严重	□尚可	□轻微			
3	利息负担	□高	□中	□低			
4	设备投资	□过多未充分利用	□充分利用	□设备不足			
		□设备陈旧					
5	销售价格	□好	□尚有利润	□差			

项次	检讨项目	检讨			评核		
					良	可	差
6	销售量	□供不应求	□供求平衡	□竞争厉害			
		□销售差					
7	应收款	□赊销过多	□尚可	□甚少			
8	应收票据	□支票过多	□适中	□支票甚少			
9	退票坏账	□甚多	□尚可	□差			
10	生产效率	□高	□尚可	□差			
11	附加价值	□低	□尚可	□差			
12	材料库存	□多	□适中	□短			
13	采购期	□过长	□适中	□短			
14	耗料率	□高	□中	□理想			
15	产品良品率	□高	□中	□低			
16	人工成本	□高	□中	□低			
17	成本库存	□高	□中	□低			
18	在制品库存	□高	□中	□低			

制表人：

（四）损益比较表

单位：元

项目	年度			年度			年度		
	金额	%	趋势	金额	%	趋势	金额	%	趋势
销货净额									
减：销货成本									
销货毛利									
减：销售费用									

续表

项目	年度			年度			年度		
	金额	%	趋势	金额	%	趋势	金额	%	趋势
营业利润									
加：营业外收入									
减：利息支出									
其他费用									
本期净利（损）									

制表人：　　　　　　　　　　　　　　　　　　　　年　　月　　日

（五）融资成本分析表

单位：元

项目	年	年	差额
主权融资（所有者权益） 　　负债融资 　　融资总额			
息税前利润 　　减：利息等负债融资成本 　　税前利润 　　减：所得税 　　税后利润 　　减：应交特种基金 　　提取盈余公积 　　本年实现的可分配利润			
本年资本（股本）利润率			
本年负债融资成本率			

制表人：　　　　　　　　　　　　　　　　　　　　年　　月　　日

（六）经济效益分析表

建造名称			建造别出 扩建 新建成 改善		
产品名称	规格	单位	数量	说明	
				本工程预计 年 月 起 至 年 月止 计 月完成	
摘要	附表	年预计经济效益	审核后经济效益	差异	审核说明
甲：收益项目					
1.增加产量					
2.节省人工					
3.节省物料					
4.节省费用					
5.品质改进					
6.增加效率					
合计					
乙：支出项目					
1.变动成本					
2.固定成本					
3.财务费用					
4.销管费用					
5.其他					
合计					
经济效益净额					
投资概算金额	厂房设备				
	机械设备				
	电仪设备				
	公共设备				
	公用设备				
	土地				
	合计				
投资比率					
投资回收时间					

制表人： 年 月 日

（七）投资效益分析表

年度

投资名称及说明	投资类别				预计投资金额	已支付金额	完成程度		估计收益状况			
	产品	产量	财务	其他			已完成	%	金额	收益期	回收年限	收益率
1												
2												
3												
4												
5												
6												
7												
8												
9												
10												
合计												

制表人：　　　　　　　　　　　　　　　　　　　　年　月　日

第二节　公司会计账表管理

公司会计账表管理主要是对会计凭证、会计账簿、会计报表和其他会计资料进行管理。公司财务工作人员应定期进行财务清查，保证账簿记录与实物、款项相符。

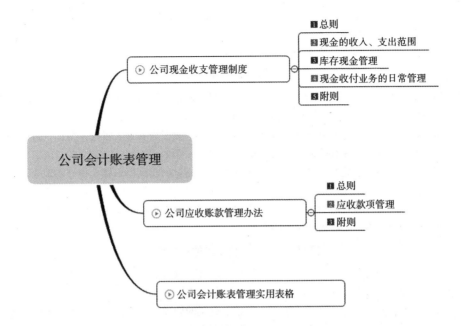

一、公司会计账表管理制度

范例一：公司现金收支管理制度

制度名称	×× 公司现金收支管理制度	受控状态	
		编号	

第一章　总则

第一条　为加强现金管理，规范现金结算行为，根据国家《现金管理暂行条例》，结合本公司实际情况，特制定本制度。

第二条　本制度适用于公司总部及所属分公司、子公司。

第三条　财务部和各所属分公司、子公司财务部负责本制度的具体贯彻实施，并设专职稽核人员负责现金的收支计划和审核管理工作。

第二章　现金的收入、支出范围

第四条　现金收入包括：公司经济业务范围内的一切现金收入以及支用款项的退回现金等。

第五条　现金支出范围。

1.职工工资、津贴，个人劳务报酬。

2.根据国家规定颁发给个人的科学技术、文化艺术、体育等各种奖金。

3.各种劳保、福利费用以及国家规定的对个人的其他支出。

4.向个人收购农副产品和其他物资的价款。

5.出差人员必须随身携带的差旅费。

6. 结算起点以下的零星支出。

7. 中国人民银行确定需要支付现金的其他支出。

第三章　库存现金管理

第六条　库存现金实行限额管理，公司按照国家规定保留一定数额的库存现金。库存现金限额一般为 × 天的日常零星开支需要。

第七条　库存现金不得超过规定限额，超过部分必须于当日存入银行，每日下班前结余现金必须放入保险箱。库存限额不足时从银行存款账户提取。

第八条　公司应当定期组织库存现金的盘点，包括对已收到但未存入银行的现金、零用金等的盘点。

第九条　若有冲抵库存现金的借条、未提现支票、未作报销的原始凭证，应当在"库存现金盘点报告表"中注明或做出必要的调整。

第四章　现金收付业务的日常管理

第十条　公司现金收付由公司出纳人员负责。现金收付必须根据合法的凭证由出纳人员认真核对后办理。对于违反规定的收支，出纳人员有权拒绝办理。

第十一条　对于内容不详、手续不全、数字有误的凭证，出纳人员有权予以退回，要求补办手续，更正错误；遇有伪造、涂改凭证等虚报冒领的应当及时向领导反映。

第十二条　收付完毕，出纳人员应当在原始凭证上加盖"现金收讫"或"现金付讫"戳记。

第十三条　现金收入应于当日送存开户银行，当日送存确有困难的按开户银行确定的时间送存。

第十四条　公司支付现金，只能从库存现金限额中支付或从开户银行提取，不得从本公司的现金收入中直接支付。

第十五条　公司提取现金，应当注明现金用途，经财务经理审批后，出纳人员方可提取。

第十六条　公司派人到外地采购，应当通过银行签发汇票或将款项汇往采购地开立采购专户。

第十七条　出纳人员进行现金收付时，应根据会计人员填制的、经稽核人员审核的有效记账凭证收付款，并且按记账凭证逐日逐笔序时登记现金日记账，每日业务终了时应当盘点现金，并与现金日记账当日余额核对，做到账款相符。

第十八条　公司出纳人员与会计人员应当定期核对总账的现金账户余额与现金日记账余额，做到账账相符。

第十九条　对于公司所有现金收入，无论是否签合同、协议，经办部门必须连同收款说明书、发票或收据副本等，于收进日（最晚于次日）如数交付财务部，收款部门不得挪作他用，不得留存于经办部门内。

第二十条　公司各部门业务人员办理业务预借的现金，其未支用部分应连同发票或收据支出凭单一同送交财务部冲销预借款，不得余款不报。

第二十一条　预算内零星采购，由经办部门开具经费支出报审表（代借款单），并注明用途、金额，稽核员按预算审核。

第二十二条　预算内经常性费用支出，如无预借款直接报账，应由指定经办部门开具费用支出凭单，注明用途，交财务部经理签字办理。预算外或超预算支出，由经办部门提出书面申请按全面预算管理办法执行。

续表

第二十三条 业务部门借领现金（不包括差旅费借款），必须在 × 天内报账。对于过期未报的，通知该部门报账或者追回现金，必要时停办该部门现金借领业务。					
第五章 附则					
第二十四条 本制度自颁布之日起实施。					
执行部门		监督部门		编修部门	
编制日期		审核日期		批准日期	

❖ **小贴士**

公司会计人员的工作职责主要有：

（1）审核原始凭证的合法性、合理性及真实性。

（2）根据审核无误的原始凭证编制记账凭证，登记总账和各类明细账，并且按期编制、报送会计报表。

（3）负责核对和掌握公司各部门的财务收支情况以及销售明细情况等。

（4）管理收款收据及销售发票，不定期进行库存现金盘点。

（5）核算员工工资及业务奖金。

（6）定期清理其他应收款明细账，月末编制其他应收款余额明细表、销售统计汇总表、费用明细表。每月末向公司总经办和财务主管汇报当月资金动作情况。

（7）及时汇报异常经济活动。

（8）妥善保管各种会计凭证、会计账簿、会计报表以及其他会计资料。

公司出纳人员的工作职责主要有：

（1）根据复核无误的收付款凭证，办理现金和银行存款的收付业务，并且在已支付的费用报销单上加盖"现金付讫"或"银行付讫"章，对已收到款项的凭证上加盖"现金收讫"或"银行收讫"章。

（2）每日末、每月末盘点库存现金，做到账实相符，并编制现金收支日报表、银行存款周报表交予总经理。

（3）每月底，负责发放员工工资、奖金以及缴纳各项费用（如电话费、水电费等）。

（4）登记现金日记账、银行存款日记账和银行结算凭证备查簿，月末编制银行存款余额调节表。

（5）每日整理费用单据交予会计。

范例二：公司应收账款管理办法

制度名称	××公司应收账款管理办法	受控状态	
		编号	

第一章 总则

第一条 为加强公司内部控制、降低公司财务风险，根据国家及地方有关财务法律、法规相关规定，特制定本办法。

第二条 本办法主要用于规范应收款项管理、应付款项管理。

第三条 本办法适用于公司各部门。

第二章 应收款项管理

第四条 本办法所界定的应收款项主要包括应收账款和其他应收款。

第五条 应收账款是指公司因产品或提供劳务等原因，应向购货客户或接受劳务的客户收取的款项。

第六条 应收账款的确认时间为销售成立，即同时满足产品已经发出和收款或取得收取货款的凭据两个条件时应确认收入，若此时未收到货款，即应确认应收账款。

第七条 营业部门最迟应于出货日起60日内收款。超过上列期限者，财务部就其未收款项详细列表，通知各营业部门主管转为呆账，并自奖金中扣除，嗣后收回票据时再行冲回。

第八条 营业部门所收票据，自销售日起算，至票据兑现日止，以120天为限。超过上列期限者，财务部即依查得资料，就其超限部分的票据所编列明细表，通知营业部门加收利息费用，利息概以月息2%计算。

第九条 赊销产品管理。

1.赊销产品时，必须办妥下列事项：

（1）签订购销合同。

（2）确立结算方式及付款期限，或获取付款保证书。

（3）延期付款的违约责任。

2.赊销商品前，销售人员应对客户作信用调查，并报告销售主管。赊销金额在____万元以上的，应由总经理决定是否赊销。

3.赊销产品时可以要求客户提供相应的担保。如果是财产抵押担保，对抵押物应当办理登记。

4.赊销产品收受支票时，应注意下列事项：

（1）注意发票人有无权限签发支票；非该商号或本人签发的支票，应要求支付支票人背书。

（2）注意查明支票有效的绝对必要记载事项，如文字、金额、到期日、发票人盖章等是否齐全。

（3）注意所收支票账户与银行往来的期间、金额、退票记票情况（可直接向付款银行查明或请财务部协办）。

（4）注意支票上文字有无涂改、涂销或更改；注意支票记载何处不能修改（如大写金额），可更改者是否于更改处加盖原印鉴。

（5）注意支票上的文字记载（如禁止背书转让字样）。

（6）注意支票是否已逾到期日一年（逾期一年失效），如有背书人，应注意支票提示日期，是否超过规定。

5. 赊销审批权限在××××元以下的由主管财务（副）总经理负责，在××××××元以上的由总经理负责。

第十条 应收账款内部报告。

1. 公司建立应收账款内部管理报告制度，应收账款实行每月向主管经理报告一次制度。各单位于每月3日将上一个月的应收账款情况报财务部，由财务部汇总后报公司主管经理。

2. 应收账款报告的内容包括欠款单位、欠款数额、欠款时间、经办人、是否发出催债的书面通知等。

第十一条 应收账款发生折让时，应填具折让证明单，其折让部分，应设销货折让科目表示，不得直接由销货收入项下减除。

第十二条 催款责任。

1. 财务部对到期应收账款，应当书面通知该账款的经办人。由经办人负责催讨账款。

2. 经办人应当每旬向财务部报告一次催款情况。应收账款到账后，应当及时销账。

第十三条 问题账款处理。

1. 问题账款发生后，经办人应于2日内提交"问题账款报告"，并附有关证据、资料等，由公司主管领导查证并签署意见后，递交至综合部或其他相关部门协助处理。

2. 综合部收到"问题账款报告"后，聘请外部法律人员，于2个工作日内与经办人及其部门内负责人了解情况后拟订处理办法，经总经理批示后，协助经办人处理。

3. 发生"问题账款"后，应收账款回收部门承担相应的赔偿责任，通过扣除应收账款经办人和收款部门负责人个人的工资和奖金赔偿公司的损失。

4. 经核定由经办人承担赔偿责任的"问题账款"，综合部或其他相关部门仍应寻求一切可能的途径继续处理。若事后追回产品或货款时，应通知规划财务部于追回之日起2天内，将款项一次退还原经办人和收款部门负责人。

第十四条 坏账处理。

1. 坏账的确认。

（1）债务单位破产或撤消，依法定程序清偿后，无法收回的应收款。

（2）债务人死亡，无遗产或遗产不足清偿，无法收回的应收款。

（3）债务人逾期3年未履行偿债义务，现仍不能收回的应收款。

2. 根据以往的经验、债务单位的实际财务状况和现金流量等相关信息，公司坏账准备采用账龄分析法计提。

第十五条 所收支票已缴交者，如退票或因客户存款不足，或其他因素，要求退回兑现或换票时，营业单位应填具票据撤回申请书，经部门主管签准后，送财务部办理。营业部门取回原支票后，必须先向客户取得相当于原支票金额的现金或担保品，或新开支票，始将原支票交付，但仍须依下列规定办理。

第十六条 财务部接到银行通知客户退票时，应即转告营业部门，营业部门对于退票，无法换回现金或新票时，应即寄发存证信函通知发票人及背书人，并迅速拟定善策处理。

第十七条 营业部门对退票申诉案件送请财务部办理时，应提供下列资料：

1. 发票及背书人户籍所在地（先以电话告知财务部）。

2. 发票人及背书人财产（土地应注明所有权人、地段、地号、面积、持分设定抵押）。其他财产应注明名称、存放地点、现值等。

3. 其他投资事项。

第三章　附则

第十八条　本办法自发布之日起施行。

执行部门		监督部门		编修部门	
编制日期		审核日期		批准日期	

二、公司会计账表管理实用表格

（一）收入传票表

制票	年　月　日		制票编号			
会计科目			摘要	金额	序时账页	分类账页
总账	分类账					
合计						

负责人：　　　　会计：　　　　复核：　　　　制表：

（二）支出传票表

制票	年　月　日		制票编号		
付款	年　月　日		付款编号		
会计科目		摘要	金额	序时账页	分类账页
总账	分类账				
合计					

负责人：　　　　会计：　　　　复核：　　　　制表：

（三）现金转账传票

制票		年　月　日		制票编号		
会计科目		摘要	借方金额	贷方金额	序时账页	分类账页
合计						

负责人：　　　　会计：　　　　出纳：　　　　复核：　　　　制表：

（四）现金收支月报表

单位：元

填写日期		收入			支出							结存
月	日	销售货物	其他	合计	资本收入	原材料耗损	工资	销售费用	制造费用	其他	合计	

填表人：

（五）应收应付账款月报表

月份：   单位：元

应收账款				应收票据			
销货日期	客户	订单或凭证号码	金额	收单日期	客户名称	银行名称	金额
合计				合计			

审核人：   填表人：

（六）资金运用月报表

月份：

摘要			前月累计		本月份			累计			备注
			预算	实绩	预算	实绩	差额	预算	实绩	差额	
上月转入											
收入	销货收入										
	应收账款回收										
	票据兑现										
	抵押借款										
	私人借款										
	其他收入										

续表

摘要			前月累计		本月份			累计			备注
			预算	实绩	预算	实绩	差额	预算	实绩	差额	
合计											
支出	借款偿还	长期借款									
		短期借款									
		小计									
	滞销偿还	采购品									
		费用									
		设备									
		小计									
	费用	购买材料									
		支付采购品									
		小计									
	支付利息										
	固定资产购入										
下月转入											

制表人：

（七）问题账款报告表

年　　月　　日

基本资料	客户名称			
	公司地址		电话	
	工厂地址		电话	
	负责人		洽办人	
	开始往来日期		交易项目	
	平均月交易额		授信程度	
	问题账款金额			

经过情况	（1）发生原因：□客户倒闭　□拖延付款　□质量不良　□数量不符 □客户要求延后付款　□其他（　　） （2）经过：
处理意见	
附件说明	
备注	

复核人：　　　　　　　　　　　　　　制表人：

（八）应收账款分析表

月份	销售额	累计 销售额	未收 账款	应收 票据	累计 票据	未贴 现金额	兑现 金额	累计 金额	退票 金额	坏账 金额
1 月										
2 月										
3 月										
4 月										
5 月										
6 月										
7 月										
8 月										
9 月										
10 月										
11 月										
12 月										
分析：										

制表人：　　　　　　　　　　　　　　　　　　　年　　月　　日

⟲ 第 十 章

公司客户和公关管理

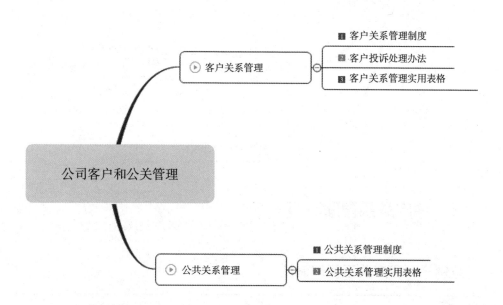

公司客户和公关管理

- ▶ 客户关系管理
  - ❶ 客户关系管理制度
  - ❷ 客户投诉处理办法
  - ❸ 客户关系管理实用表格

- ▶ 公共关系管理
  - ❶ 公共关系管理制度
  - ❷ 公共关系管理实用表格

扫一扫，获取
本章规范表格

第一节　客户关系管理

　　客户关系管理是企业为了提高核心竞争力，达到竞争致胜，开展的判断、选择、争取、发展和保持客户需要的全部商业过程。

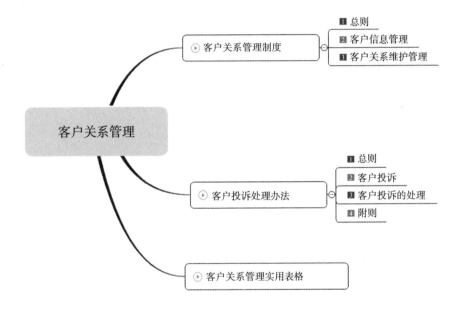

一、客户关系管理制度

范例一：客户关系管理制度

制度名称	××公司客户关系管理制度	受控状态	
		编号	

第一章　总则

　　第一条　为了不断加深对客户需求的认识，实现以"客户为中心"的营销理念，提高客户满意度，改善客户关系，提升企业的竞争力，特制定本管理制度。

　　第二条　本管理制度适用于公司整体（包括分公司和各事业部）的客户关系管理。

第三条　基本原则。

1. 客户关系维护应根据客户情况的变化，不断加以调整，并进行跟踪记录。

2. 客户关系维护的重点不仅应放在现有客户上，还应更多地关注未来客户或潜在客户。

3. 应利用现有客户关系进行更多的分析，使客户关系得到进一步的巩固。

4. 有关维护客户关系的工作需客户服务部各级管理人员及服务人员共同合作、相互监督。

第二章　客户信息管理

第四条　建立客户信息档案。

1. 客户经理应当跟踪、了解客户所处的经营环境，每月向市场部信息管理员提供"客户行业和市场信息报告"；重大信息有责任立即书面或口头向市场部部长汇报。

2. 对于每一个机构客户，客户经理应当建立健全客户基本资料档案，市场部经理应予以监督和指导。客户基本资料档案一式三份，客户经理本人留存一份供业务使用；两份交市场部信息管理员存档，供市场分析和安排走访客户计划等。

3. 在具备条件时，以电子表格形式填写、保存和传递客户信息资料，统一存放于本部市场部数据库。

4. 客户经理应当及时跟踪客户情况的变化，及时填写、更新客户信息档案的内容。更新内容应当及时书面提供给市场部信息管理员。

5. 客户信息档案每季度重新核定一次。

第五条　制作与应用客户关系卡。

1. 根据固定的格式编制客户关系卡片，其内容包括客户姓名、工作单位、职位、住址、联系方式等。

2. 对于重点客户应该单独管理，制作重要客户的卡片。

3. 客户关系卡的应用须以准确性、有效性、时效性为原则。

4. 客户关系卡应随着客户情况的变化，加以记录调整。时常更新客户卡，保留有用客户信息。

第三章　客户关系维护管理

第六条　增加客户的合作受益，对于信用较好的客户提供一定程度的优惠等。

第七条　通过各种公共媒体活动，以及公司举办各种公共活动来影响客户的发展倾向，增强公司的亲和力。

第八条　举办客户礼品赠送活动，应定期拜访老客户。

第九条　通过广告宣传、客户服务计划的制订及客户服务人员的个别接触，与客户保持良好关系。

第十条　充分聆听客户需求信息，对客户需要周到细心的关怀和提供良好的服务。

第十一条　经常与客户沟通，保持良好的关系。

第十二条　积极地将各种有利的情报提供给客户，提供给客户公司新产品信息以及使用新产品的感受。

第十三条　耐心处理客户的异议，经常帮助客户。

执行部门		监督部门		编修部门	
编制日期		审核日期		批准日期	

范例二：客户投诉处理办法

制度名称	××公司客户投诉处理办法	受控状态	
		编号	

第一章 总则

第一条 为及时、有效地处理客户的投诉及意见反馈，加强对客户投诉处理工作的质量管理，牢固树立"以顾客为中心"的服务意识，提高服务水平和工作质量，完善服务制度，特制定本办法。

第二条 对客户投诉的处理应当以有关规章制度为依据，以实事求是、公平合理、处理及时为原则，最大限度地满足客户的正当要求，认真解决客户提出的问题，改进工作，优化服务，及时发现客户纠纷风险和不稳定因素，维护公司信誉和合法权益。

第三条 本办法适用于本公司在销售服务和售后服务中的下列投诉：

1. 与产品质量有关的投诉。

2. 与销售购销合同有关的投诉。

3. 与维修质量有关的投诉。

4. 与服务质量有关的投诉。

5. 客户提出的各类提案、建议、批评与意见。

第二章 客户投诉

第四条 公司各部门经理为公司一般投诉事项的处理负责人。涉及违规行为和导致诉讼的投诉事件，由公司总经理负责处理，公司总经理为投诉事件的最终处理负责。

第五条 如遇到客户拨打电话或者上门投诉的情况，相关负责人应当稳定客户情绪，耐心听取意见，做好投诉记录，并立即报告客服中心。

第六条 客户投诉的具体事项应当按照公司有关部门和领导的要求，配合投诉事项的调查、反馈等工作。

第七条 在处理投诉过程中，如发现公司各部门相关责任人存在违规行为的，应当立即报告上级领导核实。

第三章 客户投诉的处理

第八条 各类客户投诉的受理及处理的基本程序如下图所示。

第九条 客户投诉分咨询、建议、投诉三种类型，公司各部门应严格按照客户投诉处理流程对客户投诉予以处理。

1. 客户咨询类。针对客户来电咨询相关产品及技术问题时，业务管理部能直接解答的，应当即解答，不能解答的应当予以记录，立即同相关业务部门联系相关了解情况，便于直接回复客户的应在24小时答复客户；无法直接洽谈的，应由相关业务部门在24小时答复客户。

2. 客户建议类。需要回复的，要给客户承诺一定回复期限，待领导做出批示后向客户答复建议被采用情况。

续表

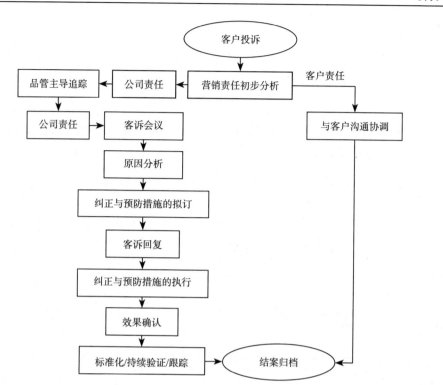

3. 客户投诉类。接到客户投诉后，应当根据投诉内容分类处理，指定专人进行调查。处理公司投诉工作或服务的相关岗位人员，根据事实和公司有关规定判定属于违规或工作失职的，应将具体情况向总经理汇报，按公司投诉处理程序处理；属于一般工作失误、服务欠缺的，按各岗位员工所在部门的有关规章制度和考核规定对当事人进行处理，并使其立即纠正；根据实际情况，由各业务部门经理提出整改方案；属于客户自身问题或误解引起投诉的，各业务部门的部门经理应做好对客户的解释工作，消除误会。

第十条　客户投诉案件处理期限。客户投诉处理期限不能超过 3 个工作日，特殊情况不能超过 7 个工作日。

第十一条　客户投诉责任人员处分及奖金罚扣。

1. 客户投诉责任人员处分。业务管理部每月 10 日前应审视上月份结案的客户投诉案件，凡经批示为行政处分者，经整理后送人事单位提报"人事公布单"并公布。

2. 客户投诉绩效奖金罚扣。责任归属单位或个人由总经理室生产管理组依客户投诉问题发生的原因决定责任归属单位，并且开立"奖罚通知单"呈总经理核准后复印三份，一份自存，一份送会计单位查核，一份送罚扣部门罚扣奖金。

第四章　附则

第十二条　本办法呈总经理核准后实施，修订时亦同。

执行部门		监督部门		编修部门	
编制日期		审核日期		批准日期	

❖ **小贴士**

　　在处理客户投诉时，投诉受理人应当耐心听取、认真审阅，做到及时、专业、礼貌，体现良好的职业道德和服务意识；对于客户的不合理要求，也要耐心解释和说服防止矛盾激化；对于扬言采取过激行为的对象要落实专人负责看管，对可能被报复的人员和被破坏的目标，采取有效的防范措施。此外，投诉受理须与客户在合法、合理及自愿的基础上积极协商、妥善解决，不能简单了事，要力争将矛盾和问题在公司内部解决和消化。

二、客户关系管理实用表格

（一）客户开发记录表

年　　月　　日

客户名称		编号	
公司/工厂地址		电话	
主办人员			
使用产品			
第一次交易额及品名			
开发经过			
备注			
批示			

部门经理：　　　　　　　　　　　　　　　填表人：

（二）客户等级分类卡

序号	A 级		B 级		C 级		D 级		E 级	
	业种	客户代码	业种	客户代码	业种	客户代码	业种	客户代码	业种	客户代码

复核人：　　　　　　　　审核人：　　　　　　　　填表人：

（三）客户访问计划表

序号	姓名	地址	电话	业种	访问动机	面谈时间	访问经过	对应商品	销售预计额	区分	备注
1					□主动询问 □公司命令 □探听得来 □介绍					□新客户 □续访问 □用户 □售后服务 □其他	
2					□主动询问 □公司命令 □探听得来 □介绍					□新客户 □续访问 □用户 □售后服务 □其他	

序号	姓名	地址	电话	业种	访问动机	面谈时间	访问经过	对应商品	销售预计额	区分	备注
3					□主动询问 □公司命令 □探听得来 □介绍					□新客户 □续访问 □用户 □售后服务 □其他	
4					□主动询问 □公司命令 □探听得来 □介绍					□新客户 □续访问 □用户 □售后服务 □其他	
扩展内容及 成果记录											
领导评价											

部门主管： 单位主管： 报告人：

（四）客户投诉管理卡

客户姓名/名称		联系方式	
投诉时间		投诉主题	
投诉人		接诉人	
回复时间		处理人	
投诉内容			
投诉分析			
处理办法			
处理结果			
客户反馈			
备注			

（五）客户资料管理卡

公司名称			地址		联系电话	
传真			企业类型		注册资金	万元
营业内容						
营业概况	内外销比					
	营业性质					
	信用状况					
	营业状态					
	员工人数					
	淡旺季分布					
	最高购买额/月					
	平均购买额/月					
主要负责人概况	姓名	职务	联系电话	主营业务		备注
使用本公司主要产品						
首次交易时间						
备注						

总经理：　　　　　经理：　　　　　主管：　　　　　制单：

第二节 公共关系管理

公共关系是公司在运营过程中，有意识、有计划地与社会公众进行信息双向交流及行为互动的过程，从而增进社会公众对公司的理解、信任及支持，达到公司与社会协调发展的目的。

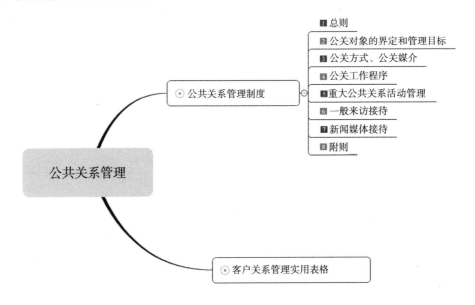

一、公共关系管理制度

范例：公共关系管理制度

制度名称	××公司公共关系管理制度	受控状态	
		编号	
第一章 总则			
第一条 目的。 加强对公司形象的建设与管理，保持公司与社会、员工的沟通以及相互理解，规范公司公关活动和行为，特制订本制度。			

第二条　本制度适用于公司公共活动管理的相关事项。公司各驻外机构的公共关系管理可参照本制度执行。

第三条　权责。

1.公司总裁负责公司公关的决策。

2.公司综合管理中心总监负责公司公关的总协调，是公司公关活动的管理和执行部门。

第四条　公关原则。

1.统一领导，分级负责，协调一致。

2.顾全大局，有的放矢，严守机密。

3.表里如一，诚信为本，以诚待人。

4.言行得体，热情周到，不卑不亢。

第二章　公关对象的界定和管理目标

第五条　公关对象。

1.业务关系单位，包括顾客、供应商、竞争对手等。

2.公司内部对象，包括员工、股东等。

3.公司外部对象，包括新闻媒体、政府机关、社会公众等。

第六条　管理目标。

1.使公司树立良好的信誉形象。

2.监督和改善公司的运作环境。

3.联络社会公众和媒体，传递内外信息。

4.辅助决策和协调人际关系。

5.提高公司的社会效益和经济效益。

第三章　公关方式、公关媒介

第七条　公关主要方式。

1.宣传方式：宣传方式主要包括广告、新闻宣传、新闻报道、专题通信、经验介绍、记者专访等。

2.服务方式：提供优质产品、商品、服务，例如三包服务、送货、退货、保修期及保险服务等。

3.社会方式：举办社会性活动，例如纪念会、庆祝会、赞助活动、展览会、联欢会及音乐会等。

4.征询方式：

（1）满意度测试和问卷调查。

（2）公司经营管理活动有奖征询：商标名、图案、产品名称、企业形象及经营点子。

第八条　公关媒介。

1.新闻性媒介：新闻性媒介包括报纸、杂志、电视及广播等。

2.其他媒介：

（1）电子出版物或互联网。

（2）展览会、研讨会及发布会。

（3）书籍。

（4）电影、录像、录音带及幻灯片等。

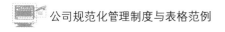

续表

（5）企业内部刊物。

（6）广告宣传品、招贴画及挂历。

（7）图片、照片、明信片及实物模型。

（8）公司用品（纳入企业形象设计）。

第四章　公关工作程序

第九条　根据公司的经营管理计划、市场环境，制订公关工作计划。

第十条　时刻关注公司内部状态、外部环境，密切收集与公司有关的信息，包括企业的美誉度、认知度及和谐度等，了解社会公众对公司行为的意见和态度，判断其社会基本形象、地位。发现外界或公司形势出现变化趋向时，应当及时研究、调整公关工作的方向与目标。

第十一条　确定公关目标、选择公关媒介。

第十二条　确定公关方式和技巧。

第十三条　定期评价公关工作阶段效果，做好总结，将取得关于公关工作过程、工作效益信息，作为决定开展、改进公关工作和制订公关计划的依据。

第五章　重大公共关系活动管理

第十四条　重大公共关系活动管理。

1.公司重大公关活动由公司总经理亲自组织和领导。

2.公司建立重大公关活动领导小组，邀请公司外部知名人士和领导参加，公司内部各部门负责人为其成员。

3.对于重大公关活动，公司聘请、委托专业公关咨询公司或企划人员策划公关方案。

4.重大公关活动企划人员需制订详细的工作计划，并精心组织实施。

第六章　一般来访接待

第十五条　在接到来宾通知时，应首先了解来宾的单位、姓名、身份、性别及人数等；其次要了解来宾的目的和要求；最后应当准确掌握来宾乘坐的交通工具和抵离时间。

第十六条　应当及时将来宾通知和了解的基本情况向主管领导报告，听取主管领导对接待工作的安排意见。

第十七条　根据主管领导的意见和来宾的意图制订接待工作方案，并报主管领导批准。

第十八条　根据接待方案，通知各相关部门做好必要的准备工作，并且落实接待食宿工作，安排接待用车及会务安排等。

第十九条　接待人员应当根据接待方案组织好来宾的各项活动，保证各项工作的顺利进行。

第七章　新闻媒体接待

第二十条　凡是新闻媒体记者采访均由对综合管理中心接待和安排，各中心、分支机构配合。

第二十一条　记者申请采访时，应当先将采访提纲传真或邮件至综合管理中心，经领导签批后方可进行答复。

第二十二条　重大采访活动，接待人员应当自始至终陪同，做好详细文字或摄影、录像记录并存档。

第二十三条　采访后的新闻稿由公司综合管理中心阅稿，经总经理同意才可播发，并做好采访的后期跟踪工作。

第八章　附则					
第二十四条　本制度由行政部负责解释、修改。 第二十五条　本制度自××××年×月×日起实施。					
执行部门		监督部门		编修部门	
编制日期		审核日期		批准日期	

❖ **小贴士**

公司在进行公关活动时，应做好公关预算。公关活动的经费预算主要包括人工报酬、活动费用、器材设备费及临时费用四个部分。在编制公关活动预算时，应当以公司经济承受能力和实际需要为准，切实保证公司公关活动的顺利开展。此外，编制公关预算需要留有余地，设置临时费用，以备不时之需。

公关活动时的预算拨款需要由财务部设立单独的账户，专款专用，任何部门或事项都不得占用公关活动预算资金。

二、公共关系管理实用表格

（一）公关工作计划表

日期：

公关计划名称		负责部门	
负责人员	□公关专员	□公关主管	□行政部负责人
其他人员			
公关计划安排			
进度安排	起止时间	工作内容	工作要求
近期工作			
中期工作			
目标修正			
长期工作			
长期目标修正			
工作成果			
工作完成情况			
工作预算		工作结算	

（二）公关调查表

调查方式	预计目标	实施时间	调查数量	调查结果分析
抽样调查				
典型调查				
个案调查				
民意调查				
电话调查				
问卷调查				
文献调查				
邮件调查				
专家咨询				

（三）公关费用预算表

活动名称	开展日期	费用预算							
		接待费	会议费	宣传费	人工费	设备费	管理费	媒体费	其他

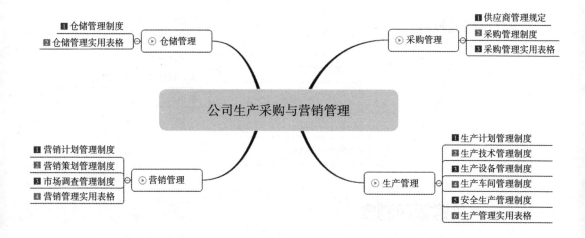

第十一章

公司生产采购与营销管理

仓储管理
1 仓储管理制度
2 仓储管理实用表格

采购管理
1 供应商管理规定
2 采购管理制度
3 采购管理实用表格

公司生产采购与营销管理

营销管理
1 营销计划管理制度
2 营销策划管理制度
3 市场调查管理制度
4 营销管理实用表格

生产管理
1 生产计划管理制度
2 生产技术管理制度
3 生产设备管理制度
4 生产车间管理制度
5 安全生产管理制度
6 生产管理实用表格

扫一扫，获取
本章规范表格

第一节　采购管理

建立企业采购管理制度，可以明确各岗位、各环节的责、权及相互关系；明确采购人员的业务操作要求，从而有利于加强考核；有利于在采购部门贯彻按劳分配制度，有利于激发职工的责任感与事业心。

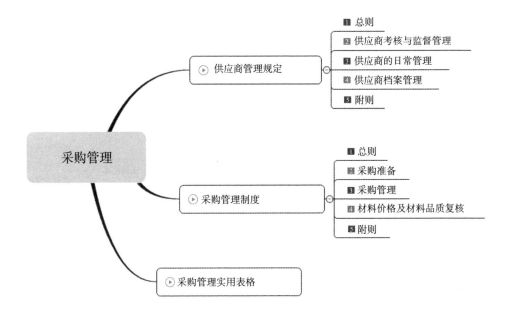

一、采购管理制度

范例一：供应商管理规定

制度名称	×× 公司供应商管理规定	受控状态	
		编号	
第一章　总则			
第一条　为了规范供应商的选择与日常管理维护，及时对供应商进行考核和评价，激励供应商提高供应质量，特制定本规定。			

第二条 凡本公司有关供应商管理的相关事项，除另有规定外，均依照本规定进行处理。

第三条 适用范围。

1. 供应商的管理包括供应商的选择、管理、评价、淘汰等方面，由采购部主导，矿管部及其他相关部门负责协助。

2. 公司供应商管理的范围包括石场现金采购物资的供应商。

3. 物资供应商分为固定资产供应商、材料配件供应商等。固定资产供应商由于采购频率低、单值大，只需进行供应商的选择，不进行日常供应商的评价。

第二章 供应商考核与监督管理

第四条 凡列入我公司"合格供应商名单"的所有供应商，均属于本公司供应商监督与考核的对象。

第五条 采购部应当定期或者不定期地对合格供应商就产品品质、交货日期、产品价格、售后服务等项目作出评价与考核。

第六条 采购部在进行供应商考核与评价时，应当综合考虑以下六个方面的标准，择优选取。

1. 供应商是否具有合法的经营许可证，是否具备必要的资金能力。

2. 供应商是否按照国家标准建立了质量保证体系，且通过质量管理认证。

3. 供应商的生产管理水平是否先进，能否进行弹性供货。

4. 供应商是否具备足够的生产能力，是否能够满足本公司的连续需求以及进一步扩大生产的需要。

5. 供应商是否有具体的售后服务措施并且令人满意。

6. 供应商所供应的产品的质量是否符合我公司的要求。

第七条 考核方法。

1. 主观法。根据个人印象和经验对供应商进行评价，评价的依据比较笼统，适合于采购人员在对供应商进行初评时使用。

2. 客观法。根据事先制定的标准或准则对供应商进行量化考核、审定，具有包括调查表法、现场打分评比、供应商表现考评、供应商综合审核以及总体成本法等。

第八条 考核标准和考核结果应由采购专员以书面形式通知供应商。

1. 供应商考核评分与等级分为以下几类：

等级划分	A 级	B 级	C 级	D 级
考核得分	90 分及以上	80～89 分	70～79 分	69 分及以下

2. 奖惩办法：

（1）A 级供应商，优先采购，同类采购增加其订单量，放宽检验或免检，货款优先支付。

（2）B 级供应商，要求其对不足的部分进行整改，并将整改结果以书面形式提交。

（3）C 级供应商，减少采购量，要求其对不足部分进行整改，并将整改结果以书面形式提交，采购部对其纠正措施和结果进行确认后决定是否继续正常采购。

（4）D 级供应商，终止与其采购供应关系，将其从"合格供应商名单"中删除。

第九条 交货期监督。

采购部应当对合格的供应商进行交货期监督，要求其准时交货，并记录由供应商原因引起的分批发运而造成的超额费用。

第十条　质量监督。

1. 采购部应对合格的供应商进行质量监督，由质量部和采购部对合格供应商的供货质量作记录，出现不合格产品时应对供应商提出警告，连续两批产品均不合格时，应暂停向其采购。

2. 采购部应责令不合格供应商查明原因并提高产品质量，如果有所改进，再另行决定是否继续采购。如果供应商未能在限期内提高产品质量，则由采购部经理报总经办批准之后，终止与其合作。

第三章　供应商的日常管理

第十一条　采购部门需对供应商日常表现及到货物资使用情况进行记录，形成供应商评价的依据。

第十二条　对到货物资出现的品质异常，使用部门应当及时发送"供应商品质异常情况表"给采购执行主体，表中描述清楚品质异常现象，并附照片，采购部门将异常信息转发供应商，并跟进供应商解决和后续改进工作。

第十三条　采购部门应当定期对供应商的交货情况进行统计分析，其结果作为供应商评价的依据，并将结果反馈给供应商，敦促其不断的改善与提高。

第十四条　采购部门应当定期了解同类产品市场价格及供应情况，并作为与供应商谈判及供应商评价的依据。

第十五条　对于公司重要供应商，应当加强与供应商的日常沟通与信息反馈，建立长期合作供应商关系，签订长期合作协议。

第四章　供应商档案管理

第十六条　供应商档案包括：

1. "供应商合格名录"。

2. "供应商基本资料表"。

3. 供应商营业资质[营业执照复印件；税务登记证复印件；组织机构代码证；认证体系证书复印件；特殊行业许可证；代理商（贸易商）需提供代理证书等]。

4. 价格表。

5. 关键技术资料。

6. 评估、考核资料，包括："实地评估记录表""新供应商评审表""供应商考核表""供应商异常联系单""供应商异常情况登记表"等。

第十七条　供应商档案由采购执行主体负责管理。

第十八条　供应商档案应实时进行更新，每年至少更新一次。

第十九条　在纸质供应商档案基础上，采购部应建立电子版"供应商情况登记表"与"供应商合格名录"，并对内容进行实时更新。

第五章　附则

第二十条　本规定的制定、修改、废止由总经理核准。

第二十一条　本规定呈请总经办批准后，自20××年×月×日起生效执行。

执行部门		监督部门		编修部门	
编制日期		审核日期		批准日期	

范例二：采购管理制度

制度名称	×× 公司采购管理制度	受控状态	
		编号	

第一章　总则

第一条　目的。

为加强采购计划管理，规范采购工作，保障公司生产经营活动所需物品的正常持续供应，降低采购成本，特制定本制度。

第二条　适用范围。

本制度适用于公司及下属各生产企业的采购活动。

第三条　采购规则。

1. 采购工作应当依照国家法律法规，公开透明，货比三家，不得采购三无产品。

2. 单次采购金额 × 万元人民币以上的项目，原则上应当签订合同／协议后采购。

3. 单次采购金额 × 万元人民币以下的项目，由采购员在供应商群询比价采购，分管领导监督审核。

4. 单次采购金额 × 万元人民币（含 × 万元）以上，×× 万元人民币以下的项目，由公司组织招标采购。

第二章　采购准备

第四条　填写"请购单"。

"请购单"由需求部门提出，单上注明材料名称、规格、数量、需求日期及注意事项，若涉及技术指标的，须注明相关参数、指标要求。经部门主管审核后，按规定逐级呈核，最后送采购部。

第五条　国内采购部负责办理内购，国外采购部负责办理外购，营业部负责办理进口事务。重要材料采购由总经理或经理直接与供应商议价。对于专项用料，必要时由经理或总经理指派专人或指定部门协助办理采购。

第六条　采购方式。

1. 集中采购。对具有共同性的材料，经核定材料项目，通知各请购部门提出请购计划，报采购部定期集中办理。

2. 长期采购。对经常使用且使用量较大的材料，采购部应事先选定厂商，议定长期供应价格，以后按需提出请购。

第七条　采购部应根据市场供求状况及材料特性，分类划定材料采购作业期限并通知各有关部门。

第八条　按采购申请流程，由各相关部门审批，经总经理批准后交人力资源与后勤部采购。各审核环节对采购申请提出议异者，应于 2 个工作日内将意见反馈给采购申请部门。

第三章　采购管理

第九条　每一种物品（物资）原则上需三家以上供应商报价。如果供应商报价规格与请购部门的要求略有不同或属代用品，采购人员应加以审核并在"请购单"上予以注明，报经主管核发并转请购部门签注意见。对于供应厂商的报价资料，经办人员应深入整理、分析，并以电话等方式与对方议价。

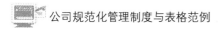

第十条　询价完成后，采购经办人员应在"请购单"中详细填写询价或议价结果，拟定"订购厂商""交货期限"与"报价有效期限"，由采购部主管核批并向上级报批。

第十一条　订购。

1.采购经办人员接到已审批的"请购单"后，即向供应商寄发"订购通知单"，并确定交货日期。

2.分批交货时，采购人员应在"请购单"上加盖"分批交货"章。

3.使用暂借款采购时，采购人员应在"请购单"上加盖"暂借款采购"章。

第十二条　收到货品并且经过验收确认无误后，由会计部门于结账前办妥付款手续。如为分批收料，"请购单"（内购）中的会计联待第一批收料后送会计部门。需待试车检验者的内购材料，订有合约部分，按合约规定办理付款；未订合约部分，按采购部报批的付款条件付款。

第四章　材料价格及材料品质复核

第十三条　材料价格复核。

1.采购部应当建立供应商资料，经常调查主要材料的市场行情，作为采购及价格审核的参考。

2.采购部应当为公司内各部门提供重要材料市场行情资料，作为材料库存管理及核决价格的参考。

第十四条　材料品质复核。

公司内所使用的材料品质，采购部门应当予以复核并形成完整资料。

第十五条　异常情况处理。

对材料的价格与品质进行审查时，如发现异常情况，采购部的审查机构应当立即填写"采购事务意见反映处理表"（或附书面报告），并通知有关部门处理。

第五章　附则

第十六条　本制度的制定、修改、废止由总经理核准。

第十七条　本制度自颁布之日起实施。

执行部门		监督部门		编修部门	
编制日期		审核日期		批准日期	

二、采购管理实用表格

（一）供应商信息调查表

供应商名称		地址		法人代表	
企业性质	□国营　□私营 □外企　□其他	资本类型		成立时间	
占地面积		厂房面积		员工人数	

固定资产		年产值		销售额	
主要联系人					
姓名		性别		职务	
联系电话		传真		电子邮件	
人员数量					
管理人员		技术人员		业务人员	
质检人员		事务性人员		生产人员	
总人数					
财务信息					
总投资额		总资产额		年产值	
销售额		年出口额		年研发经费	
主要产品					
产品名称		年生产数量		销售额	
占总销售额的百分比		剩余产能		产品生产时间	
优势					
主要客户市场					
主要客户名		行业		地区	
提供的产品		该客户占企业销售的百分比		业务开始日期	
说明					
主要设备信息					
设备名称/型号		产地		生产商	
技术指标和优势		设备生产时间		数量	
供应商发展简介及质量保证能力					
供应商贯标名称及日期		是否通过第三方认证			
认证标准		通过认证时间			
认证机构名称		认证证书编号			
供方负责人签字（盖章） 日期： 年 月 日					

（二）请购单

编号：　　　　　　　　　　　　　　　　　　　　　年　　月　　日

采购物品编号	采购物品名称	规格	单位	请购数量	需要日期	备注

部门主管：　　　　　　　　　复核人：　　　　　　　　　填单人：

（三）请购物品登记表

请购单位 / 部门：

请购日期	项次	品名	规格 /型号	数量	色别	用途	请购人	厂商	单价	预交日期	备注

部门主管：　　　　　　　　　　　　　　　制表人：

（四）订购通知单

□确定通知 □更改通知			年 月 日
原订购日期		订购物品名称	
订购单号		预定交货日期	更改日期
未确定事项或拟更改事项			
确定或更改内容			
其他说明			
_____公司_____部			此致 _____公司 采购部_____

第二节 生产管理

生产管理制度是公司经营管理制度的重点，现代的生产管理制度须适应规模大、效率高以及产品向高精尖、多功能、智能化方向发展的趋势。

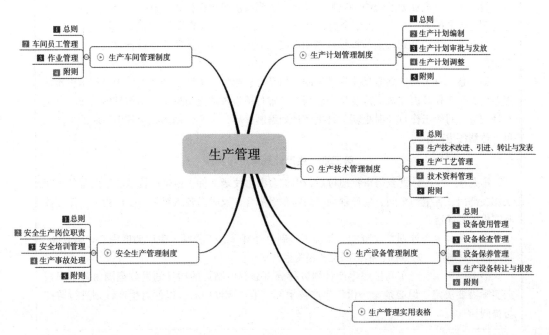

一、生产管理制度

范例一：生产计划管理制度

制度名称	××公司生产计划管理制度	受控状态	
		编号	

第一章　总则

第一条　为了更好地组织、协调公司产品生产，保证产品在生产过程中有序进行，使生产计划得到实施，建立生产计划体系，以计划引领生产，进一步体现生产计划的科学性、合理性、严肃性，结合我公司生产经营状况，特制定本管理制度。

第二条　本制度适用于公司内部与生产相关的各职能部门及各生产分厂。

第三条　生产技术部是公司生产计划的主管部门，负责生产计划的编制、实施、调整等工作。

第二章　生产计划编制

第四条　生产计划部根据公司经营目标、销售部预测单、产品安全库存要求，结合产品库存情况，同时考虑物料配套情况、设备产能、设备维修计划等因素，分别编制年度、月度、日生产计划。

第五条　生产计划的编制应包括涉及的生产车间、机台、所需生产的产品品种、型号、计划生产产量、预计开始时间以及预计完成时间等。

第六条　生产计划的编制必须科学合理，做到既满足销售供货又有一定余地，同时应当考虑到月生产能力，使生产计划全面、科学、准确，同时应当遵循生产规律，综合平衡。

第七条　生产计划必须与检修计划相衔接，避免盲目性，要防止拼设备拼装置，危及安全生产。

第八条　日生产计划需具体到准确的产品品名、数量。年度生产计划应于每年销售预估更新后5个工作日内完成。月度生产计划应于每月销售预估更新后3个工作日内完成。日生产计划应于每个工作日及时更新。日生产计划编制好后，生产计划部必须开出对应的生产工单下达到各生产车间。

第三章　生产计划审批与发放

第九条　生产计划获得审批通过后，由综合办出便函文件，由生产技术部下发至各车间及相关部门，各生产车间、生产辅助部门需积极配合，及时向各班组发出生产指令，保证按时完成生产计划。

第十条　生产计划发放范围：总经理、副总经理、总工程师、生产调度中心、综合办、技术部、材料部、财务部、销售部及各相关生产车间。

第十一条　生产车间按照生产计划进行分析分解后制订的周计划发放范围由各车间根据实际需要决定，但必须送一份给生产技术部、生产调度中心，以便对生产计划进行监控与协调。

第四章　生产计划调整

第十二条　年度生产计划的调整。

年度计划的调整由生产部提出修订意见，经生产总监、总经理审批，报董事会通过后，发放到原部门。

第十三条　月度生产计划的调整。

月度生产计划的调整由生产部提出调整意见，经生产总监审批后，发放到原部门。

第十四条　日生产计划的调整。

没能完成日生产计划的车间，须及时通知生产部，生产部通知市场部，市场部与客户取得联系后，对合同进行修改。

第十五条　生产过程中，如果客户要求更改合同，由市场部以书面形式及时通知生产部，由生产部临时调整生产计划，调整后经总经理批准，再通知有关部门和生产车间及时调整生产任务。

第十六条　如因市场变化对销售的品种、数量调整和时间进行调整，则要提前3个工作日通知生产部进行生产调整。

第五章　附则

第十七条　本制度由生产计划部负责解释。

第十八条　本制度自公司批准后生效。

执行部门		监督部门		编修部门	
编制日期		审核日期		批准日期	

范例二：生产技术管理制度

制度名称	××公司生产技术管理制度	受控状态	
		编　号	

第一章　总则

第一条　为保证公司生产技术部工作的有效开展，加强公司生产技术管理，确保公司生产、检验工作正常运行，提升公司核心竞争力，根据我公司具体实际情况，特制定本制度。

第二条　本制度适用于公司内部与生产相关的各职能部门及各生产分厂。

第三条　技术管理工作，是企业对于技术标准、工艺规程、技术管理制度等的带有根本性的建设工作，是保证产品质量，保证生产安全，提高企业管理水平，提高经济效益的重要工作，必须认真抓好。

第二章　生产技术改进、引进、转让与发表

第四条　生产技术的改进。

生产经理向总经理提出改进生产技术的方案，由总经理对此研究并做出决定。

第五条　生产技术的引进。

当本公司从外面引进技术时，生产部经理应当研究引进合同的原文，并且要求承担这项工作的部门说明引进外来生产技术后生产成本与生产数量之间的关系。

第六条　生产技术的转让。

本公司向外部转让生产技术时，生产部经理应当研究检查转让的内容，并且与承担这项工作的部门讨论这一转让的结果。

第七条　生产技术的发表。

当需要向社会发表公司的生产技术的时候，应当将发表原稿交生产部经理审阅，经其批准后方可对外公开。

第三章　生产工艺管理

第八条　生产工艺规程是产品生产方法的指南，是生产计划、生产调度、质量管理、质量检验、原材料供应以及工艺装备和设备等工作的技术依据，是优质、高效、低耗和安全生产的重要保证手段。

第九条　技术部应当建立严格的管理制度和责任制，工艺人员应当坚持科学态度，不断提高工艺水平，为生产服务。

第十条　新产品投产或老产品复制，必须先制定完整工艺，贯彻工艺，然后再投产的原则。

第十一条　技术部根据原料的性质、新品种的试验、工艺设计和生产科产量平衡后的情况，提出各项工艺规程的初步意见，报送交技术部长批准。

第十二条　工艺管理规定。

1. 工艺规程必须在投产前送交车间、车间主任，工艺样品必须详细复核，发现与实际不符或由于某些条件限制，暂且不能执行的项目应及时向技术科提出协商解决。

2. 车间主任及车间工艺员复核工艺规程后，应当在工艺通知单上签字确认，并且及时下达给有关生产人员。

3. 各车间必须严格实行工艺规程，按照工艺规程要求对产品进行检查，如不符合工艺要求，应当及时向车间、工艺员反映检查分析原因，找出解决问题的办法，并且进行立案记录。

4. 下达车间已经确定后的工艺规程，任何人都必须遵守执行。如有损坏和丢失，查明原因后由技术科补发，各部门必须有专人对工艺进行妥善保管，不准任意涂改。

5. 生产过程中，如发生工艺与实物不符必须进行工艺调整的情况，应当及时向技术部反馈，而不能随意更改和调整工艺规程；技术部调整好工艺规程需要经技术部长签字后，才能作为正式生产依据（旧工艺规程必须收回存档，并且注明变更原因）。

第四章　技术资料管理

第十三条　所有中外文技术图书、期刊、杂志、工艺资料及设计底样都应当及时登记、编号、分类整理和保管，在未登记前，不得借出使用。

第十四条　所有员工应当爱护技术图书，不准有污损、涂改、剪裁、损毁、卷折；还书时，应当当面检查，如损坏应照价赔偿或加倍罚款。

第十五条　外单位索取技术工艺资料时，应当经技术部长同意，报请厂长批准。

第十六条　产品工艺资料，除保留样品外，应当把经鉴定合格的工艺处方及技术工艺文件一起归档整理，登记造册。

第十七条　存档资料要建账，保持账物相符，完整准确；发现破损，应当及时修补复制。

续表

第五章 附则

第十八条 本制度的制订、修改和废止须经公司经营常务会议讨论，并由公司总经理决定。

第十九条 本制度自颁布之日起实施。

执行部门		监督部门		编修部门	
编制日期		审核日期		批准日期	

范例三：生产设备管理制度

制度名称	××公司生产设备管理制度	受控状态	
		编号	

第一章 总则

第一条 为了规范公司生产设备管理，正确、安全地使用和维护设备，提高生产技术装备水平和经济效益，保证设备安全经济运行，延长设备的使用寿命，结合本单位实际，特制定本制度。

第二条 凡本公司生产部下属车间、生产部设备管理人员进行设备操作、使用、检查、维护、保养等各项工作，均依照本制度进行办理。

第三条 生产设备管理的原则及目标。

1. 以"运行稳定、操作精心、预防为主、经济规范"为基本方针，提高生产设备利用率，延长设备的使用寿命。

2. 以"零故障"为生产设备管理目标，通过自主保全、专业保全，全面推行TPM管理，发动全员参与生产设备管理，确保充分发挥生产设备效率。

3. 坚持设计、制造与使用相结合，修理、改造与更新相结合，专业管理与全员管理相结合，实现生产设备安全、经济和平稳运行。

4. 以"新理念、新材料、新技术、新工艺、新设备"为发展动力，推广应用现代生产设备管理理念和自然科学技术成果，实现生产设备科学、规范和高效管理。

5. 坚持可持续发展，将"绿色、低碳、节能、高效"的管理宗旨放在首位。

第二章 设备使用管理

第四条 生产部设备管理人员应当编写"生产设备操作规程"，发放给各使用部门，同时对相关操作人员进行培训，并进行现场考核，确认合格后方可让其操作。

第五条 生产设备日常使用管理要求。

1. 不得乱修、拆卸或配用其他人员的机器零件和工具，非本岗位作业人员未经批准不得操作设备。

2. 发现设备有严重故障时，应当立即停止操作，上报班组长处理；班组不能处理的，应当立即上报设备管理人员进行维修，同时采取适当的安全措施。

3. 交接班时，必须对生产设备运行状况进行交接，交接内容包括：

（1）设备运转的异常情况。

（2）原有缺陷的变化。

（3）运行参数的变化。

（4）故障及处理情况。

第六条　生产设备使用部门必须执行操作规程和使用办法，各班组长对本班组的作业人员进行设备使用考核。因不遵守操作规程或玩忽职守而致使工具、机器设备、原材料、产品受到损失的作业人员，要酌情给予其所在车间经济处罚和行政处分。

第三章　设备检查管理

第七条　日常检查。

1.生产设备使用人员为日常检查的责任人，每日负责对生产设备进行1次或数次检查。

2.生产设备管理人员负责制订生产设备日常检查的具体办法，同时规定日常检查的项目、内容、方法、工具及频率等事项。

3.生产设备使用人员依据日常检查办法的规定做好日常检查工作，并且记录于"日常检查记录表"中。

第八条　定期检查。

1.生产设备管理人员为定期检查的责任人，负责对设备进行定期检查工作。

2.生产部经理、生产设备管理人员负责制订设备检查办法，规定定期检查的项目、内容、方法工具、周期等。

3.生产设备管理人员应当将定期检查的时间通知生产设备使用人员，并且告知其必要的联络事项。

4.生产设备使用人员应当积极配合生产设备管理人员做好各项检查工作。

第四章　设备保养管理

第九条　生产设备管理人员应当编制生产设备维护保养规程，将生产设备保养工作落实到具体的人员，并制订相应的考核方案。

第十条　生产设备管理人员应当提前制作设备的保养流程卡片及润滑卡片，并准备好设备养护的工具及用品。

第十一条　生产设备管理人员在设备使用人员上岗前应当对其进行技术培训，使其掌握设备的结构特点、操作性能、操作要领和保养规定等。

第十二条　各生产单位每年要结合实际编制生产设备保养工作计划，明确各级保养工作的具体内容、方法、标准、时间节点等，确保生产经营、设备保养工作有序开展。生产设备运行管理实行一级保养、二级保养管理制度。

1.一级保养：

（1）一级保养的范围：全部生产设备。

（2）一级保养的目的：减少设备磨损，消除隐患、延长设备使用寿命。

（3）设备一级保养工作以操作工为主，维修人员配合和辅导，保养设备后要按要求填写保养记录，并注明尚未清除的缺陷。

（4）各生产单位要按照计划安排操作工实施每台设备的一级保养工作。

2.二级保养：

（1）二级保养的范围：全部生产设备。

（2）二级保养的目的：对一级保养提出的缺陷进行消除，提高生产设备的运行效率。

（3）设备二级保养工作以维修工为主，操作工配合，保养后的设备要按要求，认真进行设备的精度测试，并履行签字确认。

（4）各单位应当按照计划安排维修工实施二级保养工作计划。

第五章　生产设备转让与报废

第十三条　当生产设备陈旧、老化，原有设备已经不适宜新的生产技术工艺及提高生产效率的要求，或者发生公司转产等情况但设备仍存在使用价值时，生产设备管理部门应当将设备进行转让处理。设备转让时，设备管理部门应当根据实际情况，进行设备的评估、技术鉴定与咨询，确定其价值，估算其价格。

第十四条　设备管理部门通过对其使用情况、维修费用的各项指标进行评估后撰写"设备评估报告"，同时将转让旧设备所获得价值及更换新设备的价值、货源等情况连同"设备转让申请单"一并上报生产部经理、生产总监审批。

第十五条　对于年久陈旧不适合生产工作的需要或再无使用价值的设备，使用部门申请报损、报废之前，应当由生产设备管理人员进行技术鉴定与咨询，包括对设备使用年限、损坏情况、影响工作情况、残值情况、更换新设备的价值以及货源情况等进行鉴定与评估，同时填写意见书交设备使用车间。备使用车间将"生产设备报废、报损申请单"上报，按程序进行审批。

第十六条　报废、报损旧设备由设备管理科负责按有关规定处置。

第六章　附则

第十七条　本制度由生产部设备管理部制订，其解释权、修订权归生产部所有。

第十八条　本制度经总经理审核签字后，自××××年××月××日起执行。

执行部门		监督部门		编修部门	
编制日期		审核日期		批准日期	

范例四：生产车间管理制度

制度名称	××公司生产车间管理制度	受控状态	
		编号	

第一章　总则

第一条　为保证生产车间各项工作顺利开展，维持良好的生产秩序，提高劳动效率，结合本公司各生产车间的实际情况，特制订本管理制度。

第二条　本制度适用于公司各车间全体人员。

第二章　车间员工管理

第三条　员工须按要求佩戴厂牌（正面向上佩戴于胸前），穿厂服上班，不允许穿拖鞋、穿短裤、赤背或衣帽不整，并按规定要求佩戴防护用品。

第四条　每天正常上班时间为 8 小时，如生产需要临时决定晚上加班，在下午 16:30 前填写加班申请表，报送经理批准并送人事部门作考勤依据。

第五条　按时上、下班（员工参加早会须提前 5 分钟到岗），不迟到，不早退，不旷工（如遇赶货，上、下班时间按照车间安排执行），有事要请假，上、下班须排队依次打卡。严禁代打卡及无上班、加班打卡，违者依"考勤管理制度"处理。

第六条　工作时间内，车间主任、质检员和其他管理人员因工作关系可在车间内走动，其他人员不得离开工作岗位相互串岗，否则扣罚 ×× 元。若因事需离开工作岗位，须向车间主任申请，批准后方能离岗。

第七条　员工在车间内遇上厂方客人或厂部高层领导参观巡察时，组长以上干部应当适当问候或有必要的陪同，车间作业人员照常工作，不得东张西望。

第八条　禁止在车间吃饭、吸烟、聊天、嬉戏打闹、吵嘴打架、私自离岗、串岗等，违者扣罚 ×××× 元。

第九条　作业时间谢绝探访及接听私人电话。

第十条　任何人不得携带易燃易爆、易腐烂、毒品、浓气味等违禁物品，危险品或与生产无关之物品进入车间。

第十一条　不得将产品（或废品）和私人用品放在车间操作台或流水线上，违者按相关行政管理制度处理。

第十二条　在工作时间内，车间人员务必服从管理人员的工作安排，正确使用公司发放的仪器、设备。

第十三条　员工辞职应提出书面申请，由主管签名批准离开时间，并由人事部确认，否则不予发放工资。

第十四条　各班组长、主管辞职，应由厂领导批准，确认其离开时间和处理好其工作交接，否则不予发放工资。

第十五条　在国家法定节假日加班时，工资按照国家规定的 3 倍工资标准发放。

第三章　作业管理

第十六条　正确使用生产设备，严格按操作规程进行，非相关人员严禁动生产设备。

第十七条　生产流程确认后，任何人不得随意更改，如在作业过程中发现错误，应当立即停止生产，并且通知相关负责人共同研讨，经其同意后签字更改。

第十八条　车间人员要严格按照设备的使用说明进行生产，严禁因抢时间而影响产品质量。

第十九条　车间人员在工序操作过程中，不得随意损坏物料、工具设备等，违者按原价赔偿。

第二十条　车间人员领取物料时，必须持车间主任开具的领料单到仓库处领料，不得私自拿走物料。生产完毕，如有多余物料应当及时退回仓库，不得遗留在车间工作区域内。

第二十一条　生产过程中，如发现原辅料、包装材料不符合质量规定，应当立即停止使用，并且立即报告车间主任进行处理。

第二十二条　生产过程中，好坏物料必须分清楚，并要作出明显的标记，不能混料。

第二十三条　生产作业应当切实做到人离关机，停止使用时要及时切断电源。

第二十四条　车间人员下班时，要清理自己的工作台面，做好设备保养工作。

第四章　附则					
第二十五条　本制度的制定、实施、修改、废止由总经理核准。 第二十六条　本制度自颁布之日起执行。					
执行部门		监督部门		编修部门	
编制日期		审核日期		批准日期	

范例五：安全生产管理制度

制度名称	××公司安全生产管理制度	受控状态	
		编号	

第一章　总则

第一条　为加强公司生产工作的劳动保护，改善劳动条件，加强安全生产监督管理，防止和减少生产安全事故，依据《中华人民共和国安全生产法》的有关规定和劳动保护的法令、法规，结合公司实际情况，特制定本制度。

第二条　公司安全生产工作必须贯彻"安全第一，预防为主"的方针，保证员工在生产过程中的安全和健康，促进公司事业的发展。

第三条　凡涉及生产过程中的安全工作均适用于本制度。

第四条　安全生产领导小组是安全生产的组织领导机构。公司总经理为安全生产第一责任人，任安全生产小组组长，负责本公司的安全事务的全面工作；副总经理任副组长，具体负责安全事务的日常管理工作；各部门负责人任安全生产领导小组成员，负责落实执行本部门安全生产事项。各部门设立一名兼职安全员，负责监督、检查、上报安全事项。车间设立义务消防员，负责对突发火情的紧急处理。

第二章　安全生产岗位职责

第五条　安全生产领导小组负责人职责。

1.贯彻执行国家有关安全生产的法律、法规和规章制度，对本公司的安全生产、劳动保护工作负全面领导责任。

2.建立健全安全生产管理机构和安全生产管理人员。

3.将安全管理纳入日常工作计划。

4.积极改善劳动条件，消除事故隐患，使生产经营符合安全技术标准和行业要求。

5.负责对本公司发生的重伤、死亡事故的调查、分析与处理，落实整改措施和做好善后处理工作。

第六条　安全生产领导小组职责。

1.制订本部门的安全生产管理实施细则，教导及监督本部门人员遵守安全规章。

2.落实本部门兼职安全员、消防员（车间）人选。

3.明确掌握与本职工作相关的安全守则、安全工作方法，组织本部门开展安全生产宣传教育活动。

4. 负责本部门的安全责任制、安全教育、安全检查、安全奖惩等制度以及各工种的安全操作规程，并且督促实施。

5. 发生安全事故时，应指挥事故排除、处理事宜．并迅速与安全管理部门联络，寻求协助。

6. 定期向安全生产负责人反映和汇报本部门的安全生产情况。

7. 在每周检查公司 5S 管理工作的同时，检查各部门安全生产措施执行情况，在例会上通报检查情况，并且及时做好安全总结工作，提出整改意见和防范措施，杜绝事故发生。

第七条　安全员岗位职责。

1. 在安排、督导、检查本班组生产的同时，安排、督导、检查本班组的安全事项，并有记录。

2. 每日巡查相应区域的安全生产情况，定期检查维护生产设备、消防器材、电路，确保设备器材的正常使用及安全完好，及时纠正解决安全隐患，落实整改措施。

3. 组织宣传学习公司的各项安全规章，使每位员工熟练掌握。

4. 定期向安全生产领导小组汇报安全生产情况。

5. 做好 5S 管理工作，创造安全的作业环境。

6. 发生安全事故，应全力、迅速参与事故的善后工作。事故发生后，应如实填报"安全事故报告书"，协助查清事故原因，总结经验教训，以防事故再次发生。

第八条　义务消防员岗位职责。

1. 接受安全员的工作安排，分管每一具体区域的安全生产工作。

2. 由安全员组织，进行不定期的消防演习，确保掌握基本的消防技能。

3. 由安全员组织对公司安全生产进行定期检查，发现安全隐患立刻制止并做好防范措施，向安全员汇报。

4. 协助安全员负责事故现场的处理工作。

第九条　员工安全生产职责。

1. 认真参加各级部门安排的安全活动与教育训练。

2. 自觉遵守各项安全生产规章制度，不违章作业。

3. 正确使用、妥善保管公司发放的劳保用品、安全装置、防护设施和操作工具。

4. 及时向公司有关负责人反映安全生产中存在的问题。

5. 对违反安全规章的错误指令，有权向上级报告，以防事故发生。

6. 做好本职岗位的 5S 管理工作，创造安全舒适的工作环境。

7. 发生安全事故时，应迅速参与事故的救护等善后工作。

第三章　安全培训管理

第十条　公司全体员工必须接受相关的安全培训教育。

第十一条　本公司新招员工上岗前必须进行车间、班组安全知识教育。员工在公司内调换工作岗位或离岗半年以上重新上岗者，应当进行相应的车间或班组安全教育。

第十二条　公司对全体员工必须进行安全培训教育，应当将按安全生产法规、安全操作规程、劳动纪律作为安全教育的重要内容。

第四章　生产事故处理

第十三条　无人员伤亡的生产事故（不含交通事故），按经济损失程度分级。

1. 一般事故：经济损失不足 1 万元的事故。

2. 大事故：经济损失大于或等于 1 万元、小于 10 万元的事故。

3. 重大事故：经济损失大于或等于 10 万元、小于 100 万元的事故。

4. 特大事故：经济损失大于或等于 100 万元的事故。

第十四条 发生事故的单位必须按照事故处理程序进行事故处理。

1. 事故现场人员应立即抢救伤员，保护现场，如因抢救伤员和防止事故扩大需要移动现场物件时，必须做出标志，详细记录、拍照和绘制事故现场图。

2. 立即向单位主管部门（领导）报告，事故单位立即向企业安委办报告。

3. 开展事故调查，分析事故原因。企业安委办接到事故报告后，应迅速指示有关单位进行调查，轻伤或一般事故在 15 天内，重伤以上事故或大事故以上在 30 天内，向有关部门报送"事故调查报告书"。事故调查处理应接受工会组织的监督。

4. 制定整改防范措施。

5. 对事故责任者做出适当的处理。

6. 以事故通报和事故分析会等形式教育职工。

第十五条 事故原因查清后，如果各有关方面对于事故的分析和事故责任者的处理不能取得一致意见时，劳资部门有权提出结论性意见，交由单位及主管部门处理。

第十六条 各级单位领导或有关干部、职工在其职责范围内，不履行或不正确履行自己应尽的职责，有如下行为之一酿成事故的，按玩忽职守论处。

1. 不执行有关规章制度、条例、规程的或自行其是的。

2. 对可能造成重大伤亡的险情和隐患，不采取措施或措施采取不力的。

3. 不接受主管部门的管理和监督、不听合理意见、主观武断、不顾他人安危、强令他人违章作业的。

4. 对安全生产工作漫不经心、马虎草率、麻痹大意的。

5. 对安全生产不检查、不督促、不指导、放任自流的。

6. 延误装、修安全防护设备或不装、修安全防护设备的。

7. 违反操作规程冒险作业或擅离岗位或对作业漫不经心的。

8. 擅动有"危险禁动"标志的设备、机器、开关、电闸等的。

9. 不服指挥和劝告违章作业的。

10. 施工组织或单项作业组织有严重错误的。

第五章 附则

第十七条 生产部及各级生产单位可根据本制度制订具体的安全管理措施。

第十八条 本制度由公司安全生产领导小组负责解释。

第十九条 本制度自发文之日起执行。公司以前制定的有关制度、规定等如与本规定有抵触的，以本制度为准。

执行部门		监督部门		编修部门	
编制日期		审核日期		批准日期	

❖ **小贴士**

建立和制定公司生产管理制度时，应当遵循以下原则：

（1）坚持需求导向原则。以需求为导向，即按照社会需要制订计划和组织生产，按期、按质、按量、按品种向社会需求者提供所需的产品或服务。坚持以需求为导向，可以更好地避免生产的商品积压滞销，使公司不会出现经营困难和亏损，甚至倒闭的情况。

（2）追求经济效益原则。用最少的劳动消耗和资金占用，生产出尽可能多的适销对路的产品，从而体现经济效益。

（3）组织均衡生产原则。按照计划进度，使各个生产环节和各道工序在相等的时间内完成相等的或递增的工作任务，均衡地生产产品或完成工作量。

（4）实行科学管理原则。首先要建立统一的生产指挥系统，进行计划、组织与控制。其次要建立和贯彻如工艺规程、设备维护和修理规程、安全技术规程以及岗位责任制等各项规章制度，要建立和实行如质量标准、各项定额等标准；要做好各项原始记录的整理、加工和分析工作，切实加强信息管理。最后要运用包括系统论、计算机辅助管理等在内的先进管理技术。

（5）实现文明生产原则。文明生产可以提高员工劳动情绪、保证产品质量，对于树立现代企业形象具有十分重要的意义。

（6）生产管理制度要围绕"三产"来制定，即要做到产前有计划，需要靠哪些制度来保证；要做到产中有控制，需要靠哪些制度来保证；要做到产后有总结，靠哪些制度来保证等。

（7）生产管理制度最终要实现"三化"，即生产管理数据化、控制过程目标化和效果评估当量化。

二、生产管理实用表格

（一）月生产计划表

月份：

生产单位	生产项目	生产数量	金额	起止日期	预出口日期	需要工时	预计成本			附加值	备注
							原料	物料	人工		

配合单位工时		预计生产目标		估计毛利			
准备组		产值		附加值			
质检组		总工时		制造费用			
包装组		每工时产值		估计毛利			

审核人： 计划人：

（二）生产计划安排表

月份：

部门	生产项目	数量	起止日期	人力	预计产值	成本					毛利
						原料	物料	人工	制造	其他	

总经理： 厂长： 审核人： 计划人：

（三）技术图纸管理表

分类：

序号	图纸名称	图纸编号	发行日期	发行部门								修订履历				备注
				技术	生技	物料	制一科	制二科	制三科	品管	IE	①	②	③	④	
1																
2																
3																
4																
5																
6																
7																
8																
9																
10																

（四）生产设备维护工作计划表

工作人员	工作时间	本日施工工时	设备名称	A	B	C	D	E	F	G	H	合计
		预定										
		实际										
		预定										
		实际										
		预定										
		实际										
		预定										
		实际										

续表

工作人员	工作时间	本日施工工时	设备名称	A	B	C	D	E	F	G	H	合计
		预定										
		实际										
		预定										
		实际										
		预定										
		实际										
		预定										
		实际										
		预定										
		实际										

（五）生产设备检查表

单位：　　　　　　　　　　　　　　　　　日期：　　年　　月　　日

设备名称		编号		型号规格	
制造厂名		出厂日期		出厂编号	
所属车间		班组		操作者	
检查内容				存在问题	备注
1. 机床精度性能是否满足生产工艺要求（精密机床主要精度性能达到出厂标准）					
2. 各传动系统是否运转正常，变速齐全					
3. 各操作系统动作是否灵敏可靠					
4. 润滑系统是否装备齐全、管道完整、油路通畅、油标醒目					
5. 电器系统是否装置齐全、管道完整，性能灵敏运行可靠					
6. 各滑动部位运转正常、各滑导部位及零件有无严重拉、研、碰伤					
7. 机床内外清洁，有无黄袍、油垢、锈蚀，油质是否符合要求					

续表

8.基本无漏油、漏水、漏气现象		
9.随机主要附件是否基本齐全、零部件完整，保管妥善		
10.防护装置是否齐全可靠		
检查组意见		签名

填表人：

（六）生产设备维修记录表

日期：　　年　　月　　日

设备名称		设备编号		故障时间	
维修类别		□定期　　　□计划　　　□突发			
故障说明					
维修说明					
维修人员			维修工时		
维修材料			停工工时		
备注					
	生产部经理：　　　　　　　　　　年　　月　　日				

批准人：　　　　　　　审核人：　　　　　　　　　　编制人：

（七）生产车间工作管理表

部门：_____

机械：_____　　　　　　　　　　　　　　　　　车号：_____

管理项目	阶段编号	作业量		月　日			月　日			月　日		
		工时	比率	目标	部门完成率	整体完成率	目标	部门完成率	整体完成率	目标	部门完成率	整体完成率

（八）新产品研发计划表

产品类别	性质			研究说明	负责人	配合单位	预定研究期限		研究预算	完成	成效	
	改良	开发	降低				起	讫			良	未定

（九）新产品研发费用预算表

预算人： 预算期：

项目名称	费用类别	各月研究计划							
		1月	2月	3月	4月	5月	6月	……	12月

（十）安全生产检查表

检查人员：　　　　　　　　　　　　　　　　　　　　　　　　检查时间：

序号	检查项目	检查内容	检查要求	检查结果		整改要求
				合格	不合格及主要问题	
1						
2						
3						
4						
5						
6						
7						
8						

（十一）产品质量标准表

产品编号：　产品名称：　产品规格：

	说明	尺寸容差	说明	尺寸容差	说明	尺寸容差
产品尺寸表						

	不良因素	A级品	B级品	C级品	产品图
允许不良水准					

不良原因分析	

（十二）产品质量抽查记录表

机器名称：　　　　　　　　　　　　　　　　　　　　　　　　　班别：

抽查时间	产品名称	编号	规格	样品基数	抽样地点及样品存放处

抽查员：　　　　　　　　　　　　　　　　主管：

第三节　仓储管理

仓储管理是对仓库及仓库内的物资进行管理，是利用所具有的仓储资源和提供高效的仓储服务进行计划、组织、控制和协调等活动。

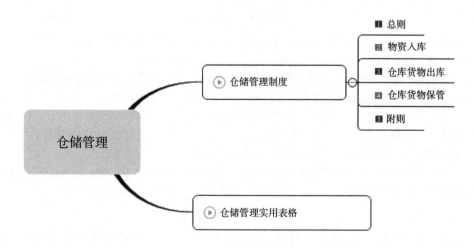

一、仓储管理制度

范例：仓储管理制度

制度名称	××公司仓储管理制度	受控状态	
		编号	

第一章　总则

第一条　目的。

为使本公司的仓库管理规范化，保证物流储存环节的效率与安全，结合本公司实际情况，特制定本制度。

第二条　适用范围。

本制度适用于公司所有仓库，包括原材料仓、零部件半成品仓、成品仓的管理。

第三条　仓库管理职责及目标。

1.进行物料、产品的收发作业，保证出入库数量准确且合乎质量管理、订单管理与财务管理的要求。

2.库房管理应科学、有序，货物摆放整洁、整齐，符合货物储存和安全管理的要求。

3.单据、存卡管理有序，登记及时、准确。

4.定期盘点仓储货物，及时查处差异，保证账、物、卡一致。

5.与客户及外协单位及时对账，及时查处差异，维护公司利益。

6.及时反映和跟催不合格品、呆滞品的处理，减少不良损失，降低库存资金占用。

7.做好防火、防水、防盗等安全防护工作，保障仓储货物安全。

第二章　物资入库

第四条　对于业务人员购入的货物，仓库保管人员要认真验收物资的数量、名称是否与货单相符，对于实物与货单资料不符的，办理入库手续要如实反映。

第五条　对于货物验收过程中所发现的有关数量、质量、规格、品种等不相符现象，仓库保管人员有权拒绝办理入库手续，并且视具体状况报告主管人员处理。

第六条　储存物资时，原则上应当根据物资的属性、特点和用途规划设置仓库，并且根据仓库的条件考虑划区分工。凡是吞吐量大的物资应落地堆放，周转量小的物资用货架存放。落地堆放以分类和规格的次序排列编号，用货架存放的以分类号定位编号。

第七条　保管仓库物资要根据其自然属性，依保管常识进行处理。同时应当加强保管措施，使财产不发生保管损失。同类物资堆放，要考虑先进先出，为发货提供方便。

第三章　仓库货物出库

第八条　对于一切手续不全的提货，仓库保管人员有权拒绝发货，并视具体状况报告主管人员。

第九条　未经部门主管同意，保管物资一律不准擅自借出。

第四章 仓库货物保管

第十条 仓库保管员要及时登记各类货物明细帐，做到日清月结，到达账账相符，账物相符、账卡相符。

第十一条 仓库保管人员应对库存成品进行定期或不定期的盘点，盘点前由会计部门将盘点项目依规格、类别制成"成品盘点表"，然后会同物料部门进行盘点并按实际盘点数量填入数量栏。

第十二条 "成品盘点表"的盘点数量与账面数量由会计部门核对，若有差异，会计部门即填具"盘点异常报告单"，并且计算其盘点盈亏数及金额，送物料部门查明原因，再送营业部主管研究探讨，并拟具改善措施呈总经理核决。

第十三条 仓库物资如有损失、贬值、报废、盘盈、盘亏等，仓库保管员应当及时报告部门主管，分析原因，查明责任，按规定办理报批手续。未经批准的，一律不准擅自处理。仓库保管员不得采取"盈时多送，亏时克扣"的违纪做法。

第十四条 做好仓库与运输环节的衔接工作，在保证货物供应、合理储备的前提下，力求减少库存量，并对货物的利用、积压产品的处理提出建议。

第十五条 建立健全出入库人员登记制度。

第十六条 严格执行安全工作规定，切实做好防火、防盗工作，保证仓库和货物财产的安全。

第十七条 仓库内严禁烟火，物料部门应当于仓库明显处悬挂"严禁烟火"标志，并且依工业安全卫生管理的规定设置消防设备，由总务部门指定专人负责管理，每日至少检查一次，如有故障或失效，应当立即申请修护、补充，并配合厂区消防训练。

第十八条 物料部门对所经管的成品库及仓运设备应负安全使用责任，如果破损应立即反映给主管并委托修护。

第十九条 物料部门人员于下班前，应巡视仓库及确认电源、水源是否关闭，以确保仓库的安全。

第五章 附则

第二十条 本制度的制定、修改、废止由总经理核准。

第二十一条 本制度自颁布之日起实施。

执行部门		监督部门		编修部门	
编制日期		审核日期		批准日期	

二、仓储管理实用表格

（一）库存管理表

年度：

货品名称					货品编号				
规格					单位				
存放位置					最高存量				
最低存量					订购量				

日期	凭单号码	收货记录			生产批令号码	领料单位	发货记录		结存记录			备注
		数量	单价	金额			数量	金额	数量	单价	金额	

（二）物料申领单

申领部门：　　　　　　　　　　　　　　　　　　　　　年　　月　　日

物料名称		物料编号		物料规格	
计量单位		申领数量		申领日期	
用途					
备注说明					
发料记录： 　　　　　　□如数发给　　　□欠拨后已补足　　　□欠拨					
会计：　　　　　仓库：　　　　　主管：　　　　　领用人：					

（三）产品出货单

出货人：　　　　　　　　　　　　　　出货时间：　　年　　月　　日

客户名		收货单位	
联系人		联系电话	
承运单位及运输方式		卸货地点	
产品名					
单位					
数量					
金额					
客户实收数量					
备注					

（四）物资库存月报表

年   月   日

材料名称	规格	单位	上期结存			本期入库			本期出库			本期结存		
			数量	单价	金额	数量	单价	金额	数量	单价	金额	数量	单价	金额
合计														

总经理：   经理：   会计：   经办人：

第四节 营销管理

营销管理是企业规划和实施营销理念、制定市场营销组合，为满足目标顾客需求和企业利益而创造交换机会的动态、系统的管理过程。

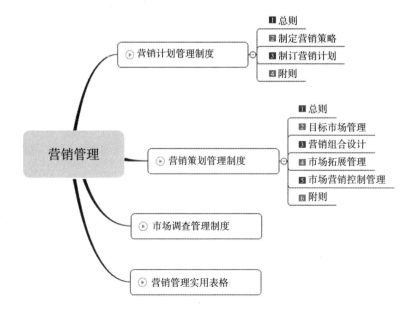

一、营销管理制度

范例一：营销计划管理制度

制度名称	××公司营销计划管理制度	受控状态	
		编号	

第一章 总则

第一条 为了实现市场发展的可持续性，营销管理和资源配置的有序性，特制订营销计划管理制度。

第二条 本管理制度适用于公司及下属子公司营销部门。

第三条 营销计划坚持发展期望、竞争、挑战与可实施性、可操作性相结合的原则，同时保证营销预算与营销计划相匹配的原则。

第二章 制定营销策略

第四条 制定产品策略。

1. 营销部应当根据销售和利润目标，制订新产品的种类、数量和新产品的研发方案以及上市计划等。

2. 营销部应当会同财务部经理、技术经理、生产部经理及采购部经理等人组成产品定价小组，共同商讨确定产品价格策略。

第五条 制定渠道策略。市场主管、市场专员应制定渠道策略，确定年度市场扩张策略、分销渠道发展策略等。

第六条 制定销售策略。

1. 在营销部经理的领导下，根据年度销售目标制定促销策略。

2. 各销售区域应当根据区域目标制定相应的销售策略。

第七条 制定客户服务策略。

1. 客户服务主管负责制定客户服务策略。

2. 客户服务策略的制定依据是销售目标和市场策略。

第三章 制订营销计划

第八条 市场主管、销售主管在根据营销市场分析、营销目标和策略编制营销计划时，不得将市场调研信息写入营销计划中，营销计划应当简洁明了、条理清楚。

第九条 营销计划编制步骤。

1. 将年度销售目标按照时间进行分解，制订每月的销售目标和销售计划。

2. 将产品策略、价格策略、渠道策略、销售策略及服务策略分解为可直接执行的营销行动计划。

3. 为实现策略所采取的行动计划划分日程、负责人、场地等，并形成"营销计划主日程表"。

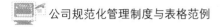
续表

4.重要行动计划的主要框架或具体内容需放入营销计划书的附录中。

5.将所有营销计划要素整理成"营销计划书"。

第十条　市场主管将拟定的"营销计划书"交市场部经理审核，市场部经理提出修改意见。修改后的"营销计划书"经市场部经理审核无误后，交总经理审批签字。

第十一条　经总经理审核签字的"营销计划书"，由营销部经理按照下属各人员职责分解后，下发至相关人员，并要求其分解到月度。各人员将计划中的任务分解至月度后，编制个人的月度营销计划，并于一周内送至市场部经理。

第十二条　各部门人员应当按照上报审核通过的计划开展工作，人力资源部需将营销计划纳入各部门考核体系。

第四章　附则

第十三条　本制度的制定、修改、废止由总经理核准。

第十四条　本制度自颁布之日起实施。

执行部门		监督部门		编修部门	
编制日期		审核日期		批准日期	

范例二：营销策划管理制度

制度名称	××公司营销策划管理制度	受控状态	
		编号	

第一章　总则

第一条　为规范营销策划人员的工作内容，保证公司营销策略、市场战略的顺利实施，提高营销策划方案的可行性，特制定本制度。

第二条　本制度适用于本公司营销策划中心所有工作人员。

第二章　目标市场管理

第三条　将产品的购买群体按照不同需要、特征或行为进行细分，并制作产品市场细分表。

第四条　在细分好目标市场之后，可以进入既定市场中的一个或多个细分市场。对将要进入的目标市场进行分析，并撰写目标市场分析报告。

第五条　将本公司产品和同类产品区别开来，并为本公司产品赋予明显区别于竞争对手的"购买符号"，从而清晰地定位公司的产品和目标顾客群体。

第六条　市场供求情况研究。

1.公司内部各种销售业务数据的收集和信息处理。

2.组织收集公司外部信息和开展（委托）市场调查。

3.组织开展（委托）市场预测。

第三章　营销组合设计

第七条　产品组合，包括产品定位、产品特色、产品品质、产品品牌与形象、产品包装、产品使用与售后服务。

第八条　价格组合，包括价位、折扣及付款条件。

第九条　销售渠道组合，包括顾客区隔、销售地点、营销渠道与网络、中间商、零售商、仓储与配送、库存量及商圈。

第十条　促销组合，包括与顾客沟通、广告宣传、促销活动、公共关系及投诉受理。

第四章　市场拓展管理

第十一条　产品顾客管理。对顾客的基本情况、交易状况、信誉状况及顾客意见进行管理。

第十二条　推销员管理。推销员的计划安排、检查、考核和奖惩。

第十三条　促进销售管理。有计划地开展广告宣传准备、设计制作产品说明书等。

第十四条　销售渠道管理。对销售渠道的开发、维护、考核评价和支援。

第十五条　组织商品的包装、装潢和商标设计。

第五章　市场营销控制管理

第十六条　赢利控制。对各种产品、地区、顾客群、销售渠道、合同额等方面的获利能力进行评价、控制。

第十七条　营销战略控制。利用营销审计，定期重新评估公司的战略计划及执行情况，提出改善营销工作的计划和建议。如发现营销问题，应及时解决和纠正；如发现新的营销机会，应立即制订新的方案。

第六章　附则

第十八条　本制度自颁布之日起实施。

执行部门		监督部门		编修部门	
编制日期		审核日期		批准日期	

范例三：市场调查管理制度

制度名称	×× 公司市场调查管理制度	受控状态	
		编号	

第一条　为了确保公司及时掌握市场情况，有效地对市场信息进行管理，做出符合实际的市场预测，并据此制定正确的经营方针，特制定本制度。

第二条　市场调查及预测工作由营销部门负责，计划部门、信息中心等有关部门参与共同完成此项工作。

续表

第三条　本公司涉及的市场调研包括以下所列内容：

项次	项目	内容
1	市场与行业分析	分析区域市场特征，调研市场需求量及变化，市场占有率分析，探讨行业变化及原因
2	消费者调研	调查消费者购买与使用习惯；调查消费者购买动机与影响因素；了解品牌知名度、印象与偏好程度；调查消费者使用产品满意与不满意的原因
3	产品调研	产品包装的研究，产品生命周期的研究，新产品试销调查，产品表现评估
4	竞品调研	竞品价格及变化趋势调研，竞品促销调查及追踪
5	销商调研	经销商资料及销售统计，经销商表现评估
6	竞争者的调查	竞争者的基本研究，竞争者的产品与品牌定位，竞争者的销售策略，竞争者的广告效应

第四条　市场调研方案。市场调研方案制订由营销部负责人在实施前15个工作日内完成。市场调研方案至少包含调研目的、调查方法、调查对象以及时间、人员、费用的详细预算几部分内容。

第五条　市场调研方式。

1.对各类型用户进行抽样书面调查，征询对本厂产品质量及销售服务方面的意见。根据反馈资料写出分析报告。

2.组织公司管理人员、设计人员、销售人员每年进行一次用户访问，每次1个月左右，访问结束，填好用户访问登记表并写出书面调查汇报。

3.销售人员应当利用各种订货会与用户接触的机会，征询用户意见，收集市场信息，写出书面汇报。

4.搜集日常用户来函来电，进行分类整理，需要处理的问题应当及时反馈。

5.不定期召开重点用户座谈会，交流市场信息，反映质量意见及用户需求等情况，巩固供需关系，发展互利协作，增加公司产品竞争能力。

6.建立并逐步完善重点用户档案，掌握重点用户需要的重大变化及各种意见与要求。

第六条　市场调研用户预测所提供的各方面资料，销售部应当有专人负责管理，综合、传递并与工厂信息中心密切配合，做好该项工作。

第七条　可按以下程序，对市场调查结果进行分析与整理：

1.对调查资料、调查结果或调查用表进行整理和初步分析，然后汇总或编辑成册。

2.对所收集的调查资料进行分类、分项目分析研究，并且结合原始记录或历史数据等资料，进行对比研究。

3. 对调查结果或调查资料的真伪、可靠性和误差进行计算和分析。

销售部在征得广告宣传部认可的前提下，撰写调查报告书。调查报告一式多份，分送各部门，包括制造、销售、总务以及广告宣传部主管指定分送的部门负责人。

第八条 在必要的情况下，召开调查报告发布会。发布会由广告宣传部主管主持并做报告，倾听各方意见。

第九条 本制度自××××年××月××日起实施。

执行部门		监督部门		编修部门	
编制日期		审核日期		批准日期	

二、营销管理实用表格

（一）销售计划表

时间：　　　　　　　　　　　　　　　　　　　　　　　　年　　月

产品编号	产品名称	单位	内销			外销			合作外销			合计		
			数量	单价	金额	数量	单价	金额	数量	单价	金额	数量	单价	金额

审核：　　　　　　　　　　　　　　　　　　　　　　　　填表：

（二）销售计划分析表

销售人员姓名	本年度销售目标	月份		月份		月份		月份		月份	
		金额	%	金额	%	金额	%	金额	%	金额	%
合计											

制表人： 　　　　　　　　　　　　　　　年　　月　　日

（三）年度销售总额计划表

序号	项目	销售计划	平均售价	销售总额计划	备注说明
1	上年度本公司实绩				
2	竞争对手实绩				
3	损益平衡点基准				
4	资产周转率基准				
5	纯益率基准				
6	附加价值基准				
7	事业发展计划基准				
8	决定计划				

注：

$$损益平衡点基准 = \frac{固定费用预估 + 计划销售利益}{计划边际利益率} \times 100\%$$

$$资产周转率基准 = 计划资产 \times 一年周转次数$$

$$纯益率基准 = \frac{计划年度税前净利}{计划销售总额对税前纯益率} \times 100\%$$

$$附加价值基准 = \frac{计划人员数 \times 每人附加价值目标}{计划附加价值率} \times 100\%$$

（四）销售预算计划表

□个人提报

□部门

时间：

月份	人事费	广告费	交通费	邮电费	差旅费	交际费
1 月						
2 月						
3 月						
4 月						
5 月						
6 月						
7 月						
8 月						
9 月						
10 月						
11 月						
12 月						
合计						

（五）销售人员行动计划表

姓名		日期	
本月销售目标及计划：			

重点销售商品	重点拜访客户名单	新开拓客户名单
1. 2. 3. 4. 5.	1. 2. 3. 4. 5.	1. 2. 3. 4. 5.

制表人： 　　　　　　　　　　　　　　　　年　　月　　日

（六）市场需求量预测表

调查单位：

摘要	品名区分		业绩					预测	备注
			年	年	年	年	年	年	
统计资料名称	品牌	销售							
		指数							
	品牌	销售							
		指数							
	品牌	销售							
		指数							
相关资料名称	品牌	销售							
		指数							
	品牌	销售							
		指数							
	品牌	销售							
		指数							
本公司资料	品牌	销售							
		指数							
	品牌	销售							
		指数							
	品牌	销售							
		指数							
景气情况动向									
竞争对手动向									
本公司销售政策重点									

部门主管：　　　　　　　制表人：　　　　　　　日期：

（七）产品价格分析表

□外销价_____ □内销价_____

产品名称				产品编号			
产品规格／型号							
说明	1	2	3	4	5	6	7
产品售价							
估计月销售量							
月销售额							
单位材料成本							
合计							
总材料成本							
单位人工成本							
制造费用（％）							
销售费用（％）							
单位利润							
估计利润							
利润率							
裁决							

总经理：　　　　　　　　审核人：　　　　　　　　拟订人：

（八）产品售价计算表

编号：　　　　　　　　　　　　　　　　　　　　　　　年　　　月　　　日

产品名称											
成本项目	用量	售货类别									
		外销A价		外销B价		外销C价		内销中盘		内销零售	
		单价	成本	单价	成本	单价	成本	单价	金额	单价	金额
材料成本											
合计											
损耗											
材料成品											
其他成本 项目	单位成本	用量	成本	用量	成本	用量	成本	用量	成本	用量	成本
人工成本											
制造费用											
销管费用											
利润											
售价											
备注											

总经理：　　　　　　　　　　部门经理：　　　　　　　　　　分析员：

（九）促销活动计划表

年　　月　　日

序号	促销产品	促销方式	促销时间		负责人	配合事项	预计经营	预期效果	备注
			起	止					
1									
2									
3									
4									
5									
6									
7									
8									
9									
10									

制表人：

（十）广告预算表

□年度　　□半年度

年　　月　　日

序号	媒体	广告效率	单位成本	有效篇幅	频率		平常月份广告预算	旺季月份广告预算	其他配合促销预算	合计
					平常	旺季				

续表

序号	媒体	广告效率	单位成本	有效篇幅	频率		平常月份广告预算	旺季月份广告预算	其他配合促销预算	合计
					平常	旺季				
合计										
市场部经理意见										
财务部经理意见										
市场营销总监意见										

（十一）销售业务统计表

年　　月　　日

产品编号	品名	现金销售				赊销				合计			
		本日		累计		本日		累计		本日		累计	
		数量	金额	数量	金额	数量	金额	数量	金额	数量	金额	数量	金额

制表人：

（十二）销售业务状况报告表

年　　月　　日

客户信息	姓名					
	住址					
	职业					
	现款					
	欠款					
	有希望					
	无希望					
访问经历						
有无指导员						
备注						
员工感想：			批示：			

制表人：

● 第 十 二 章

公司办公总务管理

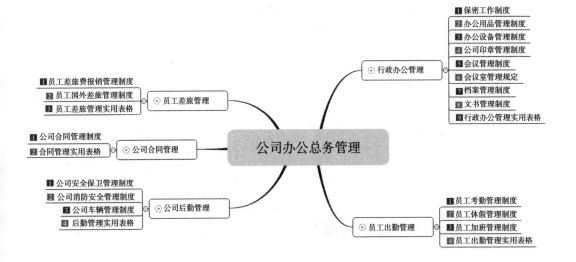

公司办公总务管理

● 行政办公管理
- 1 保密工作制度
- 2 办公用品管理制度
- 3 办公设备管理制度
- 4 公司印章管理制度
- 5 会议管理制度
- 6 会议室管理规定
- 7 档案管理制度
- 8 文书管理制度
- 9 行政办公管理实用表格

● 员工差旅管理
- 1 员工差旅费报销管理制度
- 2 员工国外差旅管理制度
- 3 员工差旅管理实用表格

● 公司合同管理
- 1 公司合同管理制度
- 2 合同管理实用表格

● 公司后勤管理
- 1 公司安全保卫管理制度
- 2 公司消防安全管理制度
- 3 公司车辆管理制度
- 4 后勤管理实用表格

● 员工出勤管理
- 1 员工考勤管理制度
- 2 员工休假管理制度
- 3 员工加班管理制度
- 4 员工出勤管理实用表格

扫一扫，获取
本章规范表格

第一节　行政办公管理

为了规范现代公司行政办公管理，使行政管理工作有章可循，公司应当建立和制定行政办公管理制度，从而促进公司经济效益的提高。

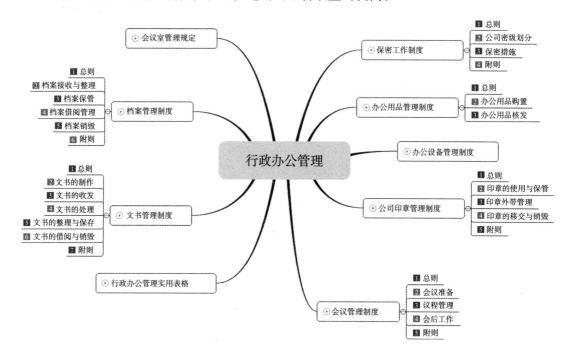

一、行政办公室管理制度

范例一：保密工作制度

制度名称	×× 公司保密工作制度	受控状态	
		编号	
第一章　总则			
第一条　为保守公司秘密，维护公司正当权益，特制定本制度。			
第二条　公司每个员工都有保守公司机密的义务。			

第三条 公司依照相关规定对保守、保护公司秘密以及改进保密技术、措施等方面成绩显著的部门或员工实行奖励。

第四条 公司秘密包括但不限于以下事项：

1. 公司商业机密、公司重大决策中的秘密事项。

2. 公司尚未付诸实施的经营战略、经营方向、经营规划、经营项目及经营决策。

3. 公司内部掌握的合同、协议、意见书及可行性报告、主要会议记录。

4. 公司财务预决算报告及各类财务报表、统计报表。

5. 公司所掌握的尚未进入市场或尚未公开的各类信息。

6. 公司工资薪酬福利待遇。

第二章 公司密级划分

第五条 公司对部分秘密划分密级管理，未划分密级的秘密同样属于本制度所称的公司秘密。密级分为"绝密"和"机密"两级：

1. 公司的重要决策资料为绝密级。

2. 公司的规划、财务报表、统计资料、预决算报表、重要会议记要及公司经营情况为机密级。

第三章 保密措施

第六条 对属于公司秘密的文件、资料，应当依据本制度的规定标明密级，并确定保密期限。保密期限届满，自行解密。

第七条 涉及公司秘密的文件和物品在产生时由部门负责保管，使用完后，均须交由档案室统一保管。以电子形式保存的秘密必须进行加密处理。

第八条 属于公司秘密的文件、资料和其他物品的制作、收发、传递、使用、复制、摘抄、保存及销毁等工作，由行政部或主管副总委托专人执行。

第九条 对于密级文件、资料和其他物品，必须采取以下保密措施。

1. 非经总经理或者主管副总经理批准，不得复制和摘抄。

2. 传递保密材料应当有保密措施，传递应专送，不得办理无关事项，密件不得携入不利于保密的场所。

3. 外出工作应当携带保密材料，并经公司领导批准。出国工作携带保密材料的，除经公司领导批准外，还须经政府有关部门审批。

4. 做好公司重要会议的保密工作。

5. 注意在通信和办公自动化中的保密工作，建立专门的信息网络保密制度。

6. 保密材料应在设备完善的保险装置中保存。

第十条 公司对档案室配备防盗、防火设施。

第十一条 各部门需要查阅、复制、摘抄、借出密级文件的，须先经以下权限审批：绝密级须经公司经理批准；机密级须经产生该秘密的部门负责人和保管该秘密的部门负责人共同批准；其他秘密，须经保管该秘密的部门负责人批准。

第十二条 不准在私人交往和通信中泄露公司秘密，不准在公共场所谈论公司秘密，不准通过其他方式泄露公司秘密。

第十三条 公司工作人员发现公司秘密已经泄露或者可能泄露时，应当立即采取补救措施并及时报告行政部；行政部接到报告，应立即处理。

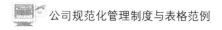

第十四条　出现下列情况之一者，给予警告，并且罚款×××元以上×××元以下。

1. 泄露公司机密，尚未造成严重后果或经济损失的。

2. 已泄露公司机密，但采取补救措施的。

第十五条　出现下列情况之一的，予以辞退并酌情赔偿公司经济损失的处罚，情节严重的移交司法机关处理。

1. 利用职权强制他人违反保密规定的。

2. 故意或过失泄露公司秘密，造成严重后果或重大经济损失的。

3. 违反本保密制度规定，为他人窃取、刺探、收买或违章提供公司秘密的。

第十六条　公司与接触重要机密的员工以书面形式签订《保密协议》，主要包含以下条款：

1. 保密的内容和范围。

2. 保密合同双方的权利和义务。

3. 保密协议的期限。

4. 保密费的数额及其支付方式。

5. 违约责。

6. 在保密协议有效期限内，员工应履行的义务。

第四章　附则

第十七条　本制度由公司总经理办公会通过后颁发执行。

执行部门		监督部门		编修部门	
编制日期		审核日期		批准日期	

二、办公用品管理制度

范例二：办公用品管理制度

制度名称	××公司办公用品管理制度	受控状态	
		编号	

第一章　总则

第一条　为加强办公用品管理，规范办公用品领用程序，提高利用效率，降低办公经费，特制定本制度。

第二条　办公用品由办公室集中管理，统一采购和发放，并设立专职或兼职管理员负责。

第三条　根据办公用品库存量情况以及消耗水平，确定订购数量。

第二章　办公用品购置

第四条　各部门申购办公用品，必须填写"办公用品申购表"，由办公室集中订购。

第五条　办公室依据订购单，写明订购日期、订购数量、单价等信息。采购办公用品时，务必把握"货比三家、物美价廉"的原则，确保所购用品质量。

第六条 所订购办公用品送到后，办公室按送货单进行验收，核对品种、规格、数量与质量，确定无误，在送货单上加盖印章，表示收到，并做好登记，写明到货日期、数量等。

第七条 收到办公用品后，对照订货单与订购进度控制卡开具支付传票，经总经理签字、盖章后，转交出纳室负责支付或结算。

第八条 办公用品原则上由公司办公室统一采购，分发给各个部门。如有特殊情况，允许各部门在填写"办公用品购买申请书"之后就近采购。在这种情况下，公司办公室有权进行审核，并且把审核结果连同申请书一起交付监督检查部门保存，以作为日后使用情况报告书的审核与检查依据。

第三章 办公用品核发

第九条 接到各部门的申请书（两份）之后，有关人员要进行核对，并在申请受理册上做好登记，写上申请日期、申请部门、用品规格与名称以及数量，然后再填写一份"用品分发通知书"给发送室。

第十条 发送室进行核对后，将办公用品备齐，分发给各部门。

第十一条 用品分发后做好登记，写明分发日期、品名与数量等。一份申请书连同用品分发通知书，转交办公用品管理室记账存档；另一份作为用品分发通知，连同分发物品一起返回各部门。

第十二条 所有入库办公用品均需要填写台账。

第十三条 办公用品仓库一年盘点两次（分别于6月与12月）。盘点工作由办公室主管负责。盘点要求做到账物一致，如果不一致必须查找原因，然后调整台账，使两者一致。

第十四条 对总公司各部门的办公用品使用情况要定期进行调查，调查内容包括：

1. 核对用品领用传票与用品台账。

2. 核对用品申请书与实际使用情况。

3. 核对用品领用台账与实际用品台账。

第十五条 本制度自下发之日起执行。

执行部门		监督部门		编修部门	
编制日期		审核日期		批准日期	

范例三：办公设备管理制度

制度名称	××公司办公设备管理制度	受控状态	
		编号	

第一条 为保证办公设备的合理配置和使用，更好地服务于公司各项工作，特制定本管理制度。

第二条 本规定所指办公设备包括：计算机及其附属设备、电话机、传真机、复印机、音响及其附属设备等。

第三条 办公设备的使用、管理统一由行政部负责。

第四条　电话机、传真机、计算机等日常办公设备由行政部根据各部门需要统一配备。需要额外申请的，需经行政部经理审核，主管副总批准。

第五条　因工作需要，确需购买的办公设备由当事人所在部门提出申请，报主管副总审批后再购买，所购办公设备要经公司行政部备案。

第六条　办公设备属公司资产，使用者有责任和义务妥善保管、合理使用，不能随意转交他人。

第七条　新调入人员因工作需要领用办公设备的，须持由部门经理审批的书面申请到行政部办理领用手续。

第八条　便携式笔记本等办公设备在规定使用年限期间，配备人员因工作需要发生调动的，公司范围内调动办公设备"机随人走"；公司范围外调动的，办公设备上交公司，由公司返还其剩余年份的出资额。所交办公设备由综合工作部会同相关部门对其评估后折价处理，原使用人有优先购买权。

第九条　在规定使用年限期间，因个人原因造成办公设备毁损、丢失、被盗等，所造成的经济损失由个人负担。

第十条　所有办公设备在使用中出现的故障均须严格按办公设备报修程序申报。

第十一条　凡属正常磨损或工作中发生意外情况造成个人在用办公设备损坏的，由使用者填写"设备报废申请单"，说明原因和理由，并由技术部网管签署鉴定意见。

第十二条　各部门经理应严格控制个人在用办公设备的领用，对其使用和保管进行监督，行政部有权对个人在用资产随时进行抽查，并对违反规定者予以相应处罚，保证公司资产的完整和合理使用。

第十三条　本制度由行政部负责制定、解释及修改。

第十四条　本制度自下发之日起执行。

执行部门		监督部门		编修部门	
编制日期		审核日期		批准日期	

范例四：公司印章管理制度

制度名称	××公司印章管理制度	受控状态	
		编号	

第一章　总则

第一条　目的。

为了保证公司印章刻制、保管以及使用的合法性、严肃性和安全性，依据公司规范运营、防范风险的管理规定，有效地维护公司利益，特制定本制度。

第二条　职责。

公司总经理授权总经办全面负责公司的印章管理工作，包括刻印、使用、废止、更换印章，监督印章的保管。

第三条　适用范围。

本制度适用于公司公文、信函、授权委托书、证件、证书、财务报表、统计报表及对外签署的合同、协议及其他需用印章的文本等。

第二章　印章的使用与保管

第四条　对公司所有印章的使用均须做好申请和使用登记，公司印章只适用于与公司相关的业务，不得从事有损公司利益的行为。

第五条　公司各类印章的使用与保管规定。

1. 公章。

（1）公章应由总经理负责管理。各部门有需盖公章的文件、通知等时，需先到总经办领取并填写"印章使用申请表"；由总经理核准盖章并在"印章使用申请表"中签批后盖章；经办人需将签批申请表交总经办保管，并在"印章使用登记簿"上签字。

（2）公章的保管人无独立使用权力，但具有监督及允许使用权力，因此公章的保管人对公章的使用结果负主要责任，经手人则负部分责任，而对未经由负责人或保管人（公司经理）签批的公章使用经手人负主要责任，保管人负部分责任。

2. 合同章。

（1）主要用于公司签订各类合同使用，盖章前须先到总经办领取并填写"印章使用申请表"，经由公司总经理审批、财务经理审核后盖章。经办人在"印章使用申请表"中签批，后交由总经办，并在"印章使用登记簿"上签字。

（2）合同章由财务部负责管理。任何部门、人员不得借用、代用合同章，违反规定造成的后果，由印章保管人负责；发生遗失，应及时报告处理。

3. 财务章。

（1）主要用于银行汇票、现金支票等需要加盖银行预留印鉴的业务或发票。

（2）财务章应由财务部经理负责管理，保管人无独立使用权力，但具有监督及允许使用权力，因此财务章的保管人对财务章的使用结果负主要责任，经手人则负部分责任，而对未经由保管人（财务负责人）签批的公章使用经手负主要责任，保管人负部分责任。

4. 法人私章。

（1）主要用于银行汇票、现金支票等业务，使用时凭审批的支付申请或取、汇款凭证方可盖章。

（2）法人私章应由财务部出纳负责管理，保管者又是使用者，但其无独立使用权力，需依据财务部负责人审批的支付申请或取汇款凭证方可使用，否则负全部责任。

5. 发票专用章。

（1）主要用于发票盖章。

（2）发票专用章由财务部负责管理，保管人也是使用者，应负全部责任。

6. 职能部门章。

（1）职能部门章主要在各部门内部使用，已经刻制的职能部门章需由相关部门经理进行保管并严格该印章的使用办法。

（2）职能部门印章保管人对印章具有独立使用权力，同时负全部使用责任。

第六条　用印相关规定。

1. 在落款处盖红印要端正、清晰，加印位置应"齐年盖月"。

2. 在带存根的公函、介绍信盖印面处，一处盖公函（介绍信）连接处，另一处盖落款处。

3. 用印后，该印章使用单作为用印凭据由印章保管人留存，定期进行整理后交办公室归档。

第三章　印章外带管理

第七条　印章原则上不许带出公司，确因工作需要将印章带出使用的，应事先填写印章使用单，载明事项，经公司总经理批准后由两人以上共同携带使用。

第八条　公司中、高层领导因在异地执行重大项目或完成重要业务，需携带公司印章出差的，须经公司总经理审批并及时归还。

第四章　印章的移交与销毁

第九条　因故分立、合并、解散、终止，由公司登记机关办理变更登记或注销后，印章保管人应将印章交予原单位善后事务的处理人保管。印章移交时，应填写"印章移交或销毁清单"。

第十条　已解散或终止的单位其善后事宜处理完毕后，由公司法律顾问判定，或销毁或移交总部相关部门管理，并填写"印章移交或销毁清单"。

第十一条　除特别需要外，总经办需将废止印章保存 3 年，然后在征得原使用者的意见后再行处理。

第五章　附则

第十二条　本制度自发布之日起开始执行。

第十三条　本制度的编写、修改及解释权归人力资源部所有。

执行部门		监督部门		编修部门	
编制日期		审核日期		批准日期	

三、会议管理制度

范例五：会议管理制度

制度名称	××公司会议管理制度	受控状态	
		编号	

第一章　总则

第一条　为规范部门会议的有序组织和管理，确保会议召开的质量和效率，使工作沟通更加顺畅，结合部门实际情况，特制定本制度。

第二条　本制度适用于公司各级、各类会议的组织和管理。

第三条　会议类别。

1. 公司级会议。公司员工大会、公司技术人员会议以及各种代表大会应报请公司总经理批准后，由各负责部门分别负责组织召开。

2. 专业会议。公司性的技术、业务综合会（如经营活动分析会、质量分析会、生产技术准备会、生产调度会与安全工作会等），由分管公司领导批准后，主管业务部门负责组织。

3. 系统和部门工作会。各车间、部门、支部召开的工作会（如车间办工会、科务会、支部会等），由各车间、部门、支部领导决定召开并负责组织。

4. 班组（小组）会由各班（组）长决定并主持召开。

5. 上级或外单位在公司召开的会议（如现场会、报告会、办公会等）或公司之间的业务会（如联营洽谈会、用户座谈会等），一律由公司受理安排，相关部门协助做好会务工作。

第二章 会议准备

第四条 做好准备工作。

1.线下会议准备。所有会议主持人和召集单位与会人员都应分别做好有关准备工作，包括拟好会议议程、提案、汇报总结提纲、发言要点、工作计划草案、决议决定草案、落实会场、备好座位、纪念品、通知与会人等。

2.视频会议准备。准备相应设备，例如摄像头、音箱、话筒（或者耳麦），如有缺少或运行不正常，需提前至少一天在当地自行采购并调试，确保设备可用。

第五条 会场准备。

1.线下会议会场准备。会议组织人员需在总经办的配合下及时准备会议场所、会议文件或资料，并进行会场布置、设备调试等，确保重点发言对象能及时、顺利地发言。

2.视频会议会场准备。召开视频会议前，各分会场应实时监控设备运行情况，随时与主会场保持联系，及时调整镜头和麦克风。设备或网络出现故障，应及时排除，并向主会场汇报。

第六条 与会人员准备工作。

与会人员在收到会议通知后，应认真准备发言要点、提案纲要等，配合主持人，使会议收到预期效果。

第七条 会议议程安排。

议程由会议组织部门拟定，包括会议内容、讨论事项、达到目的、参加人员、时间、地点、大约时长、需要发言的人员及其发言内容、各项要求等。

第八条 会议变更。

已列入计划的会议，如需改期，或遇到特殊情况需要安排其他会议时，会议组织部门需提前2天发出通知。

第三章 议程管理

第九条 签到。

与会人员在会议工作人员准备好的签到簿上签署自己的姓名；对于涉外会议，联系簿上要有与会人员的姓名、职务、所代表单位或部门等内容。

第十条 线下会议会场服务管理。

1.会议工作人员按事前安排好的座位，引导与会人员尽快就座。

2.分发会议文件、材料。

3.维护会场秩序。

4.对会中一般需用物品应做好余量准备，以应付个别需求。

5.保证会议环境通风好、光线足和地面干净。

6.处理会议中临时事项。

第十一条 视频会议管理。

1.会议期间，技术操作人员要坚守岗位，主会场视频会议系统操作人员应根据会议需要，及时切换会场画面。

2.除视频会议操作人员之外，无关人员一律不得进入设备操作区，不得操作与视频会议有关的设备。

3.会议结束后，由主会场统一中断会议连接。各分会场在主会场中断会议后，按操作流程关闭视频设备。

续表

第四章　会后工作

第十二条　会议组织部门需记录会议内容，并编制会议纪要。会议纪要的整理和发送应在1个工作日内完成，下发或传阅范围由会议主持人确定，通过OA协同发送给所有会议相关人员及对接人事专员。

第十三条　做好视频会议电子数据和有关资料的保密工作。未经会议、培训主办部门领导批准，不得对外公布有关信息。

第十四条　落实计划跟踪。

各部门对接人事专员对会议纪要输出的落地计划，要按照计划时间节点进行跟进，并于每月底输出该部门的会议落地执行情况的进展汇报，上交分管总处。

第十五条　归档会议资料。

会议组织部门要做好会议总结，整理好会议资料，并按公司档案管理规定，定期交档案管理人员归档。

第五章　附则

第十六条　本制度由行政部负责制定，经总经理审批通过后，自20××年××月××日起生效执行。

第十七条　本制度解释权和修改权归行政部。

执行部门		监督部门		编修部门	
编制日期		审核日期		批准日期	

❖ **小贴士**

会议管理的注意事项主要有：

（1）严格遵守会议的开始时间。

（2）在会议开始就会议议题的要旨做一番简洁的说明。

（3）将会议事项的进行顺序与时间的分配预先告知参会人。

（4）在会议进行中，应当注意以下事项：

①会议发言内容是否偏离了议题。

②会议发言内容是否出于个人的利害。

③是否全体人员都专心聆听发言。

④会议发言者是否过于集中在某些人。

⑤是否有从头到尾都没有发过言的人。

⑥某个人的会议发言是否过于冗长。

⑦会议发言的内容是否朝着结论推进。

（5）应当引导在预定时间内做出结论。

（6）在必须延长会议时间时，应当取得参会人的同意，并且决定延长的时间。

（7）应当将整理出来的结论交给全体人员表决确认。

（8）应当将会议决议付诸实行的程序理出，加以确认。

（9）会议禁忌事项：

①会议发言时长篇大论，滔滔不绝（原则上以3分钟为限）。

②从头到尾沉默到底。

③取用不正确的资料。

④尽谈些期待性的预测。

⑤打断他人的发言。

⑥谈到抽象论或观念论。

⑦中途离席。

范例六：会议室管理规定

制度名称	×× 公司会议室管理规定	受控状态	
		编号	

第一条　为节约公司资源，提高各部门会议效率，保障会议室的正常使用状态，行政部现面向公司内部实施会议室使用管理规定。

第二条　本规定适用于公司会议室的管理与使用。

第三条　公司所有员工如果不是接待客人或参加会议，不准随意进入会议室。

第四条　各部门如需使用会议室，需要提前到总经理办公室申请，由办公室统一安排在会议室使用登记簿上签字。

第五条　会议室使用人员须爱护设备和物品，人为损坏要按价赔偿。

第六条　会议如需使用电脑，由各部门自行准备，并认真做好保密工作，严禁传播、泄露公司商业秘密。

第七条　会议室使用遵循先全局后部门、先紧急后一般的原则，如遇到会议室占用，由行政负责协调工作。

第八条　会议结束后，要整理会场，保持会场清洁，并去办公室办理交接手续。

第九条　本制度由行政部负责制定，经总经理审批通过后，自20×× 年×× 月×× 日起生效执行。

执行部门		监督部门		编修部门	
编制日期		审核日期		批准日期	

四、公司资料管理制度

范例七：档案管理制度

制度名称	××公司档案管理制度	受控状态	
		编号	

第一章　总则

第一条　目的。

为加强公司档案管理工作，有效地保护和利用档案，维护公司合法权益，特制定本制度。

第二条　适用范围。

本制度适用于公司档案资料的管理。

第三条　权责。

档案管理工作是公司管理基础工作的组成部分，是维护公司合法权益的重要工作。公司档案管理工作坚持集中统一的原则，由公司行政与人力资源总监统一负责、统一管理。

第四条　档案管理工作要求。

1.集中保管，确保档案完整、安全。

2.档案管理工作纳入总经办工作计划和规章制度中。

3.档案管理工作影响相关人员的考核工作。

第二章　档案接收与整理

第五条　凡公司经营管理活动中形成和使用的，已办理完毕并具有考察价值的文件、报告、规定、通知及有关资料、图片、会议记录等均应列入公司档案的接收范围。

第六条　归档范围。

1.重要的会议材料，包括会议的通知、报告、决议、总结、领导人讲话、典型发言、会议简报及会议记录等。

2.本公司对外的正式发文与有关机构来往的文书。

3.本公司反映主要职能活动的报告、总结。

4.本公司的各种工作计划、总结、报告、请示、批复、会议记录、统计报表及简报。

5.信访工作材料。

6.本公司与有关单位签订的合同、协议书等文件材料。

7.本公司高层领导任免文件材料以及关于员工奖励、处分的文件材料。

8.公司职工劳动、工资、福利方面的文件材料。

9.公司的历史沿革、大事记及反映公司重要活动的剪报、照片、录音及录像等。

第七条　各部门都要建立健全平时归卷制度。对处理完毕或批存的文件材料，由专（兼）职文书集中统一保管。专（兼）职文书人员应及时将已归卷的文件材料，按照"案卷类目"归档。

第八条　各部门应根据本部门的业务范围及当年工作任务，编制平时文件材料归卷使用的"案卷类目"。"案卷类目"的条款必须简明确切，并编上条款号。

第九条 归档文件材料必须完整，层次分明，符合其形成规律，能够准确地反映公司生产经营各项活动的真实内容和历史进程。

第十条 按要求填写卷内目录、备考表等表格，拟写案卷标题要求结构完整，一般应准确概括卷内文件材料主要责任者、内容、名称。

第十一条 对破损的文件材料在装订的同时应进行加边、修补或裱糊，对较大的纸张应折叠，并拆除文件材料上的金属物。案卷装订要整齐。

第三章 档案保管

第十二条 公司设置专用档案库房，库房应坚固，具有防盗、防火、防水、防虫、防鼠、防潮、防尘、防高温等设施。要定期检查档案保管状况，对破损或变质的档案应及时修补、复制或采用其他技术处理。

第十三条 建立档案统计制度，对档案的收进、移出、保管、利用等情况进行统计。及时、准确地填写各种档案工作情况统计年报。

第四章 档案借阅管理

第十四条 一般档案的借阅。

因工作需要借阅一般档案材料者，可直接与档案管理人员联系借阅，借阅时间不超过1周，如遇节假日，须在节假日前归还。并需填写调档单，经本部门主管及档案主管人员签字审批后方可借阅。

第十五条 重要档案的借阅。

1. 借阅资料为重要文件的，借阅时间不超过3个工作日，如遇节假日，须在节假日前归还。并需填写调档单，经本部门主管及行政与人资部总监签字审批后方可借阅。

2. 借阅资料为秘密文件的，借阅时间不得超过1个工作日，原则上不得带出档案室。并需填写调档单，经本部门主管、行政与人力资源部总监及总经理签字审批后方可借阅。

第十六条 外公司借阅管理规定。

1. 各部门不可替外公司人员借阅档案材料，不得向外公司人员提供一切档案材料，不得私带外公司人员到档案室查阅。

2. 外公司人员借阅相关档案，须持公司介绍信，未经公司总经理批准，不能复印任何档案材料。

第十七条 借阅手续办理。借阅档案必须办理借阅登记手续，借阅归还时应当面点收清楚，完善注销手续，并填写"档案借阅登记表"。

第十八条 借阅档案维护。

1. 所有档案材料、图纸，借阅时不论任何理由都不能涂改和增删字句、圈画档案材料、抽拆画线及剪裁，应保持档案的完整与整洁。

2. 对于损毁、丢失或擅自毁掉档案者，公司按有关规定处理，严重者追究其法律责任。

3. 借阅档案人员离职或调离本公司的，所借阅的档案材料须一律还清，不准带走，否则综合档案室及上级部门有权不在调动清单上签字。

第五章 档案销毁

第十九条 凡经鉴定小组确认已失去保存价值的档案，应登记造册，经公司主管领导批准后销毁。档案销毁时，必须有两人在场，并在销毁清单上签字。销毁清册由公司档案室永久保存。

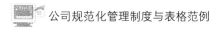

第六章　附则					
第二十条　本制度由行政部负责制定，经总经理审批通过后，自20××年××月××日起生效执行。					
执行部门		监督部门		编修部门	
编制日期		审核日期		批准日期	

范例八：文书管理制度

制度名称	××公司文书管理制度	受控状态	
		编号	

第一章　总则

第一条　为了实现公司公文管理的科学化、制度化、规范化，提高公文处理质量和效率，结合公司实际，制定本制度。

第二条　"文书"是指业务工作上往来公文、报告、会议决议、规定、契约书、专利许可证书、各种账簿、图表参考书等一切业务用书与公文。

第三条　本制度适用于对公司内部所有公文文书的管理。

第四条　公司内部所有公文文书归公司所有并收藏，任何个人不得私自占有。

第五条　文书按下列要点处置或办理：

1.凡重要事宜的指示、请示、汇报、报告、传达、答复等，一律以"文书"的形式进行。所有文书的处置都必须以"准确"与"迅速"为原则，必须明确责任。

2.即使在紧急状况下，以口头或电话形式处置的事项，事后也必须以"文书"形式记录下来。

第六条　文书管理原则。

1.文书的收发、领取与寄送，原则上由总公司总务部负责。

2.分公司或分支机构的文书主管，另有文书管理细则做出规定。

第二章　文书的制作

第七条　文书制作要领。

1.文书必须简明扼要，一事一议。语言措辞力求准确规范。

2.起草文书的理由必须做出交代，包括起因以及中间交涉过程必须写明。必要情况下附上有关资料与文件。

3.必须明确起草文书的责任者，署上请示审批提案者姓名。

4.对请示提案文书进行修改时，修改者应当认真审阅原件，修改后必须署名。

第八条　行文要求。

1.公司内文书，公司的制度、管理规定、管理办法及管理流程等内部文件，要依照统一的格式要求编写。

2.页眉要包含文件名称、文件编码、起草人、审核人、批准人、生效日期、版本及页码等。

3. 全文字体为楷体，行间距为固定值 28，字间距不作规定。行文内容颜色一律为黑色。正文的结构层次序数，第一层用"一"，第二层用"（一）"，第三层用"1"，第四层用"（1）"。标题为三号字体，正文为四号字体。

第九条 文书署名。

1. 公司内文书，如果是一般往来文书，只需主管署名即可；如果只是单纯的上报文书，或者不涉及各部门，且内容并不重要的文书，只需部门署名即可；如果是重要文书，按责任范围署名总裁、副总裁、董事，或者有关部门的主管姓名与职务。

2. 对外文书，如契约书、责任状、官方许可申请书、回执、公告等重要文书，一律署名总裁职务与姓名。如果总裁委托事项，可由指名责任者署名。上列规定以外的文书，也可署名分公司或分支机构主管职务与姓名。

第十条 文书盖章。

1. 在正本上必须加盖文书署名者的印章，副本可以加盖署名者或所在部门印章。

2. 如果文书署名者不在的情况下，加盖职务替代或代理者印章，且加盖具体执行者印章。在这种情况下，文书存档前加盖署名者印章。

3. 以部门或公司名义起草的文书，在旁侧加盖有关责任者印章。

第三章 文书的收发

第十一条 到达文书全部由文书主管科室接收，并按下列要点处置：

1. 一般文书予以启封，分送各部门、科室。

2. 私人文书不必开启，直送收件人。

3. 分送各部门、科室的文书若有差错，必须立即退回。

第十二条 各部门的邮寄文书，必须于发送前在"发信登记本"与"邮资明细账"上作好登记。

第十三条 需要邮寄或专人递交的文书，必须注明发送或接受单位、地址、收件人姓名等内容，必要时还需交文秘室回复或回执。如是公司内部文书，原则上不需封缄。

第四章 文书的处理

第十四条 普通文书的处理。

1. 部门经理以上级别的主管人员，负责对文书进行审批、答复、批办以及其他必要的处理，或者由指定下属对文书进行具体处理。

2. 处理中如遇重大问题或异常现象，需及时向上级汇报，并按领导指示办理。

第十五条 机密文书的处理。

1. 机密文书原则上由责任者或当事者自行处理。

2. 亲启文书原则上由信封上所指明的人开启，其他人不得擅自开启，如果主管领导在职务上有权替代指明者，可不受本条规定约束。

第五章 文书的整理与保存

第十六条 全部办结的文书，在结办后 3 个工作日内交综合部归存，按"完整、有序"的原则对文件进行整理、检查，按类别、年代立卷，分别按所属部门、文件机密程度、整理编号和保存年限进行整理与编辑，并在"文书保存簿"上做好登记，归档保存。

第十七条 制度规定、不动产权利书、契约书、往来公文与特许专利文书等特别重要的文书，由总务部填写"重要文书目录"后，予以保存。

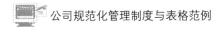

续表

第十八条　员工个人不得保存公司公文，凡参加会议带回的文件，应及时交综合部登记保管，调离公司的员工应将文件和记录本清理移交。

第十九条　分公司或分支机构的文书分为两类：一类是特别重要的文书，直接归主管保存；另一类是一般文书，由各部门保管。

第二十条　文书的保存年限。

1. 永久保存的文书，包括章程、股东大会及董事会议事记录、重要的制度性规定；重要的契约书、协议书、登记注册文书，股票关系类；重要的诉讼关系文书；重要的官方许可证书；有关公司历史的文书；决算书和其他重要文书。

2. 保存10年的文书，包括请示审批提案文书，人事任命文书，奖金工资与津贴有关文书，财务会计的账簿、传票与会计分析报表，以及永久保存以外的重要文书。

3. 保存5年的文书，指不需要保存10年的次重要文书。

4. 保存1年的文书，指无关紧要或者临时性文书。如果是调查报告原件，则由所在部门主管负责确定保存年限。

第六章　文书的借阅与销毁

第二十一条　各部门人员因工作需要借阅一般文件时，在经其部门负责人同意后方可借阅；对有密级的文件，须经总经理同意后方可借阅。

第二十二条　借阅文件应严格履行借阅登记手续，按时归还。

第二十三条　对于多余、重复、无保存价值的文件，综合部应定期清理造册，并按有关规定办理申请销毁手续。机要文件一定要以焚烧的方式销毁。任何人不得擅自销毁文件或出售。不需立卷的文件材料应逐件登记，报公司领导批准后销毁。

第七章　附则

第二十四条　本制度自公布之日起实行。

执行部门		监督部门		编修部门	
编制日期		审核日期		批准日期	

❖ **小贴士**

公文格式通包括标题、主送单位（部门）、正文、附件、单位印章、发文时间、抄送（抄报）单位（部门）、公文字号和主题词等。

（1）公文的标题应当准确、简要地概括公文的主要内容，并且标明发文单位和公文种类。除批转法规性文件外，公文标题一般不加书名号和其他标点符号。

（2）向上级请示的公文，通常只需要写一个主送单位（部门），如果同时需要上报另一个上级单位（部门）时，可以用抄报的形式。

（3）发文时间以领导签发日期为准；联合行文，以最后一个单位签发的日期为准。

（4）公文字号通常包括单位代号、年号、顺序号。几个单位联名发文，只标明主办单位（部门）的公文编号。

（5）公文如有附件，应当在正文之后、单位名称之前注明附件的名称和件数。

（6）收发文单位（部门）应当写单位（部门）全称或规范化简称。联合发文，应将主办单位（部门）排列在前。

（7）公文文字一律从左至右横写横排。

（8）公文纸通常采用 16 开，在左侧装订。注意："通告"等，根据实际行文关系确定用纸大小。

五、行政办公管理实用表格

（一）办公用品申购表

申购部门	办公用品名称	规格	数量（单位）	用途	预算	备注
申购部门负责人： 　　　　　　　年　　月　　日						
行政部经理： 　　　　　　　年　　月　　日						
主管副总经理： 　　　　　　　年　　月　　日						
申请人：　　　　　　　　　　　　　　　　年　　月　　日						

（二）办公用品登记表

年　　月　　日

序号	名称	规格	数量	购入日期	购入价格	领用部门	领用人签字	备注

（三）会议计划表

会议名称					
开会次数					
开会日期					
会议目的及宗旨					
与会人员					
司仪					
主席					
会议召集部门及单位					
会议记录					
总务					
与会者应备资料					
会场标示资料					
目前或事前的分发资料					

（四）会议议程安排表

会议时间	会议地点	会议名称	会议目的	出席人员	会议主持	会议议程	发言主题	主讲人／发言人	备注说明

（五）会议室使用申请表

年　　月　　日

使用时间	会议名称	主持人	使用物品	使用人数	备注
申请使用单位	名称：				
	主管：				
	管理人：				
管理单位	办公室：				
	主管领导：				

（六）会议室使用登记表

年　　月　　日

会议名称		使用时间	
使用部门		负责人	
主持人		人数	
会议室检查情况	是否有损坏	□有　　□无	
	损坏明细		
使用部门负责人		办公室	

（七）会议通知单

会议名称	
收文部门	
会议主持人	副本收受人签名
会议内容	
会议时间	年　　月　　日（星期　）　　时　　分
会议地点	
参会部门及人员	
备注	

（八）会议签到表

会议主题			会议日期	
主持人			会议地点	
参加人员				
序号	职位		姓名	签名

（九）会议纪要表

会议名称		会议时间	
会议地点		会议主持	
参会人员		会议记录	
会议内容			
报告事项： 　1. 　2. 　决定： 讨论事项： 　1. 　决议： 　2. 　决议： 临时动议： 　××提议： 　决议：			
记录人	审核		总裁

（十）会议记录表

会议名称						
会议时间		会议地点			会议主持人	
会议记录人			到场人数			
到场人员						
主要议题	对策措施	期限	负责人	追踪情况（时间）		

（十一）会议提案

××公司 ××会议第 ×号提案			
提案人		提案日期	
提案内容：			

（十二）往来信函登记表

客户或单位：

类别		时间		函内容	处理人	回函日期	回函内容	接收人
来	去	来	去					

（十三）业务函件处理表

客户类别：

来函日期	来函纪要	来函编号		处理人	回函编号	回函纪要	回函日期
		客户	本公司				

（十四）文件接收登记表

序号	文件编号	文件名称	发文单位	事由	附件	收文日期	处置说明

（十五）送发公文登记表

日期	文号	收文单位	文别	事由	附件	附本	回函内容

（十六）档案调阅登记表

序号	档案编号	档案名称	调阅				归还			备注
			日期	调阅人	所属部门	管理人签字	日期	归还人签字	管理人签字	

（十七）会议邀请函

会议邀请函

××公司：

　　兹定于＿＿＿＿＿年＿＿月＿＿日起在＿＿＿＿＿市召开＿＿＿＿＿年＿＿＿＿＿产品用户座谈会。谨邀贵单位一名代表参加。

　　具体通知如下：

　　1. 报到时间：＿＿＿＿＿年＿＿月＿＿日

　　2. 会议地点：

　　3. 会务费：＿＿＿＿＿元／人

　　请贵单位尽快回复与会代表名单，以便预订飞机票。

　　联系人：×××

　　联系电话：××××××××

第二节　员工出勤管理

考勤是为维护企业的正常工作秩序，提高办事效率，严肃企业纪律，使员工自觉遵守工作时间和劳动纪律。

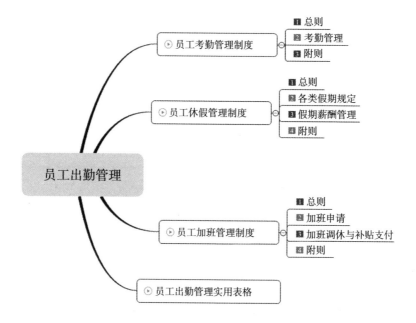

一、员工出勤管理制度

范例一：员工考勤管理制度

制度名称	××公司员工考勤管理制度	受控状态	
		编号	
第一章　总则			
第一条　为加强公司人力资源的开发和管理，保证公司各项政策措施的执行，特制定本制度。 第二条　本制度适用于公司总部，各下属单位可参照执行。			

第二章　考勤管理

第三条　员工正常工作时间为上午 × 时至 × 时，下午 × 时至 × 时，每周六、日不上班，因季节变化需调整工作时间时，由总经理办公室另行通知。

第四条　全体员工必须严格按照上、下班时间在指定考勤机进行信息录入。

第五条　员工如因指纹无法被考勤机识别等情况而导致当日无法正常考勤，可至考勤机管理人员处进行手工签到。

第六条　如指纹考勤员工因指纹浅等原因长期无法指纹考勤，需由考勤机管理人员上报工作请示单，申请此员工以签到记录为考勤依据，经分管副总批示后转人力事业部执行。如指纹考勤员工因指纹临时出现问题不能进行打卡考勤的，可到行政部进行手工签到。

第七条　上班时间开始后 ×× 分钟内到班者，按迟到论处，超过 ×× 分钟以上者，按旷工半日论处。提前 ×× 分钟以内下班者按早退论处，超过 ×× 分钟者按旷工半天论处。

第八条　各部门负责人对本部门员工的每日去向必须全面掌握，员工外出公务必须经部门负责人同意知晓，如查岗时员工不在工作岗位且部门负责人不知晓该员工具体去向及所办事情，视为该员工旷工。

第九条　上班时间外出办私事者，如经发现，即扣除当月全勤奖，并给予警告一次的处分。

第十条　员工一个月内迟到、早退累计达三次者扣发全勤奖 1/2，达五次者扣发全部全勤奖，并给予一次警告处分。

第十一条　员工无故旷工半日者，扣发当月全勤奖，并给予警告一次的处分；当月累计 3 天旷工者，扣除当月工资，并给予记过一次的处分；无故旷工达一个星期以上者，给予除名处理。

第十二条　当月全勤者，获得全勤奖金 ××× 元。

第三章　附则

第十三条　本制度呈总经理批准后实施。

执行部门		监督部门		编修部门	
编制日期		审核日期		批准日期	

范例二：员工休假管理制度

制度名称	×× 公司员工休假管理制度	受控状态	
		编号	

第一章　总则

第一条　为维护员工权利，保障员工身心健康，提高工作效率，合理安排工作和休息时间，根据《中华人民共和国劳动法》《职工带薪年休假条例》《企业职工带薪年休假实施办法》等有关法律法规制定本制度。

第二条　本制度适用于公司所有员工。

第三条　由各部门主管、经理负责监督。

第二章　各类假期规定

第四条　法定节假日。

根据国家关于节假日安排的通知执行。

第五条　病假。

1. 员工休病假，超过1天要出具医院开具的假条。

2. 员工休病假的时限，应以假条上的时间为准，遇节假日不顺延。

3. 从员工转正开始，员工每年可享受5天带薪病假。

4. 员工带薪病假休满之后，如果因病仍不能上班，则应申请进入医疗期。公司将根据病情决定是否批准其进入医疗期，员工只有在患难以治愈的病或非常严重的慢性病时方可进入医疗期。进入医疗期者，其待遇按公司医疗期制度执行。不批准进入医疗期者，又确实不能上班，按无薪病假待遇。员工连续休假经公司批准的无薪病假超过15天以后，公司按照国家有关规定，每月发给基本生活费，按有关标准缴纳养老保险，并按规定报销医药费，其他待遇不再享受。

5. 员工无论休何种病假，必须按时递交有效的医生诊断证明，请部门经理批准，否则按旷工处理。

第六条　带薪年假。

1. 按照《职工带薪年休假条例》和《企业职工带薪年休假实施办法》执行，员工连续工作满12个月以上的，享受带薪年休假。

2. 年休假天数根据员工累计工作时间确定。员工工作已满1年不满10年的，年休假5天；已满10年不满20年的，年休假10天；已满20年的，年休假15天。

3. 员工新进本公司且符合本条第1款规定的，当年度年休假天数按照在本公司剩余日历天数折算确定，折算后不足1整天的部分不享受年休假。

折算方法为：（当年度在本公司剩余日历天数÷365天）×员工本人全年应当享受的年休假天数。

4. 带薪年假遇节假日顺延。

5. 员工休带薪年假必须考虑有关客户的要求及所在部门的工作安排，休带薪年假必须提前两周申请，并经主管同意。

6. 公司希望员工利用带薪年假的机会使身心得到调整。人力资源部将在每个自然年度开始时，通知每位员工应享受的带薪年假。该年假的有效期为一年时终止，不再累计。

第七条　工伤假。

1. 员工在工作期间发生工伤事故，直接主管应立即到现场调查受伤情况，并立即做出处理，并进行报告至总经理和人力资源部。

2. 公司根据医生的诊断确定是否需要给予工伤假。

3. 员工休工伤假享受全薪。

4. 员工休工伤假期间，应按照公司的要求定期到指定医院进行检查。

第八条　婚假。

1. 员工按法定结婚年龄结婚的，可享受3天法定婚假。

2. 婚假包括公休假和法定假。

3. 男、女员工婚前体检可享受半天全薪假。

第九条 产假。

1.产假所涉及的假期均应包含节假日，即遇节假日不顺延。

2.员工生育享受 98 天产假，其中产前可以休假 15 天；难产的，增加产假 15 天；生育多胞胎的，每多生育 1 个婴儿增加产假 15 天。

3.员工怀孕未满 4 个月流产的，享受 15 天产假；怀孕满 4 个月流产的，享受 42 天产假。

4.员工生育后，在其婴儿 1 周岁即哺乳期内，每天可以享受 1 小时哺乳时间；女职工生育多胞胎的，每多哺乳 1 个婴儿，每天增加 1 小时哺乳时间。

第十条 丧假。

1.父母、养父母、继父母、配偶父母、配偶或子女死亡，可休带薪假 8 天。

2.祖父母、兄弟姊妹死亡，可休带薪假 4 天。

第十一条 倒休假。

1.员工在休息日加班后，经部门经理批准，可以享受因休息日加班产生的倒休假。

2.员工休倒休假时，须考虑部门工作的安排，并应提前两周申请，经主管同意。

3.员工休倒休假时，应在请假单后附有部门经理批准倒休的加班申请单。

4.倒休假只限当年有效。

第十二条 事假。

1.事假系无薪假，公司根据工作安排决定是否批准员工休无薪假。

2.事假最长不超过两周。

第三章 假期薪酬管理

第十三条 正式员工在国家法定节日、婚假、年假期内工资按正常发放。

第十四条 经员工同意不安排年休假，或者安排员工年休假天数少于应休年休假天数，公司在本年度内对员工应休未休年休假天数，按照其日工资收入的 300% 支付未休年休假工资报酬，其中包含支付员工正常工作期间的工资收入。

第十五条 公司安排员工休年休假，但是员工因本人原因且书面提出不休年休假的，公司只支付其正常工作期间的工资收入。

第四章 附则

第十六条 直接主管在一个月内对同一员工批准假期时限为 × 天，× 天以上由部门经理批准。

第十七条 员工休假需要在企业微信上发起审批，按规定填写请假申请单，并注明请假事由，按照审批流程，报主管、经理批准，并抄送人力资源部。

第十八条 本制度由公司人力资源部负责拟订，报总经理审批通过后执行。其中未尽事宜，可随时进行修改和增补，并呈报总经理审核批准后生效。

第十九条 本制度自 20×× 年 × 月 × 日起实施。

第二十条 本制度由公司人力资源部监督执行，最终解释权归人力资源部。

执行部门		监督部门		编修部门	
编制日期		审核日期		批准日期	

范例三：员工加班管理制度

制度名称	××公司员工加班管理制度	受控状态	
		编号	

第一章　总则

第一条　为进一步规范员工的加班管理，旨在合理安排工作任务，充分利用工作时间，努力提高工作效率，实现公司对加班管理的严格化、规范化、透明化；保证公司运营的有序进行，根据《中华人民共和国劳动法》及其他相关法律法规，结合本公司实际，制定本制度。

第二条　本制度适用于公司全体员工。

第三条　公司如因工作需要，可以安排员工加班加点，被指定加班的员工不得无故推诿或拒绝。

第四条　加班原则。

1. 效率至上原则。各部门须有计划的组织、开展各项工作，提高工作率，对加班严格控制。

2. 调休优先原则。员工加班后，优先安排调休，确认工作需要无法调休的，计算加班费用。

3. 时间原则。加班两个小时以上算加班，同时工资按半个工作日计算；4小时以上均按一个工作日计算。

4. 工资原则。加班费用为平时工资的两倍。

第二章　加班申请

第五条　员工加班要事先向主管申请，并得到部门负责人的批准。

第六条　工作日加班者，员工需要在实际加班前一天下午五点钟前，把经过批准的加班申请提交至公司人力资源部。

第七条　周末加班者，员工需在实际加班前最后一个工作日的下午五点钟前，把经过批准的加班申请交到公司人力资源部。

第八条　假日加班者，员工需在实际加班前最后一个工作日的下午五点钟前，把经过批准的加班申请交到公司人力资源部。

第九条　如有意外，员工必须在实际加班发生后的两天内及时补交加班申请。

第三章　加班调休与补贴支付

第十条　加班调休。

1. 公司鼓励员工在每天规定的工作时间内完成本职工作，不鼓励加班。原则上各单位不得安排员工加班加点，确实需要加班时，在保护员工身体健康的基础上合理、妥善地安排。

2. 公司会根据实际经营状况，在与员工进行沟通的基础上合理安排加班员工的调休。

第十一条　加班补贴。

1. 确因工作任务繁忙不能调休的，按《劳动法》规定支付加班补贴。日工资标准按照岗位工资除以21.75天计算，用日工资标准除以8小时即得小时工资标准。在计发加班加点补贴和请事假扣发工资时，均按此标准执行。

2.安排员工在法定标准工作时间以外延长工作时间的，按照员工本人小时工资标准的150%支付加班补贴；安排员工在公休日工作的，按照员工本人日或小时工资标准的200%支付加班补贴。依法安排员工在法定休假节日（元旦1天，春节3天，清明节1天，劳动节1天，端午节1天，中秋节1天，国庆节3天）工作的，按照员工本人日或小时工资标准的300%支付加班补贴。

3.法定休假节日加班，其加班补贴在当月发工资时一起按上述规定支付；除法定休假节日以外的其他加班，按照调休优先的原则，根据工作安排和个人申请，需在以后的月份安排调休的，可将本月需要调休的加班单独记录，以备调休时查用；因工作需要暂未计算加班补贴的加班，在半年内不能安排调休的，在确定不能调休的当月，将未能调休的加班按规定支付加班补贴。

第四章 附则

第十二条 本制度的最终解释权归人力资源部所有。

第十三条 经公司总经理核准，本制度自公布之日起实施。

执行部门		监督部门		编修部门	
编制日期		审核日期		批准日期	

二、员工出勤管理实用表格

（一）员工考勤表

部门：　　　姓名：　　　编号：　　　　　　　　　　（　　年度）

| 月份 | 出勤（天） | 休假（天） | 假别 | | | | | 迟到（天） | 早退（天） | 旷职（天） | 公差（天） |
			事假（天）	病假（天）	公假（天）	婚假（天）	丧假（天）				
1											
2											
3											
4											
5											
6											

月份	出勤（天）	休假（天）	假别					迟到（天）	早退（天）	旷职（天）	公差（天）
			事假（天）	病假（天）	公假（天）	婚假（天）	丧假（天）				
7											
8											
9											
10											
11											
12											
合计											

制表人：

（二）考勤日报表

日期：

部门	应出勤人数	实际出勤人数	事假	病假	年假	公出	迟到	早退	旷工	其他	备注
合计											

（三）请假申请表

部门		申请人		申请时间	
事由：					
拟请假时间： 年　月　日　时至　年　月　日　时，累计时间　天（或　小时）					
拟请假形式： □病假　□事假　□年休假　□婚假　□产假　□丧假　□公出（市内　外地　出国） □工伤假　□其他					
部门经理意见： 　　　　　　　　　　　　　　　　　　　　　　签字： 　　　　　　　　　　　　　　　　　　　　　　日期：					
人力资源总监意见： 　　　　　　　　　　　　　　　　　　　　　　签字： 　　　　　　　　　　　　　　　　　　　　　　日期：					
总经理意见： 　　　　　　　　　　　　　　　　　　　　　　签字： 　　　　　　　　　　　　　　　　　　　　　　日期：					

（四）加班申请表

年　月　日

序号	姓名	预定加班起止时间	时数	工作内容及地点	实际加班时间	时数	变更预定加班时间原因	证明人	备注

总经理：　　　　　　　　　　主管：　　　　　　　　　　申请人：

（五）加班汇总表

序号	员工姓名	加班日期	平时加班	休息日加班	节假日加班	调休	加班费	备注

第三节 员工差旅管理

员工差旅是指本公司员工由于业务原因需赴公司所在地以外的地方执行与其工作有关的业务活动、培训、考察、开会及展览等。

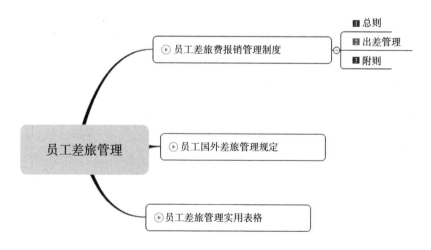

一、员工差旅管理制度

范例一：员工差旅费报销管理制度

制度名称	×× 公司员工差旅费报销管理制度	受控状态	
		编号	

第一章 总则

第一条 为了规范公司员工出差及报销审批程序，明确差旅费标准，特制定本制度。

第二条 本制度适用于公司全体员工办理出差事项及支取差旅费。

第三条 差旅费管理原则。

1. "有利于工作，厉行节约"的原则，从严控制出差，合理安排人员和行程。

2. "分级管理，层层负责"的原则，严格出差审批制度。各中心总经理出差须经总裁或副总裁批准；总经理助理、部门经理、副经理、经理助理出差由分管领导批准；一般员工由各部门负责人（经理、厂长）签字批准。

3. 员工出差按签批程序填写"出差申请单"逐级报批。

第二章 出差管理

第四条 出差申请要求。

1. 员工因公司业务需要远途出差时，应当事先填报"出差申请单"，写明出差日程、出差目的地及出差事由等，呈送部门经理或系统总监核准后方可出差。

2. 远途出差员工在出差申请单上添附出差旅费概算表，向财务部门预支差旅费。

3. 未及呈准，出差人员须补办手续后方可支给差旅费。

第五条 出差的流程。

1. 出差前，应当填写"出差申请单"。出差期限由派遣负责人视情况需要，在事前予以核定。

2. 出差人凭核准的"出差申请单"向财务部暂支相应数额的差旅费，返回后一周内填具差旅费报销单，并结清暂支款；未于一周内报销者，财务部应当在其当月工资中先予扣除，等报销时再行核付。

第六条 差旅费规定。

1. 交通费、膳食费和住宿费按实际报销，超标自付，欠标不补。标准如下：

职务	住宿标准	膳食标准	飞机	火车	汽车
经理以上	＿＿元/天	＿＿元/天	头等舱	软卧	出租车
主管级	＿＿元/天	＿＿元/天	普通舱	硬卧	视情况
一般职员	＿＿元/天	＿＿元/天	普通舱	硬卧	视情况

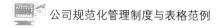

2. 国外出差的费用标准由副总经理核定。

第七条　生活补贴标准。

1. 出差生活补贴按出差时间和相应的标准计算、报销。

2. 外出参会的由会议主办方已安排伙食且在会务费中包含，不得报销生活补贴。

3. 出差时间超过 3 天的，出发之日和返回之日均享受半天生活补贴。

第八条　其他规定。

1. 出差人员返回公司 × 天内报销差旅费；逾期未办理报销的，按同期"银行利率"扣收资金占用费。

2. 出差人员按规定审批程序和规定标准据实报销出差费用，不得弄虚作假，一经发现，除追回多报费用，并处以 1～3 倍的罚款。

3. 出差期间绕道、旅游、探亲访友所发生的各种费用、补贴不允许报销。

4. 员工在省内出差报销标准不包括公司本部所在地（本地出差仍按《外派人员工资标准及差旅费报销的规定》标准报销）。

5. 报销差旅费时，除生活补贴、夜间乘车补贴外，其他费用报销均需提供真实有效的票据。

6. 出差人员到公司各办事处出差的，报销差旅费时须出示办事处安排并承担食宿和车辆的书面证明（未安排食宿和车辆的也须出示书面证明），注明安排并承担食宿的时间、安排车辆接送等情况，办事处已安排食宿和车辆的，不予报销。

第三章　附则

第九条　本制度解释权、修改权归公司人力资源部。

第十条　本制度自下发之日起实施。

执行部门		监督部门		编修部门	
编制日期		审核日期		批准日期	

范例二：员工国外差旅管理规定

制度名称	××公司员工国外差旅管理规定	受控状态	
		编号	

第一条　为规范员工的海外出差行为，统一员工出国培训、考察、公务、开会的有关事项，特制定本规定。

第二条　本规定适用于由公司委派，因工作原因出差至中国大陆境外（包括港澳台）的员工。

第三条　国外出差审批。

1. 出差员工须填写"国外出差申请表"，经相关负责人审核后，呈总经理批准。

2. "国外出差申请表"获得批准后，可作为借支依据。员工出差返回后，将"国外出差申请表"交财务部，作为计算补贴和核销费用的凭据。

3. 未办理出差审批手续的，财务部门有权拒绝报销有关费用。

第四条　差旅费标准。

1. 境外公出费用标准如下：

岗位职务	餐费标准 （美元／日）	住宿费标准 （美元／日）	市内交通及通讯费 标准（美元／日）	备注
基层员工	××	××	××	
中层员工	×××	×××	×××	
高层员工	×××	×××	×××	

2. 日常餐费、市内交通费、住宿费按规定标准执行，超标自付，节约部分按 50% 给予额外补贴。

3. 董事会成员、总经理可乘飞机公务舱，其他员工均乘飞机经济舱。

4. 公司组织安排出国参观学习，统一安排住宿或就餐的，相关费用不予以报销。

5. 特殊情况需超出标准的，须经总经理批准后方可报销。

第五条　出国人员应照规定期限归国，并于返国后 × 日内，持有关凭证向会计部报销，因故拖延不归或费用开支经审核不准报销者，概由出国人员自行负担。

第六条　出国接受技术培训或受国内外厂商机构补助人员，其差旅费如已由有关单位支给者，支给部分不得再向公司申请，但厂商供给的费用较本办法所订的费用低时，其差额得由公司补助。

第七条　本规定经经理级会议通过，呈总经理核定公布实施，其修改或补充亦同。

执行部门		监督部门		编修部门	
编制日期		审核日期		批准日期	

二、员工差旅管理实用表格

（一）员工差旅费报销标准表

单位：元

职别	交通费上限标准	住宿费	伙食补贴	杂费	食宿杂费合计	调任迁徙费
董事长总（副总）经理	实报	实报	实报	实报	实报	实报
经理级	飞机、火车软卧实报	定额　元				
厂处长级						
科长级工程师						
助理工程师						
科员及以下						

注：1.低阶人员随同高阶人员出差，原则上可比照高阶人员享受同等交通及住宿待遇。

2.若以自用车为工具时，可按铁（公）路最高票价报支。

3.其他费用（如过桥费、高速公路费）实报实销。

4.交通费及住宿费等均需凭单据报支。

5.数人同行出差，以同行中最高职位者为准报支。

6.科长级以下人员，确因业务原因需搭乘飞机时须事先报批。

（二）员工国外差旅费报销标准表

单位：元

职别	交通费	住宿费	伙食补助	其他费用	合计	备注

注：1. 出差地区一般旅馆住宿费用均超出规定时，得投宿当地一般旅馆并检附凭证呈总经理核准后，按实费报支。

2. 低阶人员随同高阶人员出差期间，可享受高阶人员同等食宿待遇。

（三）员工出国申请表

年　　月　　日

姓名		性别		出生年月	
身份证号		工作部门		职务	
出国事由					
预定出国日期			预定返国日期		
实际出国日期			实际返国日期		
具体时间	预定停留地点	预定访问客户		访问目的及内容	

续表

预估旅费			
备注			

批示		财务部		人事部		主管	

注：本表一式两份，先送厂级领导、人事单位审批后，分别交存人事单位、会计单位。

（四）员工出差申请表

姓名		部门		职务	
随行人员		部门		职务	
出差日期		到达地点		交通工具	
出差事由					
预计出差日期	自　年　月　日　时至　　年　月　日　时止（共计：　　天）				

出差预算	交通费：
	住宿费：
	其他：
	共计：
备注	

申请人签字：
　　　　　　　　　　　　　　　　　　日期：

部门领导签字：
　　　　　　　　　　　　　　　　　　日期：

人力资源部签字：
　　　　　　　　　　　　　　　　　　日期：

财务部签字：
　　　　　　　　　　　　　　　　　　日期：

总经理签字：
　　　　　　　　　　　　　　　　　　日期：

（五）员工差旅费申请表

年　　月　　日

姓名		工作部门		岗位	
出差日期		出差地点		交通工作	
出差任务					
申请旅费 分项金额					
预支金额					
总经理		部门经理		批准人		申请人	

第四节　公司合同管理

合同管理的主要目的是为了控制合同风险，为企业生产经营和业务开展保驾护航。

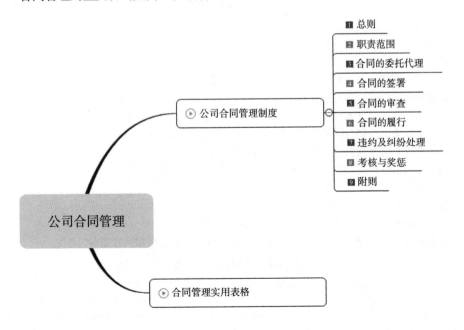

一、公司合同管理制度

范例：公司合同管理制度

制度名称	××公司合同管理制度	受控状态	
		编号	

第一章　总则

第一条　目的。

为加强公司合同管理，维护单位合法权益，减少和避免合同纠纷，根据《中华人民共和国合同法》及相关法律法规的规定结合公司实际，特制定本制度。

第二条　适用范围。

1. 本制度适用于公司对外签订、履行的建立民事权利义务关系的各类合同、协议等，包括买卖合同、借款合同、租赁合同、加工承揽合同、运输合同、资产转让合同、仓储合同以及服务合同等。

2. 公司各部门及下属企业对外签订的各类经济合同一律适用本制度。

公司内部签订的各种协议及劳动合同的管理，不适用本制度。

第三条　合同管理是指合同从准备、谈判、签署、生效、履行、变更、解除直到解决纠纷、救济权利的整个过程中所进行的一系列民商事法律行为，包括合同管理的部门及其职责、合同的签署、合同的审查、合同的履行、违约情况的处理、合同档案的管理。

第四条　合同管理实施"依法管理、全程管理、专人管理"的原则。

第二章　职责范围

第五条　公司各主管部门合同管理职责。

1. 制定、修改合同管理制度。

2. 核查本单位订立合同和履约情况。

3. 参与合同纠纷的调解、仲裁、诉讼准备及善后工作。

4. 做好合同归档，合同章管理工作。

第六条　合同经办人员职责。

1. 负责收集，整理合同起草所需资料。起草合同的基本要求：

（1）对方具有签约资格（法定代表人或法人代表）。

（2）内容符合法律和政策规定。

（3）双方具有履约能力。

（4）没有超越经办人授权范围。

（5）条款完整，文字准确，签约手续完备。

2. 重大合同的调查情况及招标情况要形成书面材料，并上报相关管理部门备案。

第三章　合同的委托代理

第七条　下列人员有权代表公司签订合同：

1. 公司法定代表人。

2. 公司法定代表人书面授权委托的人。

第八条 各法人委托人的具体带来权限由法定代表人在签发《法人委托书》中注明。法人委托人必须严格按照授权范围行使签约权，禁止超越代理权限对外签约。

第九条 法人委托人的主要职责。

1. 在授权范围内负责谈判、签订合同，既不能违章越权，也不能消极推诿。

2. 对所签订合同的合法性、完整性和可行性负责。

3. 所签合同应及时上报。

4. 认真履行已生效的合同，发现问题的及时上报并提出处理意见。

5. 保管好本人所签订合同的一切资料并及时上交归档。

第四章 合同的签署

第十条 签订合同必须遵守国家的法律、政策及有关规定。对外签订合同，除法定代表人外，必须是持有法人委托书的法人委托人，法人委托人必须对本企业负责。

第十一条 签订合同必须贯彻"平等互利、协商一致、等价有偿"的原则和"价廉物美、择优签约"的原则。

第十二条 凡有国家或行业示范文本的，应当优先使用，但在选用时，对涉及权利义务关系的条款经办人和办公室要重点审查，必要时可以进行修改。无示范文本的合同采用办公室提示的示范文本。

第十三条 签订合同应当使用主管部门监制的合同统一文本或参照规范文本，具体份数按实际情况确定，但我方至少留存三份，合同主管部门一份、财务一份、承办部门一份。

第十四条 合同对各方当事人权利、义务的规定必须明确、具体，文字表达要清楚、准确。

第十五条 合同承办人应当参加合同谈判，并做好文字记录。文字记录应当同合同文本一起上交办公室归档备案。

第五章 合同的审查

第十六条 合同在正式签订前，必须按规定上报领导审查批准后，方能正式签订。

第十七条 合同审批权限。

1. 一般情况下合同由董事长授权总经理审批。

2. 下列合同由董事长审批：标的超过 ×× 万元的；投资 ×× 万元以上的联营、合资、合作、涉外合同。

3. 标的超过公司资产 1/3 以上的合同由董事会审批。

第十八条 合同原则上由部门负责人具体经办，拟订初稿后必须经分管副总经理审阅后按合同审批权限审批。重要合同必须经法律顾问审查。合同审查的要点是：

1. 合同的合法性。包括：当事人有无签订、履行该合同的权利能力和行为能力；合同内容是否符合国家法律、政策和本制度规定。

2. 合同的严密性。包括：合同应具备的条款是否齐全；当事人双方的权利、义务是否具体、明确；文字表述是否确切无误。

3. 合同的可行性。包括：当事人双方特别是对方是否具备履行合同的能力、条件；预计取得的经济效益和可能承担的风险；合同非正常履行时可能受到的经济损失。

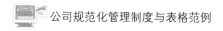

续表

第六章　合同的履行

第十九条　合同依法成立，即具有法律约束力。一切与合同有关的部门、人员都必须本着"重合同、守信誉"的原则。严格执行合同所规定的义务，确保合同的实际履行或全面履行。

第二十条　合同执行部门应负责记录和监督对方的履约情况，保存好相关单据、信函、会议纪要、鉴定报告、检测结果等资料。对于出现问题的产品还要进行保存、拍照。

第二十一条　合同履行过程中发现对方履约能力及资信程度下降应及时通知办公室并向分管副总汇报，及时向对方出具不安抗辩书，维护公司合法权益。

第二十二条　在合同履行过程中如遇法律规定或合同约定的变更解除事由，可以变更或解除合同。变更、解除合同的审批权限和程序与原合同订立的审批权限和程序相同。

第七章　违约及纠纷处理

第二十三条　合同在履行过程中如与对方当事人发生纠纷的，应按《合同法》等有关法规和本制度规定妥善处理。

第二十四条　对于需要应诉或起诉的案件，经公司领导批准后，由办公室协助公司顾问律师进行证据收集、谈判、参加调解和出庭。

第八章　考核与奖惩

第二十五条　对于在合同签订、履行过程中发现重大问题，积极采取补救措施，使本公司避免重大经济损失以及在经济纠纷处理过程中，避免或挽回重大经济损失的，予以奖励。

第二十六条　合同经办人员出现下列情况之一，给公司造成损失的，公司将依法向责任人员追偿损失：

1. 未经授权批准或超越职权签订合同。

2. 为他人提供合同专用章或盖章的空白合同，授权委托书。

3. 应当签订书面合同而未签订书面合同。

第二十七条　公司职员在签订、履行合同过程中触犯刑法，构成犯罪的，将依法移交司法机关处理。

第九章　附则

第二十八条　本制度未尽事宜，均按有关法律法规和本公司补充细则规定办理；本制度的解释、修订和发放由本公司法律顾问室负责。

第二十九条　本制度由办公室制定并负责解释，从20××年××月××日开始执行。

执行部门		监督部门		编修部门	
编制日期		审核日期		批准日期	

❖ **小贴士**

合同内容应注意的主要问题是：

（1）部首部分。应当注意写明双方的全称、签约时间和签约地点。

（2）正文部分。

①建设合同的内容主要包括工程范围、建设工期，中间交工工程的开工和竣工时间，工程质量、工程造价、技术资料交付期间、材料和设备供应责任、拨款和结算、竣工验收、质量保修范围和质量保证期、双方相互协作等条款。

②产品合同应当注明产品名称、技术标准和质量、数量、包装、运输方式及运费负担、交货期限、地点及验收方法、价格、违约责任等。

（3）结尾部分。注意双方都必须使用合同专用章，原则上不使用公章，严禁使用财务章或业务章，注明合同有效期限。

二、合同管理实用表格

（一）合同申报表

申报单位或部门		承办人	
合同名称或类别		标的额	
合同主要条款		同承办人： 　年　　月　　日	
承办部门经理意见： 　年　　月　　日			
工程管理部意见： 　年　　月　　日			
工程副总经理或项目负责人意见： 　年　　月　　日			
公司总经理意见： 　年　　月　　日			

（二）合同说明书

合同名称		合同编号	
对方单位			
合同审批人		合同金额（万元）	
合同主要条款	1. 合同标的概况		
	2. 对方履行地点、履约保证金		
	3. 进度款支付方式		
	4. 结算方式		
	5. 质量要求、质保金		
	6. 甲供材料范围		
	7. 工期要求		
	8. 违约责任		
	9. 解决争议方式		
	10. 其他内容		

（三）合同跟踪单

合同承办单位：　　　　　　　　　　　　　　　　　　　　合同分管员：

合同名称			合同编号	
标的额			合同承办部门	
合同收款单位	联系人			
	联系电话			
合同付款单位	联系人			
	联系电话			
合同签订日期			合同履约期限	
合同履行程度				

续表

资金收付情况		
收付日期	付款金额	收款金额
合计		
履约处罚情况		
合同本次申请支付情况	付款日期	付款金额
合同办结确认		

第五节　公司后勤管理

公司后勤管理是充分利用后勤资源，发挥其优势，开展与后勤服务相关的工作活动，是企业正常工作顺利运行的重要保障，也是企业开展其他各项工作的前提。通过后勤管理工作，可以促进企业各部门与外部单位的沟通交流，同时还能够保障员工正常的工作权益，是企业对员工权益的一种保障。

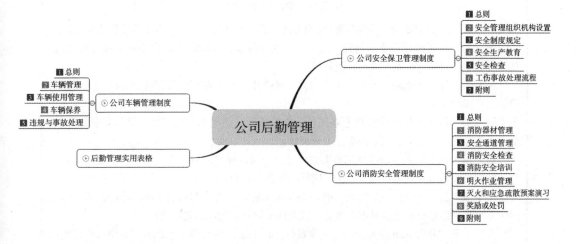

一、安全保卫管理制度

范例一：公司安全保卫管理制度

制度名称	××公司安全保卫管理制度	受控状态	
		编号	

第一章　总则

第一条　为落实"安全第一，预防为主"的方针，加强公司人身安全管理，特制定本制度。

第二条　本制度适用于公司各部门。

第二章　安全管理组织机构设置

第三条　安全管理小组。

1.安全管理小组为公司安全管理机构。

2.安全管理小组组成成员包括：

（1）组长：总经理。

（2）组员：各部门经理。

第四条　安全管理小组主要职责。

1.贯彻国家安全政策，负责公司安全制度体系的建立与完善，制定、执行各类安全管理措施。

2.负责对本部门安全工作进行考核、检查，督促不安全措施的整改落实。

3.出现安全事故，及时组织人员对公司重大安全事故的调查，并且拟订可行性处理方案。

4.组织公司安全教育培训、安全大检查等安全管理工作。

第三章　安全制度规定

第五条　员工出入厂区，应佩戴胸卡（出入证），对于未佩戴胸卡人员，保安人员有权拒绝出入。

第六条　员工携带行李、包裹、提箱、大件物品者，凭借综合管理部开具放行单放行。携带一般随身用品，由保安人员查验后放行。

第七条　员工上下班、外出公干、出差，要严格遵守道路交通管理法规、条例，确保人身、财产安全。

第八条　员工下班前认真检查本岗位、办公场所，消除水、电、气等设备存在的隐患。如本人不能解决，下班前应立即报告主管领导。

第九条　职工个人车辆应登记备案方可进出公司，保安部对个人车辆出入应履行检查手续，特别是面包车及其他可载货汽车，应开门（盖）检查。

第十条　公司车辆拉运物资出门时，必须出示物资出门证明或出库单，出门证明由该部门主管出具，出库单由物资采供部出具，凭上述单据查验无误后登记放行。

第十一条　外来人员进入公司，一律履行登记手续，填写单位、姓名、事由、造访部门和人员，必要时应电话联系，会见后由接待人员签名方可出门。

第十二条 外来车辆一般不准进入公司院内，上级领导、公安机关、纪检部门、重要客人及领导同意进入的除外。

第十三条 公司员工应妥善保管印章、钱款、贵重物品、重要文件等，下班时将抽屉及文件柜锁好，切断电源后方可离开。

第十四条 办公区域内的门锁钥匙由综合管理部专人负责保管，并每天早晚按时将办公室的门打开、锁好。员工不可随意配置门锁钥匙。财务中心的钥匙由本部门保管。

第十五条 公司行政办公室负责组织有关人员，不定期地对公司办公环境的安全实施监督检查。如有安全隐患，应通知相关部门及时整改。

第十六条 未经许可，不得擅自安排公司或外来人员在公司内住宿。

第十七条 保安人员按时到岗，门卫值班、领导值班制度正常运作。

第十八条 使用明火和高空作业，必须经安保或综合管理部批准才能进行。

第四章 安全生产教育

第十九条 思想教育。

主要是正面宣传安全生产的重要性，选取典型事故进行分析，从事故的政治影响、经济损失、个人受害后果等几个方面对员工进行教育。

第二十条 法规教育。

组织员工学习有关法律、法规、条例及公司的具体规定、制度和纪律条文。

第二十一条 安全技术教育。

包括生产技术、一般安全技术和专业安全技术教育训练。

第五章 安全检查

第二十二条 公司综合管理部负责组织有关人员进行下列安全检查：

1. 检查有无进行安全教育。

2. 检查安全操作规程是否公开张挂。

3. 检查在布置生产任务时有无布置安全工作。

4. 检查安全防护、保险、报警、急救装置或器材是否完备。

5. 检查个人劳动防护用品是否齐全及正确使用。

6. 检查事故隐患是否存在。

7. 检查安全计划是否落实。

第六章 工伤事故处理流程

第二十三条 工伤安全事故的处理。

1. 在工作场所和工作时间内因公致伤的，应先予以处理。

2. 处理原则是尽快安抚和救治伤者，预防类似事件再发生。

3. 工伤安全事故发生后对事故当事人的处理。按个人的责任，其承担一定比例的责任医疗费用；公司保留追究其过失所致的财产损失的权利；凡因过失致使公司损失超过 1 万元人民币的员工，公司可予以辞退；有总经理特批的，按总经理批示执行。

4. 对事故部门主管的处理。部门各级主管对本部门的每起工伤安全事故负有领导责任。所属员工凡出现一次工伤安全事故，经济损失在 × 万元以下的，对其直接主管予以警告一次并处罚 ××× 元；如果所属员工出现一次工伤安全事故，经济损失在 × 万元以上的，对其直接主管予以留岗试用并罚款 ××× 元处理。有总经理特批的，按总经理批示执行。

第七章　附则					
第二十四条　本制度由安保部负责解释、修订，经总经理办公会议批准执行，修改时亦同。					
执行部门		监督部门		编修部门	
编制日期		审核日期		批准日期	

范例二：公司消防安全管理制度

制度名称	××公司消防安全管理制度	受控状态	
		编号	

第一章　总则

第一条　为了切实做好防火工作，保护企业财产和员工生命财产的安全，根据《中华人民共和国消防法》和有关消防规定，特制定本制度。

第二条　本制度适用于公司全体员工。

第三条　各人员应当遵守消防安全法律、法规，贯彻预防为主、防消结合的消防工作方针，履行消防安全责任，保障公司消防安全。

第四条　职责分工。

1.行政管理部安全主管负责消防安全管理的各项工作。

2.公司所有员工应积极配合安全主管开展消防安全管理工作。

第二章　消防器材管理

第五条　安全专员应对公司配置的各类消防设施和设备进行检查，保证其消防要求符合安全规定。

第六条　消防器材管理规定。

1.消防器材配置种类、数量及配置地点，应由安全专员负责管理，配置地点应设有明显的标志。

2.派专人管理，定期巡查消防器材，保证处于完好状态。

3.不得随意挪用消防设施和消防器材，禁止擅自更改、移动、拆除消防设备。如因装修需要改动，必须要经安全部门主管同意后，由指定的专业工程队进行改动，其他人员不得擅自改动。

4.应定期对消防设施和器材进行检测、保养，发现丢失、损坏，应当立即补充并上报领导，确保各类消防设施和器材随时处于完好状态。

5.严禁在消防器材和消防设备旁堆放物品。消防器材要做到四防，即防雨、防晒、防潮和防冻。

第七条　灭火剂失效后应及时更换新药剂，不得埋压消火栓。

第三章　安全通道管理

第八条　楼梯走道和出口必须保持畅通无阻，任何部门或个人不得占用或封堵，严禁在设定禁令的通道上停放车辆。

第九条　必须按规定配备应急照明设施和疏散指示标志，按规定配备防火门和其他应急疏散设施。

第十条 必须定期对应急照明灯和疏散标志进行检修，保证其随时处于完好状态。

第十一条 常闭式防火门不得处于开启状态，闭门器必须完好。

第四章 消防安全检查

第十二条 消防安全检查内容。

1. 消防安全制度的落实情况。

2. 消防设施与设备的完好情况。

3. 火灾隐患的防范情况。

第十三条 消防安全检查工作要求。

1. 本公司实行逐级防火责任制，总防火责任人由总经理担任，各部门防火责任人由部门经理担任，车间、班组的防火责任人分别由各车间主任、班组长担任，各级防火责任人要定期对所管辖的区域进行检查。

2. 检查之前应预先编制相应的防火检查表，规定检查内容及要点、检查依据和检查合格标准。检查结果应当有记录，对于查出的火灾隐患应当及时整改。

第十四条 消防安全检查的主要形式。

1. 日常性检查。经常性的、普遍性的检查；每年安全主管要组织进行若十次检查，各车间和部门每月至少检查一次，班组每周、每班次都应进行检查。

2. 季节性检查。根据公司历年火灾发生规律有的放矢地对火灾多发季节进行检查，可在季节来临之前进行预防性的检查或在季节期间进行控制性检查。

3. 专业性检查。安全主管组织有关职能部门成立专业检查组，针对特种作业、特殊场所进行检查。如对用电用火设备、压力容器、房屋建筑、易燃易爆物品放置场所等进行检查。

第五章 消防安全培训

第十五条 每季度对全体员工进行一次安全、防火教育课，新员工进入公司一律先培训上岗，以免违规作业，发生事故。由消防安全小组组织消防小分队对员工进行培训，使员工熟练掌握消防规则，消防技术和消防器材的使用方法，从而提高消防观念，锻炼消防技能。

第十六条 消防安全培训内容。

1. 国家的消防法规、公司有关的消防制度。

2. 火灾的形成原因及灭火方法。

3. 火灾的预防措施，报警、逃生、扑救等演习。

4. 消防器材的使用与操作。

5. 火灾案例的探讨与反省。

第六章 明火作业管理

第十七条 禁止在防火的场所擅自使用明火。需要使用明火器具时应事先提出申请，说明安全措施，经行政管理部经理批准后方可使用。

第十八条 使用明火作业时，作业人员应持证上岗，进行电焊、气割、砂轮、切割、煤气燃烧以及其他具有火灾危险的作业，必须按照要求进行操作。

第七章 灭火和应急疏散预案演习

第十九条 应按制定的预案，至少每半年进行一次演练。

第二十条 制定符合本单位实际情况的灭火和应急疏散预案。

续表

第二十一条　组织全员学习、熟悉灭火和应急疏散预案。

第二十二条　每次组织预案演练前应精心部署，明确分工。

第二十三条　演练结束后应召开讲评会，认真总结预案演练的情况，发现不足之处应及时修改和完善预案。

第八章　奖励或处罚

第二十四条　公司定期或不定期地对各部门消防管理工作进行考核，给予相应的奖励或处罚。

第二十五条　对于因扑救火灾、消防演习、制止火灾事故发生、见义勇为而受伤、致残、死亡的公司员工，其医疗费、抚恤费按照国家有关规定办理。

第二十六条　对各种火灾安全事故责任人和违反本制度的相关人员，将从严处罚，根据情节轻重分别予以罚款、降级乃至辞退的处理，严重者送交司法部门追究其法律责任。

第九章　附则

第二十七条　本制度由行政管理部负责制订和解释。

第二十八条　本制度自审批之日起执行。

执行部门		监督部门		编修部门	
编制日期		审核日期		批准日期	

二、车辆管理制度

范例三：公司车辆管理制度

制度名称	××公司车辆管理制度	受控状态	
		编号	

第一章　总则

第一条　为了统一管理公司的所有车辆，有效使用各种车辆，确保行车安全，提高办事效率，减少经费支出，特制定本制度。

第二条　本制度适用于公司所有车辆。

第二章　车辆管理

第三条　公司公务车的证照及稽核等事务统一由管理部负责管理。配属于营业所的车辆由主管指派专人调派，并负责维修、检验、清洁等。

第四条　公司人员因公用车须于事前向车管专人申请调派，车管专人依重要性顺序派车。不按规定办理申请，不得派车。

第五条　每车应设置"车辆行驶记录表"，使用前应核对车辆里程表与记录表上前一次用车的记载是否相符。使用后应记载行驶里程、时间、地点、用途等。管理部每月抽查一次。发现记载不实、不全或未记载者应呈报主管提出批评，对不听劝阻屡教屡犯者应给予处分，并停止其借用权利。

第六条 每车设置"车辆使用记录表",由营业会计于每次加油及修护时记录,以了解车辆受控状况。每月初连同行驶记录表一并转交管理部稽核。

第三章 车辆使用管理

第七条 公务车不得借予非本公司人员使用。

第八条 各部门需要使用车辆时,须提前一天填妥"用车申请单",经部门负责人签字后报办公室主任审批,特殊情况除外。

第九条 车辆使用人于驾驶车辆前应对车辆做基本检查(包括水箱、油量、机油、刹车油、电瓶液、轮胎、外观等),如发现故障、配件失窃或损坏等现象,应立即报告,否则最后使用人要对由此引发的后果负责。

第十条 车辆使用人员必须持有驾照,熟悉并严格遵守交通法规。

第十一条 车辆应停放于指定位置、停车场或适当、合法位置。任意放置车辆导致违反交通规则、损毁、失窃,由车辆使用人赔偿损失,并予以处分。

第十二条 为私人目的借用公车应先填"车辆使用申请单",注明"私用",并经主管核准后转管理部营业会计稽核。私用时若发生事故,而导致违规、损毁、失窃等,扣除理赔额后的费用全部由私人负担。

第四章 车辆保养

第十三条 本公司车辆原则上按照车辆技术手册执行各种维修保养,并须按照预算执行。

第十四条 车辆使用人员发现车辆故障或者需要保养时,应当先填写"车辆维修保养申请单"向行政部提交车辆保养维修申请、申报维修保养的项目及费用预算,行政部会同相关人员进行确认核实后,由总经理批准后予以送指定维修厂检修。

第十五条 车辆于行驶途中发生故障或其他耗损急需修复或更换零件时,可视实际情况需要进行修理,但无迫切需要或修理费超过×××元时,应与车管专人联系请求批示。

第十六条 由于驾驶人使用不当或车管专人疏于保养而导致车辆损坏或机件故障的,所需修护费依情节轻重,由公司与驾驶人或车管专人负担。

第五章 违规与事故处理

第十七条 在下列情况下,违反交通规则或发生事故,由驾驶人承担全部责任,并予以记过或免职处分。

1. 无照驾驶。

2. 未经许可将车借予他人使用。

第十八条 违反交通规则的,其罚款由车辆使用人负担。

第十九条 意外事故造成车辆损坏的,在扣除保险金额后再视实际情况由车辆使用人与公司共同负担。发生交通事故后,如需向受害当事人赔偿损失,经扣除保险金额后,其差额由车辆使用人与公司各负担一半。

执行部门		监督部门		编修部门	
编制日期		审核日期		批准日期	

三、后勤管理实用表格

（一）安全工作检查记录表

检查时间					
检查场所					
检查内容					
检查情况					
建议改善事项					
处理结果					
参加检查人员					
现在负责人					
备注					

记录人：　　　　　　　　　　　　　　　　　　　　　　　日期：

（二）消防设施检查记录表

检测人员：　　　　　　　　　　　　　　　年　　月　　日

检查时间		检查项目		检查地点	
检查情况					
异常处理对策					
检查结果说明					
备注					

（三）车辆登记表

使用人姓名		驾驶员姓名	
车辆类别		车牌号	
品牌型号		车身号码	
购置日期		初检日期	
复检日期			
保险记录	保险公司	保险证号码	保险期限	保险内容
购置价格		经销商	
附属品			
驾驶员	住址		联系电话	
	住址		联系电话	

（四）借车审批表

序号	借用人	事由	借用时间	预定行程	实际行程	驾驶人	准借车辆车型、牌号	备注

序号	借用人	事由	借用时间	预定行程	实际行程	驾驶人	准借车辆车型、牌号	备注
借车须知	1. 借用车辆必须在当天下班前收回，不得在外过夜（特殊情况需请示总经理批准）。 2. 借用人可以自行商请具有合格驾照的司机担任驾驶员。 3. 借用时间内车辆故障或损坏，借用人应负责修理费用或赔偿。 4. 借用时间内车辆及人员违反交通规则或发生任何意外事故，概由借用人自行负责。							

车辆主管：　　　　　　借用人：　　　　　　申请日期：

（五）车辆故障维修单

编号：　　　　　　　　　　　　　　　　　　　日期：

车号		里程数		司机	
请修项目					
维修预算					
修理厂					
损坏原因					
审核意见					

主管：　　　　复核：　　　　经办人：　　　　请修人：

（六）派车单

年　　月　　日

使用部门		用车人员	
用车事由			
计划用车情况	办事地点：	出发时间：	返回时间：
车号		行车里程		行车时数	
附注	1. 起止时间、地点须如实详填。 　2. 停留预计将在 1 小时以上，地点距公司 1 公里以下时，车辆收回。用车人另行雇车回公司，车费予以报销。 　3. 外出单程在 25 公里以上时需经经理核准。 　4. 必须预留车辆时，事先将本单交车辆管理员以预留车辆。 　5. 本表由车辆管理员保存定期汇集备查。			
管理部门	主管：　　　　经办人：	使用部门	主管：　　　　使用人：

（七）车辆费用报销单

申请人姓名			单位		车号	
用车日期					车型	
项目	张数	金额				
			（单据粘贴处）			
小计						

主管：　　　　　　　　　申请人：　　　　　　　　　申请日期：

参考文献

［1］李晶.人力资源部管理制度范本大全 [M].厦门：鹭江出版社，2011.

［2］苏豫.公司管理制度制定与范例全书 [M].北京：中国华侨出版社，2010.

［3］匡五寿.中小企业人力资源管理制度范本与表格大全 [M].北京：化学工业出版社，2013.

［4］刘大勇.企业高效管理制度与流程一本通 [M].北京：化学工业出版社，2020.